अनामिका का काव्य : आधुनिक स्त्री-विमर्श

अनामिका का काव्य
आधुनिक स्त्री-विमर्श

मंजु रुस्तगी

वाणी प्रकाशन

वाणी प्रकाशन
4695, 21-ए, दरियागंज, नयी दिल्ली 110 002

शाखा

अशोक राजपथ, पटना 800 004

फ़ोन : +91 11 23273167 फ़ैक्स : +91 11 23275710

www.vaniprakashan.in
vaniprakashan@gmail.com
sales@vaniprakashan.in

ANAMIKA KA KAVYA : AADHUNIK STRI-VIMARSH
by Manju Rustagi

ISBN : 978-93-5072-912-0
Feminism

संस्करण 2015
आवृत्ति 2018

मूल्य : ₹ 495

सिटी प्रेस, दिल्ली-110 095 में मुद्रित

वाणी प्रकाशन का लोगो मक़बूल फ़िदा हुसेन की कूची से

प्राक्कथन और कृतज्ञता ज्ञापन

विमर्शों के इस दौर में आज जो सबसे अधिक चर्चित विमर्श है वह है—स्त्री-विमर्श। 'बदलते वक़्त के साथ बदलती गयी तस्वीर ज़माने की' ये पंक्तियाँ स्त्री-विमर्श पर एकदम सटीक बैठती हैं। अपने स्वरूप को लेकर विमर्श का यह क्षेत्र अनेक आरोपों, विवादों और सम्भावनाओं में घिरा रहा है। यहाँ तक कि पश्चिम की सौगात कहकर इसे नजरअन्दाज करने की कोशिश भी हुई, परन्तु हिन्दी साहित्य में अनेक रचनाकारों ने समय-समय पर लगे आरोपों का निराकरण कर कथित विमर्श को एक स्वस्थ छवि प्रदान करने का सार्थक प्रयास किया। महादेवी से लेकर अद्यतन सभी नारीवादी साहित्यकारों ने अपने-अपने ढंग से बहुत सूक्ष्मता से स्त्री-विमर्श के हर पहलू को समझने-समझाने का, विभिन्न आयामों को उद्‌घाटित करने का जो चिन्तनीय व महती कार्य किया है, उसी का प्रतिफल है—स्त्री-विमर्श का यह स्पष्ट रूप।

कृष्णा सोबती, मृदुला गर्ग, ममता कालिया, मृणाल पांडे, प्रभा खेतान, अनामिका, अरविन्द जैन, राजेन्द्र यादव, राकेश कुमार आदि ऐसे नाम इस सन्दर्भ में लिए जा सकते हैं, लेकिन अनामिका का इस विषय पर जितना बेबाक और गहन अध्ययन चिन्तन देखने को मिलता है, वह स्त्री-विमर्श को एक नयी दिशा देता है। उन्होंने हर वर्ग, वर्ण, जाति, नस्ल की स्त्री को उसके अन्तर्जगत से लेकर बहिर्जगत तक, वेद-पुराण से लेकर भूमंडलीकरण के इस दौर तक तथा भारतीय सभ्यताओं के साथ-साथ पश्चिमी मान्यताओं के अन्तर्गत स्त्री की स्थिति की निष्पक्ष जाँच-पड़ताल की है; जिसका साक्षात् प्रमाण है उनके द्वारा रचित स्त्री-विमर्श पर चार पुस्तकें। स्त्री अस्मिता से जुड़े हर प्रश्न को उन्होंने अपनी पुस्तकों में स्थान दिया है तथा समाधान भी प्रस्तुत किया है। वहाँ स्त्री विकास की अनेक सम्भावनाएँ भी तलाशी जा सकती है। अपनी रचनाधर्मिता से उन्होंने स्त्री विषयक चिन्तन को नयी अर्थवत्ता प्रदान की है।

साहित्य की अनेक विधाओं में स्त्री-विमर्श उभर कर आया है, परन्तु कविता विधा में इसका सहज सम्प्रेषणीय रूप बहुत प्रभावी ढंग से मुखरित हुआ है। अनामिका ने स्त्री जीवन के भीतर के भयावह सच को बहुत सहज ढंग से काव्यानुभूति में परिवर्तित कर एक नये रूप में, नये अर्थ के साथ, आग्रह भरे स्वर में पाठकों के समक्ष प्रस्तुत किया है। अनामिका 'कविता को कम शब्दों में अधिक कहने की' विधा मानती हैं। अनामिका के अब तक नौ काव्य संग्रह उपलब्ध हैं और बौद्धगाथाओं पर आधारित

एक काव्य संग्रह शीघ्र ही प्रकाशित होने वाला है।

प्रस्तुत शोध प्रबन्ध का विषय 'अनामिका का काव्य : आधुनिक स्त्री-विमर्श' है जिसमें स्त्री-विमर्श के सन्दर्भ में अनामिका की कविताओं का आकलन करने का प्रयास किया गया है।

शोधाध्ययन की सुविधानुसार प्रस्तुत शोध प्रबन्ध को निम्न अध्यायों में विभक्त किया गया है–

'स्त्री-विमर्श : अवधारणा एवं स्वरूप' में विमर्श और स्त्री-विमर्श का अर्थ और परिभाषा देते हुए भारतीय तथा पाश्चात्य परिप्रेक्ष्य में स्त्री-विमर्श को रेखांकित करने का प्रयास किया गया है तथा अनामिका का स्त्री-विमर्शवादी दृष्टिकोण भी इस अध्याय में प्रस्तुत है।

'हिन्दी कविता में स्त्री-विमर्श' में स्त्री को केन्द्र में रखकर वैदिक काल से लेकर आधुनिक काल तक रचित कविताओं के कुछ अंशों द्वारा स्त्री की साहित्य में उपस्थिति को समझने का प्रयास किया गया है।

स्त्री-विमर्श सम्बन्धी लेखन (स्त्री और पुरुष) की चर्चा करते हुए अनामिका की इस विषय पर उपलब्ध चार पुस्तकों का संक्षिप्त विवरण प्रस्तुत है, जिसका शीर्षक है–'स्त्री-विमर्श और अनामिका'।

'वैयक्तिक परिप्रेक्ष्य में स्त्री' में अनामिका की कविताओं में स्त्री के व्यक्तिगत अनुभवों का चित्रण है।

'पारिवारिक परिप्रेक्ष्य में स्त्री' में परिवार में स्त्री की विविध भूमिकाओं में उसकी त्रासद स्थिति को समझने का प्रयास है।

'सामाजिक परिप्रेक्ष्य में स्त्री' में समाज में स्त्री किस प्रकार शोषित है, पीड़ित है, दोयम दर्जे में रहने को विवश है–अनामिका की कुछ कविताओं द्वारा रेखांकित किया गया है।

'परम्परागत और आधुनिक परिप्रेक्ष्य में स्त्री'–परम्परागत रूढ़ियों में बद्ध स्त्री और आधुनिक परिदृश्य में स्त्री आज किस प्रकार उपस्थित है, इसी पर आधारित है।

'विविध परिदृश्य', जिसमें स्त्री केन्द्रित कविताओं से इतर अनामिका की अन्य वर्ण्य विषयों पर केन्द्रित कविताओं की चर्चा की गयी है।

'स्त्रीवादी भाषा-शैली' नामक अध्याय में अनामिका की कविताओं में प्रयुक्त लोक भाषा, लोकरंग, देशज शब्द, प्रतीक, बिम्ब, मुहावरे-लोकोक्तियों पर विचार किया गया है। स्त्रीवादी लेखन में स्त्री भाषा की आवश्यकता पर इस अध्याय में चर्चा की गयी है।

'उपसंहार' में शोध कार्य के दौरान अनामिका की कविताओं का सूक्ष्म अध्ययन करने के फलस्वरूप स्त्री-विमर्श के सन्दर्भ को दृष्टिगत रखते हुए वैयक्तिक, पारिवारिक, सामाजिक, परम्पराओं और आधुनिकता के परिप्रेक्ष्य में स्त्री की स्थिति

का मूल्यांकन प्रस्तुत है।

इस शोध कार्य को अथ से इति तक पहुँचाने में तथा कविता संग्रहों को और विषय से सम्बन्धित अनेक लेखों, समीक्षाओं को उपलब्ध कराने में अनामिका जी ने मुझे बहुत सहयोग दिया है। जिस आत्मीयता और सहजता से मेरे सभी प्रश्नों का उत्तर उन्होंने दिया, मेरी जिज्ञासा को शान्त किया, उसके लिए मैं हृदय की गहराइयों से उनका आभार व्यक्त करती हूँ।

यह मेरा सौभाग्य है कि उच्च शिक्षा और शोध संस्थान, दक्षिण भारत हिन्दी प्रचार सभा, मद्रास द्वारा पीएच.डी. करने का सुअवसर मुझे प्राप्त हुआ। अपनी अभिरुचि अनुसार विषय अनामिका के काव्य संग्रहों पर शोध कार्य कर मुझे असीम हर्ष हो रहा है।

समय-समय पर सतत प्रोत्साहन एवं मार्गदर्शन कर मेरा उत्साह बढ़ाने में इस संस्थान की अध्यक्ष और आचार्य प्रो. निर्मला एस. मौर्य के प्रति मैं अपनी कृतज्ञता ज्ञापित करती हूँ।

अपनी शोध निर्देशिका डॉ. बी. सन्तोषी कुमारी का मैं हृदय से आभार प्रकट करती हूँ, जिन्होंने शोध कार्य के प्रारम्भ से लेकर अन्त तक मेरा उत्साहवर्द्धन किया। साथ ही समय पर टंकणकार्य कर इस शोध को पूर्ण करने में मेरी सहायता की।

संस्थान के अन्य प्रवक्तागण डॉ. नज़ीम बेगम, डॉ. सविता धुड़केवार, डॉ. एन. जयश्री, डॉ. विजय पाटिल के प्रति भी आभार प्रकट करती हूँ, जिन्होंने मुझे अपने विचारों और स्नेह से हमेशा लाभान्वित किया है।

उच्च शिक्षा और शोध संस्थान के ग्रन्थपाल श्री भगवन्त गौडर और सभा के ग्रन्थपाल हाउलत को धन्यवाद देती हूँ, जिन्होंने समय-समय पर चयनित विषय से सम्बद्ध पुस्तकों के बारे में बताकर पूरा सहयोग दिया।

मैं अपने जीवन साथी श्री सुभाष रुस्तगी और बच्चों, जिनके सहयोग के बिना यह कार्य पूर्ण करना मेरे लिए असम्भव था उनका धन्यवाद ज्ञापित करने के लिए शब्दों का अभाव यहाँ खलता है। मैं अपने मित्र तथा वाणी प्रकाशन के प्रबन्ध निदेशक अरुण माहेश्वरी, दीदी डॉ. मधु धवन और श्री ईश्वर करुण का विशेष आभार व्यक्त करती हूँ, जिन्होंने समय-समय पर अपना सहयोग देकर इस शोधकार्य को पूर्ण करने में मेरी सहायता की। उन सभी मित्रगण की मैं आभारी हूँ, जिन्होंने प्रत्यक्ष या परोक्ष रूप से इस कार्य को पूर्ण करने में अपनी सहभागिता प्रदान की।

अन्त में, मैं उस परमात्मा के प्रति नतमस्तक हूँ तथा उन्हें धन्यवाद समर्पित करती हूँ जिनके आशीर्वाद के बिना मेरा यह कार्य—मेरा सपना साकार रूप नहीं ले सकता था।

—मंजु रुस्तगी

अनुक्रम

स्त्री-विमर्श : अवधारणा एवं स्वरूप

विषय प्रवेश : नारी सृष्टि की नींव है, आधार है, सृष्टि की सृजन मार्गदर्शिका है एवं विस्तार का केन्द्र बिन्दु है। वह करुणा की प्रतिमूर्ति, मातृत्व की साकार प्रतिमा, सृजन एवं धैर्य की देवी है। जब तक स्त्री की पारिवारिक और सामाजिक स्थिति का विकास नहीं होगा तब तक समाज के विकास पर प्रश्नचिह्न लगा रहेगा। यह सदी स्त्री जागरण की सदी है। कई सहस्राब्दियों से नारी को कुचला, रौंदा जाता रहा है। प्रकृति और संस्कृति में सदैव द्वन्द्व रहता है। जब सामाजिक व्यवस्था व्यक्तित्व को दबाने का प्रयास करती है, तब व्यवस्था में विद्रोह होता है और नयी व्यवस्था उभरने लगती है। आज स्त्री-विमर्श इसी की उपज है।

वेद-वेदान्त से लेकर अद्यतन तक कहीं भी हम दृष्टिपात करें, स्त्री के प्रति हर कहीं दुराग्रह नजर आयेगा। लोग कहते हैं कि हम बदलाव के दौर से गुजर रहे हैं.....यानी हर पल हर घड़ी हमारे आसपास कुछ-न-कुछ बदल रहा है, लेकिन एक चीज है, जो कभी नहीं बदली और शायद न ही बदलेगी—वह है स्त्री को सिर्फ एक देह मात्र समझने की मानसिकता। सदियों से होते आये शोषण और दमन के प्रति स्त्री चेतना ने ही स्त्री-विमर्श को जन्म दिया है।

स्त्री-विमर्श और कुछ नहीं—आत्मचेतना, आत्मसम्मान, आत्मगौरव, समता और समानाधिकार की पहल का दूसरा नाम है। स्त्री-विमर्श वस्तुतः स्वाधीनता की प्राप्ति के बाद की संकल्पना है। फिर भी बीसवीं शती के अन्तिम दो दशक में इस विचारधारा को पनपने का उपयुक्त परिवेश मिला।

विमर्श : अर्थ एवं परिभाषा : स्त्री को अपने अस्तित्व के बोध ने विमर्श की प्रेरणा दी। पुरुष की एकाधिकारशाही के वातावरण से स्त्री को बाहर लाने का प्रयास ही स्त्री-विमर्श है। स्त्री-विमर्श और कुछ नहीं, अपनी अस्मिता की पहचान, स्व की चिन्ता, अस्तित्व बोध और अधिकार को जतलाने और बतलाने का विचार चिन्तन है। यह सदियों से स्थापित पुरुष मानसिकता का तर्पण है, भावुक स्त्री का समर्पण नहीं।

जहाँ 'मैं' की चिन्ता का अहसास है, वहीं से स्त्री-विमर्श की शुरुआत है। जब भावना की अपेक्षा बुद्धि की कसौटी पर, विषमता की अपेक्षा समता की कसौटी पर, परम्परा की अपेक्षा आधुनिकता की कसौटी पर, संस्कृति की अपेक्षा कार्यशक्ति की कसौटी पर और लिंगात्मक की अपेक्षा गुणात्मक कसौटी पर व्यक्ति के मूल्यांकन

का सूत्रपात होगा; तभी स्त्री-विमर्श के चिन्तन को बल मिलेगा।

'स्त्री-विमर्श' दो शब्दों के मेल से बना है—स्त्री+विमर्श। स्त्री शब्द की व्युत्पत्ति के अनुसार 'स्त्री सूत्री-जन्मदात्री' अर्थात् वह परिवार की सूत्रधार होने से स्त्री कहलाती है, जन्म देनेवाली होने से जन्मदात्री कहलाती है।

दूसरी व्युत्पत्ति के अनुसार, "शब्द, स्पर्श, रस और गन्ध का समुच्चय स्त्री है। पुरुष की ज्ञानेन्द्रियों की तृप्ति नारी से होती है, इसलिए उसको स्त्री कहा जाता है।"[1] पुरुष समाज ने स्त्री को वस्तु और जाति मानकर एकांगी दृष्टिकोण अपनाया है उसे एक व्यक्तिगत पहचान से वंचित रखा है।

विमर्श शब्द मूलतः गहन सोच-विचार, विचार-विनिमय तथा चिन्तन-मनन को द्योतित करता है अर्थात् विमर्श से सीधा तात्पर्य सोच-विचार, विनिमय तथा विवेचन से है। भोलानाथ तिवारी के अनुसार, "तबादला-ए-खयाल, परामर्श, मशविरा, विचार-विनिमय, विचार-विमर्श, सोच-विचार।"[2]

मानक हिन्दी कोश में विमर्श से तात्पर्य है,"—1. सोच-विचार कर तथ्य या वास्तविकता का पता लगाना। 2. किसी बात या विषय पर कुछ सोचना-समझना, विचार करना। 3. गुण-दोष आदि की आलोचना या मीमांसा करना। 4. जाँचना और परखना 5. किसी से परामर्श या सलाह करना।"[3]

डॉ. हरदेव बाहरी द्वारा सम्पादित इंग्लिश-हिन्दी डिक्शनरी में कनसल्ट शब्द को विमर्श का पर्याय मानते हुए उसका अर्थ दिया है, "किसी आदमी या किताब से सम्पर्क करना। परामर्शदाता के रूप में कार्य करना, विचार-विनिमय करना।"[4]

क्रिस बार्कर ने विमर्श की परिभाषा इस प्रकार दी है, "विमर्श में ज्ञान की वस्तुओं की बोधगम्य तरीके से परिकल्पना करते हैं, संरचना करते हैं, निर्माण करते हैं; साथ ही तर्क के अन्य तरीकों को अबोधगम्य बनाते हैं।"[4]

विमर्श को विशिष्ट उत्तर-आधुनिकता के सन्दर्भ में अंग्रेजी के डिस्कोर्स के समानार्थक के रूप में प्रचलित किया गया। अंग्रेजी विश्वकोश 'इनसाइक्लोपीडिया ब्रिटानिका' में विमर्श के लिए अंग्रेजी पर्याय Consultation शब्द है, जिसका अर्थ इस प्रकार है, "The word conscious has been used in many different senses by origin it is a Latin compound, meaning 'Knowing things together' either because several people are privy to the knowledge or (in later usage) because several things are known simultaneously."[6]

कहना गलत न होगा कि विमर्श में सोच, विचार, चिन्तन, परामर्श, विनिमय आदि का होना अपेक्षित है। विमर्श किसी भी विषय को लेकर हो सकता है, "व्यक्ति समाज, वर्ग, जाति, विचार तथा कोई विशिष्ट स्थिति आदि। विमर्श का स्वरूप अत्यन्त व्यापक है।

स्त्री-विमर्श : अर्थ एवं परिभाषा : जब हम स्त्री-विमर्श की बात करते हैं तो तात्पर्य है—स्त्री, उसका जीवन और उस जीवन से जुड़ी समस्याएँ तथा उसके दमन-दलन के अनुभवों को अभिव्यक्ति देना और इस दिशा में स्त्री मुक्ति के संघर्ष की विचारधारा को विकसित करना।

स्वाधीनतापूर्व और स्वाधीनता प्राप्ति के बाद से लेकर सन् 1960 तक के लेखन में भी विमर्श की अभिव्यक्ति अवश्य मिलती है, परन्तु इसमें विमर्श से ज्यादा तत्कालीन कटु यथार्थ की तथा समस्याओं की भयावहता अधिक दृढ़ता के साथ अंकित करने का प्रयास परिलक्षित होता है। 'विमर्श' केन्द्रित लेखन प्रायः 1960 के बाद ही नजर आता है। शिक्षा, पश्चिमी साहचर्य और सामाजिक प्रबोधन ने लोकचेतना एवं लोकजागरण के साथ-साथ समकालीन साहित्यकारों को भी प्रभावित किया। फलस्वरूप विभिन्न विषयों, प्रश्नों तथा मसलों पर संवेदना के साथ लेखन हुआ और अनेक विमर्शमूलक विचारों की अभिव्यक्ति हुई—उत्तर-आधुनिक विमर्श, स्त्री-विमर्श, दलित-विमर्श, आदिवासी-विमर्श, अल्पसंख्यक-विमर्श आदि।

स्त्री-विमर्श हिन्दी साहित्य का केन्द्रीय विषय बन चुका है। इस विषय पर नयी-नयी पुस्तकों का प्रकाशन तथा विभिन्न स्थानों पर इस विषय से सम्बन्धित संगोष्ठियों का आयोजन इस विषय की महत्ता को सिद्ध करता है।

वस्तुतः स्त्री-विमर्श समकालीन विचार चिन्तन है। प्रारम्भिक काल में भी स्त्री जीवन हिन्दी साहित्य का केन्द्रीय विषय रहा है, लेकिन तथ्य यह है कि इसमें नारी की या तो जीवन गाथा केन्द्र में रही या उसकी व्यथा-कथा। अपनी अस्मिता, आत्मचेतना और अस्तित्वबोध के प्रति नारी की सजगता असल में स्वान्तत्र्योत्तरकालीन हिन्दी साहित्य में उत्तरोत्तर विकसित होती गयी। स्व के प्रति सजगता, अपने अधिकार एवं अस्तित्व की चेतना स्त्री-विमर्श की मुख्य शक्ति बनकर उभरी।

जिस शक्ति का उद्भव हुआ, वह है—नारीवाद या नारीवादी अवधारणा। अंग्रेजी के feminism शब्द का हिन्दी रूपान्तरण है—नारीवाद। इसमें कई नाम और प्रचलित हैं—स्त्रीवाद, स्त्री मुक्ति आदि। स्त्रीवाद को किसी एक आन्दोलन या विशेष वाद का नाम देकर इसे एक परिधि या सीमा में नहीं बाँधा जा सकता, क्योंकि यह किसी एक मुद्दे या समस्या को लेकर प्रारम्भ किया आन्दोलन नहीं, बल्कि बरसों से स्त्री के शोषण, उत्पीड़न, भेदभाव तथा पितृसत्तात्मक व्यवस्था के विरुद्ध विद्रोह की जंग है।

स्त्री-विमर्श की अनेक अवधारणात्मक परिभाषाएँ मिलती हैं। साहित्यकार मैत्रेयी पुष्पा का कहना है, "नारीवाद ही स्त्री-विमर्श है, नारी की यथार्थ स्थिति की चर्चा करना ही स्त्री-विमर्श है।"[7] वहीं कात्यायनी मानती हैं, "स्त्री-विमर्श अथवा नारीवाद पुरुष और स्त्री के बीच नकारात्मक भेदभाव की जगह स्त्री के प्रति सकारात्मक पक्षपात की बात करता है। वस्तुतः इस रूप में देखा जाय तो स्त्री-विमर्श अपने समय

और समाज के जीवन की वास्तविकताओं और सम्भावनाओं को तलाश करने वाली दृष्टि है।"[8] क्षमा शर्मा इसे "स्त्रीवादी विमर्श समग्र आर्थिक, राजनीतिक, सामाजिक, भाषिक और सांस्कृतिक विमर्श मानती हैं।"[9] रेखा कस्तावर के शब्दों में—स्त्री का, स्त्री के लिए, स्त्री के द्वारा लेखन स्त्री-विमर्श है।"[10] सुप्रसिद्ध लेखिका प्रभा खेतान इसे इस प्रकार व्याख्यायित करती हैं, "वास्तव में नारीवाद का केन्द्रीय मुद्‌दा है उन समस्याओं को अभिव्यक्त करना, जिन्हें अब तक इतिहासकार केवल पुरुष सन्दर्भ में ही देखते रहने के अभ्यस्त हैं।"[11]

सहस्राब्दी के अन्तिम दशक के केन्द्र में रहे स्त्री-विमर्श में यह विवाद का विषय रहा है कि स्त्री-विमर्श के लिए सुरक्षित क्षेत्र है एवं पुरुषों के लिए उसमें कोई स्थान नहीं है, परन्तु यह असत्य है, स्त्री-प्रश्न को पुरुष के लिए वर्जित क्षेत्र नहीं माना गया है। जॉन स्टुअर्ट मिल का कहना है कि "पुरुष जो ज्ञान स्त्रियों के बारे में उनसे हासिल करते हैं, भले ही उनकी संचित सम्भावनाओं के बारे में न होकर, सिर्फ उनके भूत और वर्तमान के बारे में ही क्यों न हो, वह अधूरा है। स्त्रीत्ववाद पुरुष को कर्ता की भूमिका देने से इंकार करता है। स्त्री देह के रूप में स्त्री का अनुभव करना पुरुष के रूप में अनुभव करने से भिन्न होता है।"[12] स्टीफन हीथ भी इसे स्वीकार करते हुए कहते हैं, "औरत की देह के बारे में बोलना आसान है, खासकर मर्द होकर बोलना आसान है, किन्तु उसकी देह के बारे में उसकी तरह बोलना आसान नहीं। स्त्री के प्रति पुरुष का अनुभव चूँकि देह और आत्मा के दमन से शुरू होता है, इसलिए अनुभव की एकान्विति सम्भव नहीं और पुरुष की भूमिका विपक्ष में खड़े होने की हो जाती है। वह बाहर रहने को अभिशप्त है। पुरुष का स्त्रीत्ववाद अन्ततः एक मर्दाना काम ही है।[13]

डॉ. नामवर सिंह के अनुसार, "स्त्री का स्त्री के लिए लेखन साहित्य को नयी भाषा, नया पाठ और नयी दृष्टि देता है, जिसका स्वागत और रेखांकन अनिवार्य है, परन्तु इसे स्त्री तक सीमित करने से जहाँ पुरुष स्त्री विषय से बाहर का व्यक्ति हो जाता है, स्त्री भी स्त्री विषय तक सीमित हो जाती है।"[14] स्त्री विमर्श की बात करते हुए डॉ. आदित्य प्रचण्डिया कहते हैं, "स्त्री-विमर्श के सन्दर्भ में समग्रता से विचार करने पर अनेक समस्याएँ सामने आती हैं—जैसे बाल विवाह, विधवा विवाह, अनमेल विवाह, स्त्री शिक्षा, लड़कियों के पालन-पोषण, तलाक, सम्पत्ति में स्त्री का अधिकार, साज-शृंगार, साहसपूर्ण कारनामे, स्त्री के विकास की ऐतिहासिक प्रक्रिया, स्त्री-पुरुष के बीच मौजूद असमानता, पर्दा प्रथा, वैध-अवैध वैवाहिक रिश्ते, शील और अश्लील, परिवार—संयुक्त और एकल, सती प्रथा, बलात्कार, दहेज, स्त्री स्वास्थ्य, स्त्री-रोजगार, स्त्री-आन्दोलन, संविधान में स्त्री और उसकी मुक्ति—इन सभी विषयों का समावेश स्त्री-विमर्श में है।"[15] स्त्री-विमर्श को परिभाषित करते हुए भसीन व खान कहते हैं—"An awareness of women's oppression and exploitation in society, at work and within the family and conscious action by women and men to change the situation."[16]

पाम मोरिस स्त्री के प्रति होने वाले अत्याचार और उत्पीड़न को स्त्री पुरुष की संरचनात्मक असमानता से जोड़ते हुए कहते हैं, "पुरुष और स्त्री के बीच लिंग भेद का बुनियादी आधार है संरचात्मक असमानता। इसके कारण स्त्री को नियोजित सामाजिक अन्याय का सामना करना पड़ता है। दो लिंगों के बीच की असमानता बॉयोलोजिकल जरूरत का परिणाम नहीं है बल्कि, यह लिंग भेद की संस्कृति पर निर्मित है।"[17]

स्त्री-विमर्श : स्वरूप : मनुष्य का मतलब ही पुरुष से है। स्त्री हमेशा से पुरुष पर आश्रित और दोयम दर्जे की कहलाती आयी है। सामाजिक, राष्ट्रीय, राजनीतिक क्षेत्रों में स्त्री और पुरुष के बीच व्याप्त असमानता का ही परिणाम है साहित्य क्षेत्र में विकसित स्त्री-विमर्श। यह भी कहा जा सकता है कि अमेरिकी और फ्रेंच आन्दोलनों के फलस्वरूप विकसित खुली सोच का एक दूसरा रूप या भाव है फेमिनिज़्म यानी कि स्त्रीवाद। यही विचारधारा आगे चलकर समाजवादी स्त्रीवाद, अस्तित्ववादी स्त्रीवाद/उग्र नारीवाद और मार्क्सवादी स्त्रीवाद के रूप में परिलक्षित होती है।

भारतीय परिप्रेक्ष्य में स्त्री-विमर्श : सदियों से संघर्षरत नारी समाज की एक इकाई के रूप में अपनी पहचान की निर्मिति के लिए स्त्री जिस अदम्य जिजीविषा एवं प्रबल इच्छा शक्ति का परिचय आज दे रही है, वह उसकी बौद्धिक जागृति की ही परिचायक है जो उसने धर्म, आस्था, परम्परा, मूल्य एवं व्यवस्था के प्रति प्रकट किया है। वर्तमान समय में नारी पुरुष वर्ग से प्रतिस्पर्धा न करके केवल उसके समकक्ष एक मनुष्य होने के नाते प्राप्त होने वाले अधिकारों की माँग कर रही है। वह पुरुष के अस्तित्व को न नकार कर एक सहनागरिक की तरह अपनी पहचान स्थापित करना चाह रही है। इसके लिए उसका सारा जोर अब तक प्रयुक्त मिथकों का अस्वीकार और स्वतन्त्र इनसान के रूप में अपनी स्वीकृति का है। महादेवी वर्मा के शब्दों में, "संसार के मानव समुदाय में वही व्यक्ति स्थान और सम्मान पा सकता है, वही जीवित कहा जा सकता है, जिसके हृदय और मस्तिष्क ने समुचित विकास पाया हो और जो अपने व्यक्तित्व द्वारा मनुष्य समाज से रागात्मक के अतिरिक्त बौद्धिक सम्बन्ध भी स्थापित कर सकने में समर्थ हो। एक स्वतन्त्र व्यक्तित्व के विकास की सबको आवश्यकता है। कारण, बिना इसके न मनुष्य अपनी इच्छा शक्ति और संकल्प को अपना कह सकता है, और न अपने किसी कार्य को न्याय-अन्याय की तुला पर तोल सकता है।"[18]

हिन्दी साहित्य में स्त्री चाहे विषय के रूप में आयी हो चाहे विषयी के रूप में, उसका एक लम्बा इतिहास रहा है। गुजरी हुई शताब्दी पर पश्च दृष्टि डालें तो—जहाँ तक प्रागैतिहासिक भारतीय समाज में नारी की स्थिति का सवाल है, वैदिक साहित्य

में व्यक्त हुई ऐसी कई बातों से इसका अनुमान लगाया जा सकता है, जो एक ओर मातृसत्तात्मक समाज में नारियों की विकसित और गौरवमयी स्थिति का परिचय कराती है, वहीं दूसरी ओर तत्कालीन सामाजिक सम्बन्धों में नारियों की भूमिका के क्रमशः गौण होते सम्बन्धों को भी दर्शाती है। 'मनुस्मृति' इसका साक्षात् प्रमाण है। वैदिक वाङ्मय में सर्वाधिक प्राचीन और सर्वाधिक महत्त्वपूर्ण ऋग्वेद के प्रथम मण्डल के 2006 मन्त्रों में से मात्र तीन मन्त्रों (दो लोपामुद्रा द्वारा और एकमात्र ऋचा रोमशा द्वारा) का नारियों द्वारा रचित होना और उसमें भी सेक्स को ही वर्ण्य विषय बनाना उस काल में नारियों की दयनीय दशा का स्वतः परिचय देता है। विद्वज्जन किस आधार पर वैदिक काल में नारियों के स्थान को ऊँचा घोषित करते हैं, क्योंकि ऋग्वेद के अन्य मण्डलों में भी जहाँ नारियों द्वारा ऋचाएँ कही गयी हैं उनके विषय रति, पतिप्रेम, सपत्नी-सम्बन्ध आदि ही हैं।

स्त्रियों के विषय में ऋग्वेद में जो विवरण प्रस्तुत हैं, उनके अनुसार "स्त्री का मन चंचल होता है। उसे नियन्त्रण में रखना असम्भव सा है।"[19] उसकी बुद्धि भी छोटी होती है।[20] पत्नी एक खेत के समान होती है, जिसमें पुरुष अपना बीज बोता है।"[21] यही नहीं पारिवारिक सम्बन्धों में भी स्त्री मात्र भोग्या थी। ऋग्वेद के दसवें मंडल के दसवें सूक्त में सहोदर भाई-बहन यम और यमी का संवाद है जिसमें यमी यम से सम्भोग याचना करती है, वहीं अथर्ववेद (9/10/12) में प्रजापति का अपनी पुत्री के साथ सम्भोग का वर्णन है।[22]

पी.वी. काणे ने लिखा है, "ऋग्वेद (1/109/2), मैत्रायणी संहिता (1/10/1), निरुक्त (6/9,3/4), ऋग्वेद (3/31/2), ऐतरेय ब्राह्मण (33) आदि के अवलोकन से विदित होता है कि प्राचीन काल में विवाह के लिए लड़कियों का क्रय-विक्रय होता था।"[23]

रामायण काल की बात करें तो सीता राम की छाया की तरह अनुसरण करने वाली थीं—पूर्ण समर्पिता और दूसरी तरफ राम ऐसी एकनिष्ठ पतिपरायणा और गर्भिणी सीता को बगैर किसी अपराध के एक सामान्य नागरिक (धोबी) का ताना सुनकर जंगल में धोखे से निर्वासित कर देते हैं। अन्याय, अत्याचार और शोषण का इससे बड़ा उदाहरण क्या होगा कि सीता को यह बताना भी जरूरी नहीं समझा कि आखिर उनका अपराध क्या है? लंका विजय के बाद भी राम ने सीता को अग्नि परीक्षा के बाद ही स्वीकार किया था। वास्तव में सीता के प्रति राम की यह कठोरता यौन नैतिकता के सन्दर्भ में आये कठोर सामाजिक नियमों का प्रतिफलन है।

नियोग प्रथा : जैसे-जैसे आर्य सभ्यता का विकास होता गया, नारी की स्थिति और दयनीय होती गयी। महाभारत, स्मृति एवं पुराण काल में अपनी सम्पत्ति के वैध उत्तराधिकारी को प्राप्त करने के लिए इस काल में नियोग प्रथा जैसे आडम्बर को जगह मिली। नियोग—जिसके द्वारा स्त्री से उसके रोगी अथवा नपुसंक पति के

स्थान पर उसका भाई, पुरोहित अथवा कुल का कोई भी सदस्य पुत्र उत्पन्न कर सकता था। नियोजित स्त्री तो मृत, नपुंसक अथवा असाध्य रोगग्रस्त पति के कारण आजीवन सहवास सुख से वैसे ही वंचित रहती थी, नियोग के बहाने यदि कभी उस सुख के अनुभव का अवसर भी मिलता तो उसे भी पुरुषों की दस्युवृत्ति ने न छोड़ा। नारी को वास्तव में खेत समझा गया (गौतम 28/32) नियोग तथा पुत्रोत्पत्ति के साधन के साथ ही नारी की कोमल भावनाओं पर एक और कुठाराघात था। धीरे-धीरे इस प्रकार के आचरण की परम्परा-सी चल पड़ी।

सत्यवती ने कौमार्यावस्था में ऋषि पराशर से व्यास को उत्पन्न किया। विचित्रवीर्य की विधवाओं अम्बिका और अम्बालिका से व्यास द्वारा नियोग करने पर धृतराष्ट्र और पाण्डु उत्पन्न हुए और दासी से विदुर। कुन्ती ने भी बिना विवाह किये कर्ण को जन्म दिया। कुन्ती और माद्री का तो एक भी पुत्र पांडु का औरस नहीं था। पाँचों पांडवों की उत्पत्ति देवताओं से हुई। महाभारत काल की नारियों का प्रतिनिधित्व करती है द्रोपदी—जिसका वरण अर्जुन ने लक्ष्यभेद कर स्वयंवर जीतकर किया था, परन्तु उस चेतन नारी को फल कहकर पाँच लोगों में बाँट लिया जाना कहाँ तक न्यायोचित ठहराया जा सकता है। नारी को जुए में दाँव पर लगाकर उसे सम्पत्ति के साथ स्थान देते हुए उस काल में ही कहा गया, "सम्पत्ति और स्त्री का भोग कितने ही निपुण व्यक्ति द्वारा किया जाये और चाहे कितने ही अध्यवसाय के साथ किया जाये, ये कभी स्थिर और वफादार नहीं रहतीं।"[24]

आचार संहिताः मनुस्मृति के आदर्शों को ईश्वर का आदेश मानकर श्रद्धा के साथ उसका पालन करने वाला हिन्दू समाज आज के वैज्ञानिक युग में भी मनु की दी गयी व्यवस्था को वेदसम्मत ठहराता है। मनु के अनुसार स्त्री को स्वतन्त्रता का अधिकार नहीं है। मनु की दृष्टि में तो, "सदा पुरुष संग की इच्छा करने वाली चंचल चित्त तथा स्वभाव से निष्ठुर होने के कारण कितने भी यत्न से क्यों न रखीं जायें, स्त्रियाँ पतियों के प्रति निष्ठावान नहीं रह सकतीं।"[25]

कोई भी स्मृतिकार स्त्री की सामाजिक सत्ता का अनुमोदन करता दिखायी नहीं देता, न ही स्त्री-चरित्र की उच्चता को ही स्वीकारता है। स्त्री को निरीह मानकर उनकी रक्षा की व्यवस्था देते हुए भी वे स्त्रियों के चरित्र के प्रति पुरुषों को सदैव शंकित और चौकन्ना रहने का आदेश देते हैं। लगभग यही व्यवस्था बोधायन, विष्णु, व्यास, नारद जी आदि सभी ने स्वीकारी। स्त्री को धर्मकार्यों में पराधीन बताया।

बौद्धकालः बुद्ध ने मानव जीवन के सर्वोच्च लक्ष्य के जिस मार्ग का प्रवर्तन किया और निर्माण की बात की उसमें स्त्रियों के लिए कोई जगह नहीं थी। एक वार्तालाप में बुद्ध ने अपने शिष्य आनन्द को बताया कि "स्त्रियों की ओर देखना भी नहीं चाहिए, यदि उन्हें देख लिया जाये तो उनसे बात नहीं करनी चाहिए और यदि वे स्वयं बात करें तो सतर्क रहना चाहिए।"[26] परन्तु बाद में उन्होंने स्त्रियों को

संघ में प्रवेश की अनुमति दे दी। सर्वप्रथम उन्होंने गौतमी को और कालान्तर में गणिका आम्रपाली को बौद्ध धर्म में दीक्षित किया। बौद्ध भिक्षुणियों के जीवन का सजीव अंकन उनके द्वारा विरचित थेरीगाथा में मिलता है।

मौर्य काल : मौर्य शृंग काल में स्त्रियों की सामाजिक स्वतन्त्रता और स्वच्छन्दता के स्थान पर परतन्त्रता और संकीर्णता का आगमन होने लगा था। स्त्रियाँ बन्धन में बाँध दी गयीं। दहेज प्रथा, नियोग प्रथा तथा तलाक प्रथा की विद्यमानता इसके प्रमाण हैं।

शक-कुषाण काल : कालिदास काल और शक-कुषाण काल में स्त्री की परिवर्तित स्थिति के स्पष्ट संकेत मिलते हैं। कालिदास काल में स्वयंवर प्रथा का प्रारम्भ हो गया था। स्वयं कालिदास ने कहा, ''पत्नी गृहस्वामिनी, परामशदात्री, सचिव, सखी, प्रियशिष्या तथा सहवास में संगिनी होती है।''[27] बाणभट्ट ने 'हर्ष चरितम्' तथा भवभूति ने 'उत्तररामचरितमानस' में भी स्त्रियों की प्रशंसा की है। शक-कुषाण काल में स्त्रियों की स्थिति पुनः पतनोन्मुख होने लगी—विधवा विवाह को अनुचित ठहराया गया, राजवंश में पर्दा प्रथा का प्रारम्भ होना तथा स्त्रियों को यज्ञ करने तथा वैदिक अध्ययन करने के अधिकार से वंचित कर दिया गया। हालाँकि सम्मानित गणिकाओं की स्थिति इस युग में भी अच्छी थी।

गुप्त काल : गुप्त काल में अन्य युगों की तुलना में स्त्री शिक्षा पर अधिक ध्यान दिया गया। स्त्रियाँ इतनी स्वतन्त्र थीं कि उन्हें पर्दे में रहने की आवश्यकता नहीं थी—''स्त्री पुरुष की अर्द्धांगिनी मानी जाती थी तथा धार्मिक कृत्यों में पति के साथ अनिवार्य रूप से उपस्थित रहती थी।''[28] स्त्रियों को समाज में सम्मान भी प्राप्त हुआ, परन्तु साथ ही साथ उसकी विलासिता में भी वृद्धि हुई।

हर्षवर्धन काल : हर्ष काल में स्त्रियों की दशा में आंशिक सुधार ही दृष्टिगत होता है। हर्षवर्धन काल में अवश्य राजकीय आदेश द्वारा स्त्रियों को राजनीतिक अधिकार तथा धार्मिक एवं आध्यात्मिक विकास की स्वतन्त्रता प्राप्त हुई, किन्तु बाल विवाह, पुनर्विवाह एवं बहुविवाह की प्रथाएँ ज्यों की त्यों बनी रहीं। समाज में विधवा को हेय दृष्टि से देखा जाता था। इसलिए जौहर प्रथा का प्रचलन बहुत अधिक देखने को मिलता है। इसके साथ ही यह भी सत्य है कि उस काल की स्त्रियों ने मातृभूमि रक्षार्थ युद्ध कौशल का परिचय भी दिया, परन्तु बराबरी का दर्जा उसे फिर भी न मिला।

मध्य युग : मध्ययुग जहाँ पुरुष के लिए स्वर्ण युग बनकर उभरा, वहीं स्त्री की अधोगति जितनी इस युग में हुई; अन्य किसी युग में नहीं। ब्राह्मणों ने हिन्दू धर्म के रक्षार्थ स्त्रियों के सतीत्व तथा रक्त की शुद्धता बनाये रखने के लिए नियमों को अधिक कठोर बना दिया। विवाह की आयु घट गयी तथा पर्दा प्रथा और सती प्रथा अपने चरम पर पहुँच गयी। स्त्री मात्र यौन तृप्ति का माध्यम बनकर रह गयी। नारी

नग्नता पूजी जाने लगी। खजुराहो, अजन्ता, सिंगरिका के भित्ति चित्र इसके प्रमाण हैं। मुस्लिम आक्रमण प्रारम्भ होते ही भारत में स्त्रियों की दशा और भी नारकीय हो गयी। पर्दा प्रथा, बाल विवाह, सती प्रथा, जौहर प्रथा आदि का प्रचलन अधिक बढ़ गया। भारतीय स्त्रियाँ मुस्लिम शासकों के हरम में सजने लगीं। कबीर जैसे सन्तों ने उसे नरक का द्वार, छाया ग्रहणी राक्षसी आदि कहा—

नारी की झाँई पड़े अन्धो होत भुजंग।
कबीर तिनको कौन गति नित नारी के संग।''[29]

तुलसीदास जी की मानस की एक चौपाई ''ढोल, गँवार, शूद्र, पशु, नारी/ सकल ताड़ना के अधिकारी''[30] तत्कालीन समाज की मानसिकता की सजीव अभिव्यक्ति है।

भक्तिकालीन सन्तों ने भारतीय समाज में व्याप्त स्त्री विषयक कुरीतियों और कुप्रथाओं के विरुद्ध आवाज उठायी, जिनमें युगद्रष्टा रामानन्द, युगपुरुष नानक, समाज सुधारक चैतन्य, रैदास और मीरा आदि प्रमुख थे, जिनके हृदय सामान्य स्त्री के प्रति पीड़ा से आप्लावित थे। इस दौर में मीराबाई ने पुंसवादी सत्ता को बड़े कलात्मक और कौशलपूर्ण ढंग से चुनौती दी तथा पितृसत्तात्मक व्यवस्था में स्त्री के प्रति हो रहे अमानवीय व्यवहार को सार्वजनिक तौर पर अभिव्यक्त किया।

आधुनिक काल : अंग्रेजों के शासन काल तक आते-आते भारतीय जन-जीवन में लड़कियों को स्कूली शिक्षा का अधिकार मिला। लॉर्ड विलियम बैंटिक ने सती प्रथा और राजपूतों की कन्या वध प्रथा को बन्द कराया, परिणामस्वरूप विधवाओं की बढ़ती संख्या को देख सामाजिक नेताओं ने विधवाओं के पुनर्विवाह के लिए प्रयत्न प्रारम्भ कर दिया। इस काल में राजा राममोहन राय, विद्यासागर, दयानन्द सरस्वती के प्रोत्साहन तथा प्रेरणा से नारी मुक्ति एवं उसके अधिकारों के प्रति सजगता लाने के उपक्रम हुए। इस दृष्टि से विभिन्न स्त्री संगठनों की स्थापना तथा पत्र-पत्रिकओं के प्रकाशन समानान्तर चले। भारतेन्दु ने स्त्री शिक्षा के लिए 'बाल-बोधिनी' शीर्षक पत्रिका का सम्पादन किया था। स्वामी विवेकानन्द ने नारी शिक्षा पर बल देते हुए कहा कि "सर्वप्रथम स्त्री जाति को सुशिक्षित बनाओ फिर वे स्वयं कहेंगी कि उन्हें किन सुधारों की आवश्यकता है।...शिक्षित हो जाने पर वे स्वयं अपने हानि-लाभ का विचार कर इस प्रकार की कुरीतियों को निकाल बाहर करेंगी।''[31]

विद्यासागर ने जहाँ विधवा विवाह को एक ठोस आन्दोलन का रूप दिया, वहीं दलित चिन्तक एवं समाज सुधारक जोतिबा फुले ने सचमुच 'राख ही जानती है जलने का अनुभव' कहकर नारी एवं दलित वर्ग के शोषण के प्रति समाज का ध्यान आकृष्ट किया। असहयोग आन्दोलन के कारण ही सर्वप्रथम महिलाएँ घर की चारदीवारी तोड़कर बाहर आयी थीं, जिसने स्त्रियों को अधिक मुखर बनाया। गाँधी जी ने स्वयं लिखा, ''यदि मैं स्त्री के रूप में जन्मा होता तो पुरुष के इस दम्भ के विरुद्ध कि स्त्री पुरुष के मनोरंजन की वस्तु है, विद्रोह कर देता।''[32]

गाँधी जी तथा अन्य समाज सुधारकों द्वारा प्रेरित किये जाने पर ही भारतीय स्त्री ने राजनीति में प्रवेश किया। कमला नेहरू, सरोजिनी नायडू, अरुणा आसफ अली, विजय लक्ष्मी पंडित आदि के नाम इस दृष्टि से उल्लेखनीय हैं। स्त्री-आन्दोलन के लिए भूमि का निर्माण आजादी के आन्दोलन के समय से ही प्रारम्भ माना जा सकता है।

बीस के दशक में महिलाओं द्वारा विशाल जनसंघर्षों में राजनीतिक भागीदारी ने ऐसी सम्भावनाएँ खोल दीं, जो सामाजिक सुधारों की पूरी सदी ने भी नहीं खोली थीं। महिला की छवि 19वीं सदी में न्याय की हकदार से, 20वीं सदी के आरम्भ में राष्ट्रवादी पुरुषों की समर्थक और फिर तीस और चालीस के दशक में उनकी सहयोगिनी में बदल गयी।

संविधान ने महिलाओं को पूर्ण समानता देने का वादा किया उन्हें पुरुषों के बराबर शिक्षा, सम्पत्ति या आय के भेदभाव के बिना वोट का अधिकार मिला। साठ के दशक के अन्त और सत्तर के दशक के प्रारम्भ में देश में नये राजनीतिक संस्थानों और आन्दोलनों से महिलाओं के अन्दर अपने अधिकारों के प्रति चेतना जाग्रत हुई। इनमें से कुछ आन्दोलन इस प्रकार थे : नक्सलपंथी आन्दोलन, जे.पी. आन्दोलन, चिपको आन्दोलन और मूल्यवृद्धि विरोधी आन्दोलन। 1975 को संयुक्त राष्ट्र ने विश्व महिला वर्ष घोषित किया, जिसके फलस्वरूप पार्टियों पर आधारित और स्वतन्त्र संगठनों के कार्यकलापों में तेजी आयी।

महिलाओं के अन्दर आयी अधिकार सजगता ने दहेज सम्बन्धी उत्पीड़न और मृत्यु, बलात्कार से सम्बन्धित मुद्दों (हैदराबाद में 1978 का रमीजाबी का मामला, महाराष्ट्र में मथुरा, 1980 में पश्चिम उत्तर प्रदेश में माया त्यागी का मामला) पर जनता का ध्यान केन्द्रित किया और इससे सम्बन्धित वर्तमान कानून को संशोधित करके बिल पास करवा लिया। इसके पश्चात् राजस्थान में सती प्रथा के खिलाफ आन्दोलन शुरू हुआ (देवराला में रूपकंवर का सती होना)। 1990 में विश्वविद्यालय केन्द्रित कई संस्थाएँ विकसित हुईं। काफी शोधकार्य एवं लेखन होने लगा, जो विश्वविद्यालय पाठ्यक्रमों में महिला लेखन के लिए उपयोगी साबित हुआ। इन सबका प्रभाव सरकार पर भी पड़ा। 1993 में पंचायतों में एक तिहाई सीटें महिलाओं के लिए आरक्षित की गयी। ग्रामीण क्षेत्रों में महिलाओं में जागृति लाने के लिए नयी योजनाएँ प्रारम्भ की गयीं। स्थानीय तथा राष्ट्रीय राजनीति में अपनी भूमिका बढ़ाने के लिए अब महिलाएँ संसद में एक तिहाई सीटें आरक्षित कराने की लड़ाई लड़ रही हैं।

पाश्चात्य परिप्रेक्ष्य में स्त्री-विमर्श : ऐतिहासिक विकास क्रम में स्त्री की पहचान के नाम पर सिर्फ उसका शरीर रह गया है। स्त्री की अस्मिता के निर्माण के लिए जरूरी है कि उसकी चुप्पी को तोड़ा जाये, स्त्री जब बोलती है तो अपने भावों की अभिव्यक्ति ही नहीं करती, अपितु अपना संसार नये सिरे से बनाती है। 20वीं शती

के मुक्ति संघर्षों से नारी-मुक्ति का संघर्ष अधिक विस्तृत हो गया है। यह संघर्ष आत्मबोध, आत्मविश्लेषण और आत्माभिव्यक्ति का संघर्ष है। स्त्रीवाद की बुनियादी चिन्ता है—स्त्री मुक्ति। सभ्यता के आदिकाल से नारी पुरुष वर्ग द्वारा शोषित है। सीमोन द बोउवर, केट मिलेट, जर्मेन ग्रियर आदि पश्चिमी लेखिकाएँ मानती हैं कि स्त्री होना एक ऐतिहासिक घटना है। वह जन्म से स्त्री नहीं, बल्कि हजारों साल की सभ्यता ने उसे वस्तु के रूप में परिणत कर दिया है। क्षमा शर्मा कहती हैं, "स्त्रीवादी विमर्श न मजाक है, न अपवाद। वह एक ही समय हमारे देश, काल और पूरी दुनिया से जुड़ा है। वह हमारे समय की जरूरत है।"[33]

आधुनिक युग में सम्पूर्ण विश्व में नारी शक्ति के जागरण का सम्बन्ध पाश्चात्य जगत में हुए नारी मुक्ति आन्दोलनों से माना जाता है। नारीवाद पारम्परिक ज्ञान और दर्शन को चुनौती देता है। ऐतिहासिक रूप से हम पुरुष प्रधान समाज में रहते आये हैं। जहाँ, स्त्री ज्ञाता नहीं ज्ञान की विषय वस्तु है। इसके विपरीत नारीवादी सिद्धान्त स्त्री केन्द्रित ज्ञान की चर्चा करता है।

नारीवाद के विकास के साथ-साथ नारीवादियों के दृष्टिकोण में भी काफी परिवर्तन होता गया। कोई एक विचारधारा स्थिर नहीं रही। पारम्परिक दर्शन ने न केवल स्त्री के बौद्धिक प्रयास का अवमूल्यन किया, बल्कि स्त्री के निजी मूल्यबोध को भी तुच्छ किया है। दार्शनिक चिन्तन के जगत में स्त्री भी अपना स्थान बना सकती थी, किन्तु पारम्परिक दर्शन, पुरुष केन्द्रित सोच तक ही सीमित रहा। जैसा कि एलिसन जैगर कहती हैं कि दुनिया को तोलने का पुरुषोचित नजरिया है। हालाँकि कुछेक दार्शनिक जैसे प्लेटो, जॉन स्टुअर्ट मिल एवं मार्क्स ने स्त्री पुरुष को समकक्ष रखने की चेष्टा की, किन्तु अधिकतर दार्शनिकों अरस्तू, कांट, हीगेल और नीत्शे को स्त्री जाति की बौद्धिक और तार्किक क्षमता पर गहरा सन्देह था।

महान दार्शनिक देकार्ते ने जब यह कहा कि मैं सोच सकता हूँ, अतः मैं हूँ तो वाली सोच से उनका आशय पुरुष की सोच था। उनके अनुसार स्त्री की तर्क क्षमता पुरुषों की तरह विकसित नहीं। स्त्री विचारकों ने स्त्री सम्बन्धित न केवल नये सिद्धान्त को प्रतिपादित किया, बल्कि स्त्री जीवन के अन्य विभिन्न प्रसंगों पर ज्ञान, कार्य और यथार्थ का लेखा-जोखा भी प्रस्तुत किया, जिससे स्पष्ट हुआ कि स्त्रियों का समूह एक मिश्रित समूह है। नारीवादिनों की प्रतिबद्धता इन दार्शनिक विचारों के प्रति नहीं है। नारीवाद पर इन विभिन्न विचारधाराओं का प्रभाव अलग-अलग नारीवादी आन्दोलनों के नाम में दिखायी पड़ता है—उदार नारीवाद, मार्क्सवादी नारीवाद, मनोविश्लेषण नारीवाद, अराजक नारीवाद एवं सामाजिक नारीवाद आदि। इनमें उदारवादी नारीवाद का एक लम्बा इतिहास रहा है जैसे अठारहवीं और उन्नीसवीं शताब्दी के विचारक मेरी उलनस्टोक्राफ्ट (1759-1873), हैरियट टेलर (1807-1858), जॉन स्टुअर्ट (1806-1873) आदि।

उदारवादियों ने ऐसी सामाजिक संरचना करनी चाही थी, जिसमें प्रत्येक व्यक्ति का महत्त्व हो और उसे समान सुविधा मिले। इन दार्शनिकों ने पितृसत्तात्मक राज्य संरचना का विरोध तो किया, किन्तु पारिवारिक संरचना का विरोध नहीं किया। अमेरिका में समान अधिकार संशोधन बिल पास तो हुआ, परन्तु परिवार में सर्वेसर्वा अब भी पति ही था, पत्नी को अभी भी पति के अधीन ही रहना था। इनके अनुसार स्त्रियों को आज यदि पुरुषों के समान बराबर सुविधाएँ उपलब्ध हों तो वह जीवन के प्रत्येक क्षेत्र में पुरुषों की बराबरी कर सकती हैं। सबसे बड़ा मुद्दा था—गर्भपात का जोकि अपने आप में एक बड़ी क्रान्तिकारी माँग थी। स्त्री को मानवीय गरिमा मिलनी चाहिए तथा समाज में पितृसत्तात्मक संरचना को बदला जाना चाहिए। परन्तु उदार नारीवाद सामाजिक एवं आर्थिक रूप से केवल मध्यवर्गीय श्वेत स्त्री के अधिकार एवं कर्तव्य का लेखा-जोखा बनकर रह गया।

यही वह समय था कि जब वामपन्थी विचारधारा अत्यन्त सक्रिय हुई। सिमोन की 'सैकेंड सेक्स' प्रकाशित हो चुकी थी। अमेरिका में 1970 में केट मिलेट की 'सेक्सुअल पॉलिटिक्स' और सुलामिथ फायरस्टोन की 'डॉयलेक्टिक ऑफ सेक्स' प्रकाशित हुई। उदारवादी सुधारपन्थियों से बिल्कुल भिन्न इन नारीवादिनों पर मार्क्सवाद का प्रभाव अधिक था। तभी जुलियेट मिशेल की मार्क्सवादी पुस्तक 'वुमैन स्टेट' का भी प्रकाशन हुआ। इनका प्रमुख नारा था—'दि पर्सनल इज़ पॉलिटिकल'। इन्होंने स्त्री को अपनी चुप्पी तोड़ने को कहा तथा सामाजिक मंचों पर दलन पर विचार विमर्श करने के लिए निमन्त्रित किया। शीला रोबॉथम की 'हिडेन फ्राम हिस्ट्री' (1973), एलेन सोवोलटा की 'ए लिटरेचर ऑफ देयर ओन'—प्रकाशित पुस्तकों के अनुसार, स्त्री-दलन का मुख्य कारण निजी सम्पत्ति की अवधारणा है। यह अवधारणा एक ऐसी व्यवस्था को जन्म देती है, जहाँ सत्ता और सम्पत्ति दोनों ही कुछ व्यक्तियों के हाथों तक सीमित हो जाती है। अतः स्त्री-दलन का कारण पूँजीवाद है पितृसत्ता नहीं। मार्क्सवाद से प्रेरित उन्होंने स्त्री के आर्थिक रूप से स्वावलम्बन को ही महत्त्व दिया।

1970 से 1980 तक अधिकतर नारीवादी सिद्धान्तों की प्रमुख समस्या स्त्री को अधीनता से मुक्ति दिलाने की रही और इसके लिए उन्होंने मार्क्स को एक मसीहा के रूप में पाया। शिक्षित स्त्रियाँ, जो बौद्धिक जगत से सम्बन्धित थीं; उनके अनुसार—सामाजिक संरचना में निहित दलन का विश्लेषण मार्क्सवाद बड़े व्यवस्थित ढंग से करता है। स्त्री श्रम द्वारा उत्पादन की दो प्रणालियाँ हैं—एक बाह्य जगत में उत्पादन की तथा दूसरा घरेलू श्रम—जहाँ वह दिन-रात बिना किसी मूल्य के सन्तानोत्पादन, सन्तान का भरण-पोषण तथा परिवार के सदस्यों की देख-रेख एवं सेवा में लगी रहती है, जिसका उसे कोई मूल्य नहीं मिलता है; जिसके कारण आर्थिक संघर्ष के साथ-साथ उसे यौन हिंसा व उत्पीड़न भी झेलना पड़ता है। मार्क्स सन्तानोत्पादन की क्रिया को एक मूक पशुवत् और औचक क्रिया मानते हैं। स्त्री को

यह धारणा स्वीकार नहीं। वह केवल भावनात्मक रूप से ही नहीं, बल्कि सामाजिक व आर्थिक रूप से भी ठगी जाती है। मार्क्सवादी नारीवाद श्रम के इस शोषण पर प्रकाश डालता है।

एंगेल्स आर्थिक उत्पादन की विशद आलोचना करते हुए कहते हैं कि स्त्री-पुरुष को इसलिए सहर्ष स्वीकारती है कि वह सुरक्षित रहे तथा सन्तान को जन्म देने के अलावा वह पुरुष के बीज रक्षा के रूप में सन्तान का पालन-पोषण अपने भरण-पोषण के लिए करती है ताकि सन्तति को पुरुष की विरासत मिले।

मानवीय जरूरत और कामना के सन्दर्भ में मार्क्स और एंगेल्स दोनों ही स्त्री के जीवन में कामना को महज एक बेस्वाद जरूरत मानते हैं। मार्क्सवादी नारीवादिनों में डोना हार्वे, शीला रोबॉथम और जूलियट मिशेल प्रमुख हैं। स्त्री मुक्ति आन्दोलन की दो धाराएँ उत्पन्न हुईं। पहली धारा का सम्बन्ध पारम्परिक मार्क्सवाद से था, जबकि दूसरी धारा सर्वहारा से अलग हटकर स्त्री की समस्या को विश्व मंच पर रखना चाह रही थी। 1968 की छात्र सभा में जर्मन मार्क्सवादी स्त्री कार्यकर्ता हेल्के सेंडर ने कहा, "स्त्री को पहचान तभी मिलेगी, जब वह मंच पर अपने निजी जीवन की समस्याओं को अभिव्यक्त करे और इसी आधार पर राजनीतिक रूप से एकबद्ध होकर संघर्ष करे।"[34] दोनों धाराओं में विवाद का केन्द्रीय मुद्दा था पितृसत्ता।

सुलामिथ फायरस्टोन ने अपनी पुस्तक 'दि डॉयलेक्टिक ऑफ सेक्स' में कहा कि स्त्री वास्तव में जन्म से स्त्रीकरण का शिकार है। स्त्री होने के लिए उसे पुरुष सत्ता का वर्चस्व स्वीकारना पड़ता है। आवश्यकता इस बात की है कि स्त्रीकरण की इस यौनवादी व्यवस्था का रूपान्तरण हो। उग्र नारीवादिनों ने बहुतेरे सामाजिक मुद्दे विशेषकर चिकित्साशास्त्र, धर्म, प्रजनन, जातिवाद, पर्यावरण और राजनीतिक सिद्धान्तों पर काफी कुछ लिखा है, पर उनका सबसे महत्त्वपूर्ण विमर्श है—पुरुष सत्ता द्वारा स्त्री कामना का निर्धारण।

पहली बार नारीवादिनों ने यह स्पष्ट किया कि अपने यौन जीवन में स्त्री को किस-किस प्रकार के उत्पीड़न एवं हिंसा का शिकार होना होता है। बलात्कार, अश्लील साहित्य, अनैच्छिक मातृत्व तथा जन्म-विरोध एवं बाध्यकारी इतरलिंगी कामुकता आदि यौन जीवन के प्रसंग में स्त्री को पुरुष की इच्छा के अधीन रहना पड़ता है। कैथरीन मैक्नीन के अनुसार "पुरुष को स्त्री पर वर्चस्व मिलता है, क्योंकि वह यौन जीवन में स्त्री को पीड़ित कर सकता है। कामना के स्तर पर स्त्री से यह अपेक्षा की जाती है कि वह न केवल पुरुष की कामेच्छा के प्रति समर्पण करे, बल्कि पुरुष कामना के उद्दीपन का कारण भी बने।"[35] स्त्री के लिए यह भी कहा गया कि वह दैहिक दुर्बलता के कारण पुरुषों के संरक्षण में ही सुरक्षित रह सकती है, इसलिए स्त्री के नियन्त्रण और पुरुष के वर्चस्व में ही समाज का हित है।

पुरुष समाज समलिंगी स्त्री की कोई सामूहिक भूमिका स्वीकार नहीं करता,

क्योंकि कामना के प्रसंग में स्त्री का अपना कोई चुनाव नहीं, वह तो केवल पुरुष की सन्तुष्टि के लिए है।

जबकि मनोविश्लेषक नारीवादिन नेलसन गार्नर स्वीकारती हैं कि समलैंगिकता न केवल स्त्री के लिए सामाजिक है बल्कि स्त्री के यौन जीवन में यह एक सहज प्राकृतिक इच्छा भी है। चूँकि आरम्भिक लगाव माँ के साथ रहता है, फिर क्योंकर स्त्री अपने इस प्रेम का त्याग कर पुरुष की ओर झुकती है। निस्सन्देह ऐसा करने से स्त्री को पीड़ा होती है, एड्रियन रिच के अनुसार, "यह पुरुष सत्ता है, उसकी ताकत, जो स्त्री पर इतरलिंगी व्यवस्था को आरोपित करती है। इसी व्यवस्था के माध्यम से पुरुष अपना शारीरिक, आर्थिक, भावनात्मक वर्चस्व स्त्री पर लागू कर पाता है।"[36]

मानसिक विश्लेषण के साथ-साथ सामाजिक विश्लेषण करने पर नारीवादिनों ने पाया कि स्त्री दलन का कारण केवल पूँजीवाद नहीं है। पुरुषों के मन में जातीय श्रेष्ठता का बोध है। परिवार के केन्द्र में आज सत्ता तथा अर्थ की व्यवस्था छन-छन कर पहुँच गयी है, जहाँ अहंकेन्द्रित जोड़-घटाव है, हिंसा है, स्त्री की सेवा, श्रम और सेक्स का शोषण है। अतः यौनवादी समाज को ही खत्म करना होगा।

अस्सी के दशक के बाद बहुतेरी नारीवादिनों ने गृहस्थी और श्रम के बाजार में भौतिक विश्लेषण के बदले भाषा की संरचना, प्रतिनिधित्व का अधिकार एवं समस्या तथा सत्ता के विमर्श पर प्रश्न उठाये तथा वैश्विक स्तर पर सामाजिक संरचना पितृसत्ता और पूँजीवाद के विश्लेषण के बदले विभिन्न संस्कृतियों के विमर्श, विचारधारा और मनोविश्लेषण को प्रस्तुत किया।

धीरे-धीरे नारीवादिनें उत्तर-संरचनावाद और उत्तर-आधुनिकतावाद की ओर मुड़ने लगीं। जूलिया क्रिस्तेवा ने स्त्रीत्व की चर्चा करते हुए कहा कि "परिधि पर रहना स्त्री की नियति रही है, वह हमेशा निषेध अर्थात् जो वह नहीं है, के द्वारा ही व्याख्यायित होती रही है।"[37] स्त्री भी बौद्धिकों, श्रमिकों, अश्वेत पुरुषों की तरह परिधिकृत है और इसी कारण महती क्रान्तिकारी भूमिका की सम्भावना रखती है।

अस्सी के दशक के बाद उत्तर-औद्योगिकवाद, उत्तर-मार्क्सवाद, उत्तर-मानववाद के साथ-साथ 'उत्तर' यानी 'पोस्ट' शब्द की विराट पकड़ से नारीवाद भी नहीं बच सका और आधुनिक नारीवादिनों के प्रतिनिधित्व पर प्रश्नचिह्न लगे। इसे उत्तर-नारीवाद का दौर कहा जाने लगा। लेकिन श्वेत नारिवादिनों को केवल अश्वेत स्त्रियों बल्कि तीसरी दुनिया की स्त्रियों के विरोध का सामना करना पड़ा। प्रश्न उठने लगा कि बिना सोचे-समझे आखिर किसलिए इन आधुनिक नारीवादिनों ने प्रगति और मानवीय गरिमा के नाम पर बहनापे (बहनत्व) की छतरी के नीचे सबको इकट्ठा किया।

उत्तर-औपनिवेशिक युग (फ्लेक्स 1990) को नारीवाद सिद्धान्तकर्ताओं ने कहा कि इस उत्तर-औपनिवेशिक दुनिया में स्त्रीकरण से उत्पन्न जटिल समस्याओं का सामना केवल उत्तर-आधुनिक तरीके से ही किया जा सकता है। स्त्री पुरुष में भिन्नता तो

सभी स्वीकारते हैं, मगर अब कहा जाने लगा कि स्त्री स्त्री में भिन्नता है और इसके बाद भिन्नता के भीतर भिन्नता की बात उठी। हम निजी क्षेत्र में किये सार्वभौमिक स्त्री-विमर्श की चर्चा कर रहे हैं? श्वेत-अश्वेत, तीसरी दुनिया, हमारे अपने देश में सवर्ण एवं दलित ऐसी अनेक विभंजनकारी रेखाएँ खींची जाने लगीं। अतः सारी समस्याओं को एक बृहत्तर प्रसंग में देखना उचित होगा।

उत्तर-आधुनिकतावदियों से अत्यधिक प्रभावित न होते हुए नारीवाद अब भी स्त्री की पहचान को निर्मित करने वाली ऐतिहासिक प्रगति में विश्वास रखता है—स्त्री अपने सार्वभौमिक राजनीतिक उद्देश्यों एवं आदर्शों के साथ अपनी आपसी भिन्नताओं को मद्दे नज़र रखते हुए भी दुनिया में एक भाव से अवस्थित है। विशिष्ट जरूरतों के अनुसार उसने आधुनिक युग के आदर्शों में बदलाव जरूर किया है परन्तु विरासत को, उसकी देन को पूर्णतः नकारा नहीं है। नारीवाद विमर्श का आधार वह विचारधारा होनी चाहिए, जो सत्ता के जनतांत्रिक सम्बन्धों को समेटकर चले। जो न केवल इतिहास, बल्कि जातीय स्मृति को पुनःपरिभाषित करे तथा ऐसा वैश्विक दृष्टिकोण अपनाये, जो मृत्यु के बाद भी जीवन की आशा न छोड़े।

यह प्रश्न भी अक्सर सामने आता है कि क्या यह केवल पश्चिमी विचारधारा है? वहाँ की स्त्रियाँ केवल अपनी समस्याओं से जूझ रही हैं यहाँ भारतीय समाज में उसकी क्या उपयोगिता? लेकिन यह भी सच है कि पश्चिम केन्द्रित कोई भी विचारधारा हम उसी रूप में नहीं अपनाते जैसे कि वहाँ की तकनीक को अपनाते हैं।

स्त्री-विमर्श के सन्दर्भ में अनामिका का दृष्टिकोण : स्त्री-विमर्श पर गहन चिन्तन करने का प्रयास भारत में भी अनेक लेखिकाओं ने अपने-अपने ढंग से किया—प्रभा खेतान, मृणाल पांडे, मृदुला गर्ग, नासिरा शर्मा, अनामिका आदि। अनामिका ने स्त्री-विमर्श को जिस ढंग से परिभाषित करने का प्रयास किया है, वह उल्लेखनीय है उसके तर्क हैं—

- स्त्री-आन्दोलन की समर्थक स्त्रियाँ पुरुष नहीं बनना चाहतीं। ब्रा-बर्निंग आदि एकाध आवेशमूलक घटनाओं के साक्ष्य से यह नहीं समझना चाहिए कि ये स्त्रियाँ अपनी विशिष्ट दैहिक, मानसिक और भाषिक संरचना पर गर्व नहीं करतीं। जो प्राकृतिक विशिष्टताएँ हैं, शर्मनाक वे नहीं; शर्मनाक आरोपित सामाजिक मानदंड हैं, जो दोहरे हैं और जिन पर पुनर्विचार होना ही चाहिए ताकि विकास के अवसर सबको समान रूप में मिल सकें।
- स्त्री और पुरुष की लड़ाई का व्याकरण सामन्तों और असामियों, पूँजीपतियों और मजदूरों, औपनिवेशिक ताकतों और शोषितों के बीच की लड़ाई के व्याकरण से अलग है। स्त्री और पुरुष के बीच की यह लड़ाई दो वर्गों, दो नस्लों, दो जातियों, दो दलों, दो राष्ट्रों के बीच की लड़ाइयों से तुलनीय नहीं। सम्पन्न और विपन्न, ऊँच और नीच, शासक और शासित, गोरे और काले के बीच जो जंग छिड़ी है,

उनमें प्रतिपक्षियों के हित-निकाय (इंटरनेट ग्रुप) अलग-अलग हैं, इसलिए हार और जीत वहाँ एक अलग ही मायने रखती है। लेकिन स्त्री और पुरुष के बीच की लड़ाई में दो पीढ़ियों के बीच की लड़ाई की तरह हित-निकाय अलग-अलग नहीं होते। दोनों का हित-निकाय एक ही होता है—परिवार। यह अच्छा है कि बुरा मैं नहीं जानती, पर मानवता की इतनी लम्बी यात्रा के बावजूद कम से कम तीसरी दुनिया के देशों में, सामाजिक व्यवस्था की मूल इकाई अभी तक स्त्री और पुरुष दोनों के लिए उनका परिवार ही है, जिसमें कम से कम उनके बच्चे तो शामिल हैं ही। उनके हित-निकाय से बहुत अलग उनका कोई स्वतन्त्र हित निकाय हो, ऐसा प्रायः नहीं देखा जाता। इसलिए हार क्या? और जीत किसकी? एक के मान में दूसरे का मान समझना दोनों के हित में है, क्योंकि इससे जिस सौहार्दपूर्ण वातावरण की सृष्टि होती है, उसका सबसे बड़ा लाभ उनके बच्चों को होता है, जो दोनों की अमूल्य निधि हैं। कुल मिलाकर यह एक ऐसी लड़ाई है, जिसमें सत्ता का हस्तान्तरण उतना महत्त्वपूर्ण मुद्दा नहीं, जितनी दृष्टियों और व्यक्तियों का शान्तिपूर्ण सह-अस्तित्व और सामंजस्य।

- स्त्री-आन्दोलन पितृसत्तात्मक समाज में पल रहे स्त्री सम्बन्धी पूर्वाग्रहों से पुरुषों की क्रमिक मुक्ति को असम्भव नहीं मानता। दोषी पुरुष नहीं, वह पितृसत्तात्मक व्यवस्था है, जो जन्म से लेकर मृत्यु तक पुरुषों को लगातार एक ही पाठ पढ़ाती है कि स्त्रियाँ उनसे हीनतर हैं, उनके भोग का साधन मात्र। आन्दोलन की सार्थकता इसमें है कि वहाँ-वहाँ उँगली रखें जहाँ-जहाँ मानदंड दोहरे हैं; विरूपण, प्रक्षेपण, विलोपन (डिस्टॉशर्न, प्रोजेक्शन, एबोलिशन) के तिहरे षड्यन्त्र स्त्री के खिलाफ लगातार कारगर हैं, जिनसे निस्तार मिलना ही चाहिए और सारा संघर्ष इसी बात का है।
- स्त्री-आन्दोलन धनी महिलाओं का कोरा वाग्विलास (ज़बान की विलासिता) और न्यूज़ में बने रहने की उनकी साजिश नहीं है। ग्रासरूट स्तर पर इसका विस्तार है और हर वर्ग, हर नस्ल तक सार्वभौम भगिनीवाद (यूनिवर्सल सिस्टरहुड) का मूलमन्त्र पहुँचाने में यह सफल भी हुआ है, क्योंकि वर्ग, नस्ल या देश कोई भी हो, स्त्रियों की भावनात्मक, मनोवैज्ञानिक, नैतिक, भाषिक और अस्मिता-सम्बन्धी समस्याएँ प्रायः एक सी हैं, जिन्हें फ्रेंच मनोवैज्ञानिकों ने बखूबी समझा है। स्त्रियों का यह आपसी सखी भाव ही सामान्य संकटों की इस उदात्त साझेदारी का नाम है, जिसे स्त्री-आन्दोलन कहते हैं और जिसकी मूल प्रपत्तियाँ ये हैं—

(i) व्यक्ति सत्य ही समष्टि सत्य है, इसलिए पर्सनल इज पॉलिटिकल।

(ii) 'समता, स्वतन्त्रता और भाईचारा'—ये सारे प्रजातान्त्रिक मूल स्त्रियों की दृष्टि से नये मूल्यांकन की अपेक्षा रखते हैं।

(iii) सारे आर्ष-ग्रन्थ, कलासिक्स, रीति-रिवाज, शास्त्रीय और लोक कला के

स्तम्भ, साहित्य, दर्शन, इतिहास, मिथक, अर्थशास्त्र यहाँ तक कि भूगोल आदि की वे मान्यताएँ भी, जो स्त्री के शोषण को प्रकृति/पर्यावरण दोहन के समकक्ष देखती हैं और बहुत कारगर ढंग से नये मूल्यांकन की अपेक्षा रखती हैं।

(iv) विज्ञान, शास्त्र और मनोविज्ञान-सम्बन्धी नये अन्वेषण के जो तथ्य सामने आते हैं, उनसे स्त्री-आन्दोलन को बहुत बल मिलता है। इनमें कुछ महत्त्वपूर्ण तथ्यों की चर्चा यहाँ समीचीनहोगी।

- स्त्रियों की अपनी स्वतन्त्र यौन-इयत्ता है, जो किसी 'कैस्ट्रेशन कॉम्प्लेक्स' से पीड़ित नहीं और यौन सुख के लिए पुरुषों की मुखापेक्षी भी नहीं। क्लाइटोरिस नामक इनका अंग विशेष बहुत सारे ऐसे स्नायुतन्त्रों की सिद्धि-पीठिका है, जो इसे शिश्न से भी अधिक संवेदनशील और तृप्तिमुखी बनाता है। इसलिए यह मानना कि स्त्री सिर्फ 'पैसिव पार्टनर' और 'लदा हुआ गर्भ' है सिरे से गलत है। यौन सुख हो, सत्ता सुख हो, किसी नैतिक आध्यात्मिक तृप्ति का बिन्दु हो—स्त्रियों का पुरुषों पर अवलम्बन बस उतना ही है, जितना पुरुषों का स्त्रियों पर। पर दोनों अलग-अलग भी अपने आप में पूर्ण और आत्मनिर्भर रहें—यह असम्भव नहीं। पूरा 'लेस्बियन कल्ट' इसका ज्वलन्त उदाहरण है। यहाँ यह स्पष्ट कर देना भी बहुत जरूरी होगा कि लेस्बियनिज़्म अपने मूल अर्थ में दैहिक तादात्म्य से कहीं ऊपर की चीज़ है। एंड्रीन रिच इसे लेस्बियन कॉन्टिन्यूअम (सखी भाव परिविस्तार) के रूप में देखती हुई इसका सम्बन्ध विश्व भर की महिलाओं के अन्तश्चेतनागत साहचर्य से जोड़ती हैं और मानती हैं कि विश्व भर में उनकी समस्याएँ प्रायः एक सी हैं—बलात्कार और अन्य तरह के यौन-शोषण, गृहकार्यादि में पुरुषों की साझेदारी का अभाव, कामकाजी महिलाओं के सन्दर्भ में उत्कृष्ट क्रैश और डे केयर सेंटर आदि का अभाव, पैतृक सम्पत्ति, मैट्रिमोनियल सम्पत्ति, एलमनी आदि के सन्दर्भ में व्यावहारिक अड़चनें, विवाह विच्छेद के बाद चाहकर भी गोदी के बाहर के बच्चों को साथ न रख पाने की कानूनी विवशता आदि।
- पुरुषों का 'वाई फैक्टर' उन्हें स्वभाव से उग्र, दुर्दम और विध्वसंक बनाता है। स्त्रियों में यह होता ही नहीं, इसलिए वह स्वभावतः शान्तिप्रिय, स्नेही, कोमल और उच्च मानवीय गुणसम्पन्न होती हैं। ये उच्च मानवीय गुण पुरुषों में ज्यादातर सतत प्रशिक्षण से पैदा होते हैं और नारी आन्दोलन इस प्रशिक्षण की बड़ी भूमिका अदा कर सकता है, क्योंकि उत्तर-संरचनावादी आलोचकों की तरह वह यह भी मानता है कि चेतना कोई ठोस या ठस्स वस्तु नहीं, एक सतत प्रवाहमान इकाई है, जहाँ अस्मिताएँ लगातार बढ़ती रह सकती हैं, इसलिए परकाया प्रवेश या दूसरे की दृष्टि से स्वयं को देखना और अपना दृष्टिकोण

मार्जित करना असम्भव नहीं।

- 1970 के बाद 'सेक्स' और जेंडर' के बीच का यह विवाद एक नयी दिशा पा गया है। 'सेक्स' जीवविज्ञान पोषित होता है, जेंडर 'सामाजिक कंसट्रक्ट', जब तक यह माना जाता रहा, सेक्स पोलराइजेशन दूर करने के एक उपाय के रूप में 'एंड्रोजेनी' का यह सिद्धान्त पल्लवित-पुष्पित होता रहा। पर बाद में इसको चुनौती देने वाले कुछ वैज्ञानिक/जीववैज्ञानिक तथ्य भी सामने आये, जिन्होंने स्त्रियों की नैतिक विलक्षणता स्थापित की और इनके आलोक में एक नये लेस्बियन कल्ट की बात चलाई।
- स्त्री समाज एक ऐसा समाज है, जो वर्ग, नस्ल, राष्ट्र आदि संकुचित सीमाओं के पार जाता है, और जहाँ कहीं दमन है—चाहे जिस वर्ग, जिस नस्ल की स्त्री त्रस्त है—वह उसे अपने परचम के नीचे लेता है। तकलीफें मिल बाँटने का घरेलू तरीका अन्तर्राष्ट्रीय क्षितिज पर ऐसा सफल होगा, किसने सोचा था! एक दूसरी की जुएँ चुनती हुई, साथ कपड़े पछोटती हुई, धूप में झुंड बनाकर सिलाई-बुनाई करती हुई औरतें एक दूसरी को जो दुख-सुख सहज अकुंठित भाव से सुना लेती थीं, वही औरतें अपनी तकलीफों का एल.सी.एम. निकालकर अन्तर्राष्ट्रीय स्तर पर उसके निराकरण की माँग रख रही हैं—यह निश्चय ही एक बड़ी उपलब्धि है।
- कम से कम तीसरी दुनिया के देशों में मुख्य टार्गेट ग्रुप के निम्नवर्गीय, निम्न मध्यमवर्गीय स्त्रियाँ हैं, जिनकी वोट आदि के सन्दर्भ में भी अपनी निजी राय नहीं होती और जिनके पातिव्रत्य की हजार मिसालों में एक मिसाल है कि वोट तक वे पति के निर्देशों के अनुसार ही डालती हैं और आरक्षण आदि के प्रताप से यदि कहीं मुखिया या सरपंच चुनी भी गयीं तो उनके सारे निर्णय उनके पति परमेश्वर ही लेते हैं।

निष्कर्ष : स्त्री-विमर्श के सन्दर्भ में अनामिका का यह दृष्टिकोण स्त्रीवादी विमर्श को सोचने-समझने को एक सम्पूर्ण दृष्टि प्रदान करता है। निष्कर्षतः कह सकते हैं कि नारीवादी आन्दोलन से उभर आया स्त्री-विमर्श समकालीन हिन्दी साहित्य के क्षेत्र में एक नया आयाम ग्रहण कर चुका है। स्त्री के सामाजिक, राजनीतिक, आर्थिक एवं सांस्कृतिक हालातों से जुड़े तमाम सवाल उस विमर्श के मूल में हैं।

किसी अन्यायपूर्ण पद्धति को चुपचाप सहन करने का अर्थ होता है, उस पद्धति के साथ सहयोग करना। इस तरह दमित व्यक्ति भी उतना ही बुरा बन जाता है, जितना कि दमन करने वाला—इसी अवधारणा का प्रतिफल है—स्त्री-विमर्श।

पाश्चात्य और भारतीय परिप्रेक्ष्य में अनेक स्त्री विचारकों ने स्त्री सम्बन्धित न केवल नये सिद्धान्त को प्रतिपादित किया, बल्कि स्त्री जीवन के विभिन्न प्रसंगों पर ज्ञान, कर्म और यथार्थ का लेखा-जोखा भी प्रस्तुत किया। सन् 1960 के आसपास

से नारी लेखन और नारीवादी लेखन दोनों ही दिशाओं में एक बदलाव परिलक्षित होता है। क्रान्तिकारी नवीनता और साहसपूर्ण लेखन प्रयोगधर्मी चुनौतियों से भरपूर स्त्री की स्वतन्त्रता के विभिन्न आयामों को प्रस्तुत करने वाली रचनाओं की बहुलता देखने को मिलती है, जो स्त्री-विमर्श को अपने-अपने ढंग से व्याख्यायित भी करती हैं। स्त्री-विमर्श के परिप्रेक्ष्य में अनामिका का लेखन अपनी एक विशिष्ट पहचान बनाता है वह स्त्री-विमर्श चिन्तन में केवल नाम न रहकर एक सशक्त हस्ताक्षर बन गयी हैं।

सन्दर्भ

1. डॉ. वल्लभदास तिवारी, पृ. 137
2. डॉ. अर्जुन चव्हाण, विमर्श के विविध आयाम, पृ. 18 से उद्धृत
3. वही, पृ. 19 से उद्धृत
4. वही, पृ. 20 से उद्धृत
5. वाक्, जुलाई-दिसम्बर 2007, पृ. 229
6. डॉ. अर्जुन चव्हाण, विमर्श के विविध आयाम, पृ. 21 से उद्धृत
7. हंस, अक्तूबर 1996, पृ. 75
8. हंस, मार्च 2000, पृ. 95
9. रेखा कस्तावर, स्त्री चिन्तन की चुनौतियाँ, पृ. 163
10. वही, पृ. 20
11. प्रभा खेतान, हंस, अक्तूबर, 1996, पृ. 75
12. रेखा कस्तावर, स्त्री चिन्तन की चुनौतियाँ, पृ. 20
13. वही, पृ. 20
14. वही, पृ. 21
15. शोध श्री पत्रिका, 2009, पृ. 13
16. मन्नू भंडारी, त्रिशंकु, पृ. 104
17. सुधा सिंह, ज्ञान का स्त्रीवाद पाठ, पृ. 75
18. महादेवी समग्र साहित्य, सम्पादक निर्मला जैन, पृ. 293
19. स्त्रियः अशास्यं मनः ऋग्वेद 8/33/17
20. उतो अह कुतं रघुम्, ऋग्वेद 8/33/17
21. ऋग्वेद (17/85/37)
22. बि.का. राजवाडे, भारतीय विवाह संस्था का इतिहास, पृ. 97
23. धर्मशास्त्र का इतिहास, पी.वी. काणे, पृ. 212
24. अर्थाः स्त्रियश्च निपुणैरपि सेव्यमाना नैवाप्तप्रभावमुपयन्ति न च स्थिरत्वम्, महाभारत (1/2/392)
25. मनुस्मृति (9/15)
26. वी.डी. महाजन, बौद्ध धर्म प्राचीन भारत का इतिहास, पृ. 61

27. रघुवंशम्, अध्याय-8/66 श्लोक
28. डॉ. राजकुमार, नारी शोषण : समस्याएँ एवं समाधान, पृ. 14
29. कबीर, कबीर ग्रन्थावली, पृ. 175
30. सुन्दरकाण्ड, रामचरितमानस, पृ. 396
31. विवेकानन्द साहित्य, पृ. 181
32. वही, पृ. 182
33. क्षमा शर्मा, स्त्रीत्ववादी विमर्श : समाज और साहित्य, पृ. 5
34. डॉ. प्रवीण शुक्ल, महिला सशक्तीकरण : बाधाएँ एवं संकल्प, पृ. 17 से उद्धृत
35. वही, पृ. 18 से उद्धृत
36. वही, पृ. 20-21 से उद्धृत
37. वही, पृ. 23 से उद्धृत

हिन्दी कविता में स्त्री-विमर्श

विषय प्रवेश : व्यक्ति, समाज और साहित्य पृथक् इकाई होते हुए भी अपनी विकास प्रक्रिया के लिए एक-दूसरे पर निर्भर हैं। साहित्य मूलतः संवेदनशील और चेतनावान होने का प्रमाण है। जो समाज चेतन एवं संवेदनशील होता है, वही साहित्य का लेखक, पाठक, चिन्तक और समीक्षक आदि बनता है। चेतनाशून्य समाज को जगाने का बीड़ा साहित्य ही उठाता है। साहित्य मूलतः मनोरंजन के साथ-साथ उपदेश तथा सन्देश भी देता है, क्या स्वीकार्य—क्या अस्वीकार्य, क्या वैध, क्या अवैध, क्या करणीय-क्या अकरणीय, क्या प्रिय-क्या अप्रिय, क्या वन्दनीय-क्या निन्दनीय, क्या हेय-क्या गेय तथा क्या उचित-क्या अनुचित जैसे अनेक विचारों का बोध साहित्य ही कराता है।

साहित्य की विभिन्न विधाएँ व्यक्ति और समाज के जीवन को अलग-अलग ढंग से अभिव्यंजित करती हैं। चाहे वह गद्य में हो या पद्य में। विमर्शों के इस दौर में कविता कविता नहीं रही है, विमर्श है। ऐसा विमर्श, जहाँ गद्य और पद्य के भेद मिट गये हैं। कविताओं में रचनाकार हमारे समय को बदलने की हमारे अन्दर की संवेदना को जगाने की, समय और समाज से हमारे सरोकारों की बात करता है। समकालीन कवि का उत्तरदायित्व इतना व्यापक हो गया है कि वह कल्पना की दुनिया में भ्रमण करते हुए कविता नहीं लिख सकता। अपने समय के समाज की सच्चाई को अनदेखा करते हुए या उससे विमुख होकर कविता करना कवि के लिए श्रेयस्कर नहीं। समकालीन विषयों को उनके अर्थ-गाम्भीर्य के साथ जन समाज के सम्मुख प्रस्तुत करना ही समकालीन कवि का दायित्व रहा है।

हिन्दी कविता में स्त्री-विमर्श का स्वरूप : हिन्दी साहित्य में जहाँ सामाजिक, आर्थिक, वैज्ञानिक, आध्यात्मिक तथा राजनीतिक क्षेत्रों की समस्याएँ, प्रगति और विकास पर विचार हो रहा है, वहीं अनादिकाल से साहित्य की सभी विधाओं में 'स्त्री' भी प्रमुख विषय रही है। इस संक्रमणकालीन युग में सभी साहित्यकार नारी जीवन के सभी पहलुओं को विश्लेषित करने में प्रयासरत हैं। आज सारे देश में 'नारी-विमर्श' साहित्य प्रथम पंक्ति में है। संसार का लिखित तीन चौथाई से अधिक साहित्य स्त्री-केन्द्रित है। समकालीन कविता के क्षेत्र में भी नारी-लेखन, स्त्री-सशक्तीकरण, नारी-समस्याएँ, नारी-चुनौतियाँ आदि विषय निरन्तर काव्य का आधार रहे हैं।

वैदिक काल से लेकर अद्यतन काल तक स्त्री को समाज तथा साहित्य में यथोचित

महत्त्व दिया गया है। भारतेन्दु काल से लेकर आज तक के रचनाकार, कवि आदि स्त्री को चित्रित करने से अपवाद नहीं बने हैं। तद्‌युगीन समाज में स्त्री सम्बन्धित समस्याओं तथा व्याप्त विसंगतियों का जो चित्रण हमें उस काल के साहित्य में दृष्टिगत होता है, इतना प्रखर नहीं है। समकालीन दौर में जो भी सामाजिक स्थितियाँ नये सिरे से परिवर्तन की अनिवार्यता के तहत विश्लेषित हुईं, जो सदियों से पराधीन और पिछड़ी रह गयी थीं, उनमें स्त्री सम्बन्धी पुरानी रूढ़ मान्यता भी एक है। अतः समकालीन कवयत्रियों की रचनाएँ अपने स्वत्व का अन्वेषण करती हैं तो उसका आशय यह है कि पूँजीवादी संस्कृति जो नवउपनिवेशवादी रूप धारण करके समाज में व्याप्त हो रही है, उसके विरुद्ध संघर्ष जारी करने का प्रयास स्त्री कविता कर रही है। शैल कुमारी के अनुसार, "कविता के पाठक के नाते मुझे लगता है कि कविता विचारधाराओं के लिए नहीं रची जाती है, वह विचारधाराओं के बीच लिखी जाती है। होता यह है कि जीवन विचारधारात्मक निर्मितियों से अँटा होता है और उनकी टकराहटें विशुद्ध विचारात्मक नहीं होतीं। जीवन में इनकी टकराहटों के इतने मोर्चे, इतने स्तर और इतने आयाम होते हैं कि उस समग्र पुंज को कोई भी विचारधारा पूरी तरह धारण करने में अपर्याप्त होती है। उन अपर्याप्तताओं में कविता होती है, कविताएँ वहीं से जीवन पाती हैं। कविता की भी यही स्वभूमि है।"[1] परन्तु वर्तमान को समझने के लिए हमारा अतीत में झाँकना आवश्यक है कि किस प्रकार आदिकाल से लेकर आज तक स्त्री हिन्दी साहित्य की कविता विधा में चित्रित हो रही है।

वैदिक काल के काव्य में स्त्री-विमर्शः अनेकशः (बहुधा) यह उल्लेख मिलता है कि आरम्भिक समय में स्त्रियों की स्थिति ज्यादा बेहतर थी। वे वैदिक ऋचाओं की निर्मात्री, शास्त्रार्थ करतीं, आखेट करतीं, युद्ध करतीं, स्वयंवर, बहुविवाह, नियोग आदि की आजादी को जीती थीं। लेकिन उन्हीं धर्मग्रन्थों में यह भी लिखा है कि जब गार्गी याज्ञवल्क्य के साथ समर्थ ढंग से शास्त्रार्थ कर रही थी, तब धड़ से सिर को अलग कर देने की धमकी के साथ उसे चुप्प करा दिया गया थाः 'अतोगार्गि मतिप्राक्षिः मर्तुचैत्रेच्छसि"[2] लेकिन मनुस्मृति में तो स्त्री परधीनता हेतु पूरे के पूरे अध्याय ही रचे गये। जहाँ एक तरफ 'यत्र नार्यस्तु पूजयन्ते रमन्ते तत्र देवता' कहकर उसे देवी के पद पर आसीन किया गया, वहीं दूसरी ओर 'न स्वातंत्र्येणकर्तव्यं किंचित' की घोषणा के साथ पिता, पुत्र और पति का संरक्षत्व स्त्रियों को मिला।

वैदिक विदुषियों जैसे मैत्रेयी, घोषा, जबाला, लोपा आदि कुछ ही नारियों की स्थिति को उच्च बताने की कोशिश की जाती है, वरन् तो वेदों, ब्राह्मणग्रन्थों और स्मृतियों में भी नारी को तोड़ने योग्य माना गया है तथा नारी के स्वभाव की निन्दा की गयी है। उदाहरण के लिए ऋग्वेद संहिता में एक मन्त्र है—"स्त्रिय अशास्यं मनः उतो अह ऋतु रघुम"[3] अर्थात् स्त्री के मन पर शासन नहीं किया जा सकता, उसकी बुद्धि और कर्म क्षुद्र और लघु होते हैं। इसी तरह के मन्त्र चारों वेदों—सामवेद, ऋग्वेद,

अथर्ववेद और यजुर्वेद में भी मिलते हैं। वैदिक काल में ऊँचे कुल की स्त्रियों की स्थिति ही उत्तम थी, बाकी स्त्रियों की स्थिति निन्दनीय। मनु ने तो नारी की निन्दा का महल ही खड़ा कर दिया और मनुस्मृति ही क्या कौटिल्य के अर्थशास्त्र, चाणक्य नीति, शुक्र नीति, हितोपदेश आदि ग्रन्थों में भी नारी की घोर निन्दा की गयी है। यथा–"अनृतं, साहसं, मौरर्य, कामधिक्यं, स्त्रियां यत।"[4] अर्थात् स्त्री में झूठ और काम अधिक होता है। अतः उसे पीटना चाहिए। वास्तव में वेदों, उपनिषदों में नारी के प्रति घोर अपमानजनक बातें उस काल में उसकी निकृष्ट स्थिति को दर्शाती हैं।

आदिकालीन काव्य में स्त्री-विमर्श: आदि काल में अनेक साहित्यि-धारणाएँ प्रचलित थीं, यथा–सिद्ध साहित्य, नाथ साहित्य, जैन साहित्य और रासो साहित्य। सिद्ध साहित्य की रचनाओं के बारे में डॉ. रामकुमार वर्मा लिखते हैं–"सातवीं शती से ही हम सिद्धों की रचनाओं को अपनी भाषा के प्रारम्भिक रूप में पाते हैं। इन रचनाओं के वर्ण्य विषय–हठयोग, मन्त्र और स्त्री हैं, जो वज्रयान के मुख्य रूप हैं।"[5] इस उद्धरण से स्पष्ट होता है कि सिद्ध साहित्य के वर्ण्य विषयों में स्त्री भी थी, परन्तु यहाँ स्त्री मात्र भोग्या के रूप में वर्णित है। सिद्धों ने उसे नरक का द्वार मानकर इसके त्यागने की बात कही है।

दूसरी ओर मत्सेन्द्रनाथ के शिष्य गोरखनाथ, जो नाथ साहित्य के प्रवर्तक माने जाते हैं, स्त्री को योग साधना में बाधक मान उसका बहिष्कार करते हैं, अर्थात् स्त्री यहाँ भी एक बाधा के रूप में उपस्थित है। जैन साहित्य की बात करें तो वह पूर्णतः धार्मिक रहा है, जिसमें स्त्री का चित्रण कथानुसार ही प्रस्तुत है, कोई विशेष चर्चा यहाँ नहीं मिलती।

वीरगाथापरक रासो ग्रन्थों से इतर रासो साहित्य में प्रेम कथाओं और विरह गाथाओं का जो वर्णन मिलता है, उसमें स्त्री मात्र आलम्बन के रूप में चित्रित है। उसकी प्रगति या सशक्तीकरण की चर्चा इन काव्यों में नहीं हुई है।

भक्तिकालीन काव्य में स्त्री-विमर्श: हिन्दी साहित्य को समृद्ध करने वाले भक्तिकाल को हिन्दी साहित्य का स्वर्ण युग भी कहा जाता है। आचार्य रामचन्द्र शुक्ल ने इस युग के साहित्य को दो भागों में विभाजित किया है–निर्गुण भक्तिधारा व सगुण भक्तिधारा।

निर्गुण भक्ति काव्य में तो सन्त कबीरदास नारी की उपेक्षा और निन्दा करने में अग्रणी रहे हैं। उनके अनेक दोहों में नारी को नरक का द्वार, साधना में बाधक, डाकिनी, सर्पिणी आदि कहकर ही वर्णित किया गया है–

"नारी तो हम भी करी, जाना नहिं विचार।
जब जाना तब परिहरी, नारी बड़ा विकार।।"[6]

अतः हम देखते हैं कि भक्तिकालीन काव्य में केवल मीराबाई और रत्नावली जैसी नारियों की रचनाओं ने ही स्त्री का मान बढ़ाया है वरना तो पुरुषों ने स्त्री को एक विकार के अतिरिक्त कुछ नहीं समझा।

सगुण भक्तिधारा में मीराबाई का नाम प्रथम सोपान पर है। मीरा का व्यक्तित्व एक तरह से पूरी व्यवस्था को चुनौती देने वाला रहा है। समाज की जड़ता को तोड़कर स्वच्छन्दता की राह दिखानेवाली मीरा ने तत्कालीन सामन्ती समाज व्यवस्था के बन्धनों को निडरता से तोड़कर अपने प्रिय के प्रति प्रेम को व्यक्त किया था। "'मेरे तो गिरिधर गोपाल, दूसरो न कोय' तो एक के स्वीकार में पूरी व्यवस्था के निषेध का क्रान्तिकारी दर्शन घटित दिखायी देता है।"[7] मीराबाई का काव्य उनके हृदय से निकल सहज प्रेमोच्छ्वास का साकार रूप है।

"बिरहनी बावरी सी भई।
ऊँची चढ़ि अपने भवन में टेरत हाय ढई।
ले अंचरा मुख अँसुवन पोंछत उघरे मात सही।
मीरा के प्रभु गिरधर नागर बिछुरत कछु न कही।"[8]

मीराबाई के पश्चात् भक्तिकाल में तुलसीदास जी की पत्नी रत्नावली का नाम लिया जा सकता है तुलसीदास जी अपनी पत्नी के प्रेम में इतने लिप्त थे कि पत्नी के पीछे-पीछे उसके मायके पहुँच गये तब उनकी पत्नी ने जो दोहे कहे–

"लाज न लागत आपको दौरे आएहु साथ
धिक-धिक ऐसे प्रेम को कहा कहौं मैं नाथ।
अस्थि-चर्ममय देहमम तामें जैसी प्रीति।
तैसी जौ श्रीराम महँ होति न तौ भवभीति।"[9]

उसी के कारणीभूत यह सन्त तुलसीदास का रूप हमारे सामने उपस्थित है। इन दो कवियों के साथ-साथ एक और नाम इस भक्तिधारा में जुड़ता है, वह है आण्डाल का, जो आलवर भक्त थी।

सगुणभक्ति काव्य में तुलसीदास जी का नाम भी उल्लेखनीय है। स्त्री के सन्दर्भ में लिखी उनकी इस चौपाई से कौन परिचित नहीं है–"ढोल, गँवार, शुद्र, पशु नारी/ ये सब ताड़ना के अधिकारी।" तुलसीदास जी ने भी नारी को निन्दा का पात्र माना है। रामचरितमानस और रामायण जैसे विश्वविख्यात धार्मिक ग्रन्थों में भी स्थान-स्थान पर नारी को अवगुणों की खान ही कहा गया है।

रीतिकालीन काव्य में स्त्री-विमर्श : भक्तिकाल के बाद रीतिकाल में नारी के शृंगारिक रूप की अभिव्यक्ति हुई। श्रेष्ठ आचार्य रीतिकवि देव कहते हैं–

"अंग-अंग उमड़्यो परत रूपरंग नव
जो बन अनुपम अज्वासन उजारी सी।
डगर डगर डगरावतिं अगर अंग।
जगर मगर आपु आवति दिवारी सी।"[10]

यहाँ पर नायिका के सौन्दर्य को गत्यात्मक तथा नयनाभिराम दिखाने के लिए 'उमड़्यो परत' का प्रयोग है तथा जगर मगर करती हुई दीपावली आँखों के उत्सव को दर्शा रही है अर्थात् स्त्री को भोग विलास का साधन मानकर ही रीति कवियों

ने काव्य रचना की थी।

रीतिकालीन काव्य का केन्द बिन्दु 'नारी चित्रण' ही था। रीति कवियों के सामने नारी का एक ही रूप रहा है—विलासिनी प्रेमिका का, इसलिए नारी का नख-शिख चित्रण ही इन काव्यों में दृष्टिगत होता है। स्त्री-विमर्श की दृष्टि से रीतिकाल को अन्धकार युग कह सकते हैं।

आधुनिककालीन काव्य में स्त्री-विमर्श: आधुनिक काल के आते-आते स्त्री चिन्तन की दिशाएँ बदलती नजर आने लगीं। एक क्रान्तिकारी परिवर्तन दिखायी देने लगा। आधुनिक काल की प्रगति तक पहुँचने के लिए नारी को अपने अस्तित्व की रक्षा के लिए निरन्तर संघर्ष करना पड़ा। यूरोप में फ्रांसीसी क्रान्ति के दौरान और उसके बाद स्त्री जागरूकता का विस्तार होना शुरू हुआ और शताब्दी के अन्त तक इंग्लैंड, फ्रांस तथा जर्मनी के बुद्धिजीवियों ने नारीवादी विचारों को अभिव्यक्ति दी। उन्नीसवीं सदी के मध्य तक रूसी सुधारकों के लिए महिला प्रश्न एक केन्द्रीय मुद्दा बन गया था। भारत में भी खासतौर से बंगाल और महाराष्ट्र में समाज सुधारकों ने समाज में फैली बुराइयों पर आवाज उठाना शुरू कर दिया था। तद्युगीन समाज में व्याप्त कुरीतियों—बाल विवाह, बहुपत्नीत्व प्रथा तथा सती प्रथा के विरोध में अनेक आन्दोलन चलाये गये तथा स्त्री शिक्षा और विधवा विवाह पर जनमानस में जागृति पैदा होने लगी। यह परिवर्तन हिन्दी साहित्य में परिलक्षित होने लगा। इसी काल में स्त्री-शिक्षा, स्त्री-सशक्तीकरण, स्त्री-मुक्ति आदि विषय काव्य के केन्द्र में रहे।

भारतेन्दु युग के काव्य में स्त्री-विमर्श: भारतेन्दु युग में नारी-शिक्षण, विधवाओं की दुर्दशा आदि को लेकर सहानुभूतिपूर्ण कविताएँ लिखी गयीं, जिन्होंने समाज सुधारकों को विशेष रूप से आकृष्ट किया। भारतेन्दु, प्रेमघन, प्रतापनारायण मिश्र आदि कवियों ने स्त्री चिन्तन की ओर अपने कदम बढ़ाये और स्त्री पर होने वाले अत्याचारों का खंडन किया। प्रतापनारायण मिश्र ने बालविधवाओं की करुण दशा का वर्णन इस प्रकार किया है—"कौन करे जो नहिं कसकत सुनि विपति बाल विधवन की।"[11] भारतेन्दु युग स्त्रियों की स्थिति में सुधार की दृष्टि से क्रान्तिकारी युग रहा।

द्विवेदी युग के काव्य में स्त्री-विमर्श: आचार्य महावीर प्रसाद द्विवेदी के नाम पर रखे गये इस काल के प्रमुख कवि नाथूराम शर्मा द्वारा रचित 'गर्भरण्ड रहस्य' में विधवाओं के कष्टमय जीवन का बड़ा मार्मिक चित्रण मिलता है।

राष्ट्रकवि मैथिलीशरण गुप्त कृत 'साकेत' केवल उर्मिला को ही नहीं उपेक्षित नारी जाति को ध्यान में रखकर लिखा गया है। उनके नारी पात्र उर्मिला, यशोधरा, विष्णुप्रिया आदि पारिवारिक मर्यादाओं को तोड़कर जिन्दगी को उसकी असलियत के साथ जीने के लिए स्वतन्त्र नहीं हैं। विष्णुप्रिया कहती हैं—"सहने के लिए बनी है सह तू दुखिया नारी।"[12]

'साकेत' में उर्मिला के माध्यम से तत्कालीन स्त्री की दशा का प्रस्तुतीकरण है

तथा स्त्री के त्याग की उच्चतम भावना का कथोपकथन बुद्ध के पत्नी यशोधरा को बिन बताये जंगल में चले जाने के प्रसंग में यशोधरा सखी से कहती है, ''सखि वे मुझसे कहकर जाते/कह, तो क्या मुझको वे अपनी पथ-बाधा ही पाते?''[13]

हरिऔध 'कृत प्रियप्रवास' में कवि ने स्त्री को विश्व सेविका के रूप में दिखाया है। राधा सम्पूर्ण विश्व में कृष्ण की कान्ति के दर्शन कर विश्व प्रेमिका और विश्व सेविका बन जाती है।

श्रीधर पाठक की 'बाल विधवा' नामक कविता विधवाओं की व्यथा का करुणाजनक आख्यान है। स्पष्टतः यह दृष्टिगत होता है कि द्विवेदी युग के कवियों ने अपने क्रान्तिकारी विचारों से नारी जागृति के विषय को आगे बढ़ाया।

छायावादी काव्य में स्त्री-विमर्श : छायावाद में स्त्री की मुक्ति की आहटें स्पष्ट सुनायी देती हैं—पन्त, निराला, प्रसाद और महादेवी के रचनाकर्म में। 'पल्लव' की भूमिका में रीतिवाद, नायिका-भेद, अलंकार रीति के विरुद्ध पन्त की प्रतिक्रिया कविता और भाषा की नयी मुक्ति का ही संकेत है। स्त्री-पुरुष सम्बन्ध की नवीनता घोषित करने के लिए उनकी यह नयी सादगी ही काफी थी, 'बालिका मेरी मनोरम मित्र थी।'

निराला की नारी निराश पुरुष के हृदय में आशा का संचार करने वाली है—''ऐसा क्षण अन्धकार घन में जैसे विद्युत, जगी पृथ्वी तनया कुमारिका छवि अच्युत।''[14]

जयशंकर प्रसाद ने 'कामायनी' में इड़ा और श्रद्धा के माध्यम से स्त्री चिन्तन को आगे बढ़ाया। मनु के श्रद्धा को छोड़ जाने पर स्त्री पुरुष के अधिकारों की समानता की बात भी प्रसाद जी ने उठायी है। नारी के अधिकार तथा उसके अस्तित्व का बोध कराती ये पंक्तियाँ—

''मनु तुम श्रद्धा को गये भूल,
उस पूर्ण आत्मविश्वासमयी को उड़ा दिया था समझ तूल।
तुम भूल गये पुरुषत्व मोह में कुछ सत्ता है नारी की।
समझता है सम्बन्ध बनी अधिकार और अधिकारी की।''[15]

महादेवी की कविताओं में आध्यात्मिक साधना के साथ-साथ लोक कल्याण की भावना भी विद्यमान है। महादेवी स्वयं साधना की आग में जलकर सामाजिक जीवन को अधिक सुखद और मंगलमय बनाना चाहती हैं—

''दुख प्रति निर्माण उन्माद
ये अमरता नापते पद
बाँध देंगे अंक संस्कृति से तिमिर में स्वर्ण बेला।''[16]

कहना उचित ही होगा कि छायावादी काव्य जहाँ प्रणय को जीवन की यथार्थ विषम व्यापकता में सँजोने का प्रयास करता है, वहीं नारी को मानवी माननेवाला काव्य है। स्त्री के शरीर से ऊपर उठकर उसके आन्तरिक सौन्दर्य का उद्घाटन छायावादी काव्य ने किया। छायावाद में रोमांटिक और क्लासिक संवेदना का कई

बार एक साथ अन्तर्भाव है, वहाँ ऐतिहासिक विजन भी है, वर्तमान का संघर्ष भी और भविष्य का स्वप्न भी।

छायावादोत्तर काल के काव्य में स्त्री-विमर्श : छायावादोत्तर काव्यधारा प्रगतिवाद साहित्य को सोद्‌देश्य मानता है। सोद्‌देश्य का अर्थ है—किसी विशेष अभिप्राय से, किसी विशेष दृष्टि से कला की रचना करना। प्रगतिवाद का उद्‌देश्य, कुरूप, शोषक, सड़ी-गली विसंगतिग्रस्त शक्तियों का पर्दाफाश और नयी सामाजिक शक्तियों के संघर्षों का पोषण रहा है, जिसने नारी को अन्धविश्वासों, परम्परागत रूढ़ियों और मान्यताओं से मुक्त कराने का निरन्तर प्रयत्न किया है। प्रगतिवादी कवियों ने नारी के यथार्थ का चित्रण किया है बिना कल्पना का सहारा लिए। वे मानते थे कि स्त्रियाँ भी पुरुषों के साथ दिन-रात आर्थिक-सामाजिक विषमताओं का समाना करती हैं। 'तोड़ती पत्थर' में ऐसी ही नारी का चित्रण हमें मिलता है—

"वह तोड़ती पत्थर,
देखा मैंने उसे इलाहाबाद के पथ पर।
गुरु हथौड़ा हाथ,
करती बार-बार प्रहार,
सामने तरुमालिका अट्टालिका प्राकार।"[17]

महादेवी वर्मा का कथन है, "आज हिन्दू स्त्री भी शव के समान ही निस्पन्द है। संस्कारों ने उसे पक्षाघात के रोगी के समान जड़ कर दिया है। अतः अपने सुख-दुख को चेष्टा द्वारा प्रकट करने में भी वह असमर्थ है।"[18] महादेवी 'मैं नीर भरी दुख की बदली' कविता में इस प्रकार व्यक्त करती हैं—

"परिचय इतना, इतिहास यही
उमड़ी कल थी मिट आज चली।"[18]

डॉ. रवि रंजन के अनुसार, "वस्तुतः महादेवी के प्रेमानुभूतिपरक गीतों को हम ऐतिहासिक धारावाहिकता तथा तद्‌युगीन नारी चेतना से काटकर नहीं समझते।"[19] अनामिका भी इसी बात को पुष्ट करती हैं, "महादेवी वर्मा के कई गीत रहस्यवादी स्वरूप का खंडन करते हुए उन्हें प्रखर स्त्रीवादी विद्रोह का तेज देते हैं।"[20]

प्रयोगवाद के उपरान्त आया प्रगतिवाद और नयी कविता का युग। प्रयोगवादी कवि मध्यवर्गीय व्यक्ति के जीवन की समस्त जड़ता, कुंठा, अनास्था, पराजय और मानसिक संघर्ष के सत्य को बड़ी बौद्धिकता के साथ उद्‌घाटित करते हैं। फ्रायड का काम सिद्धान्त इनके लिए प्रधान जीवन दर्शन बन गया। नयी कविता की मुख्य प्रवृत्तियों में एक भोगवाद और वासना भी है। अज्ञेय की पंक्तियों को देखें—

"आह मेरा श्वास है उत्तप्त,
धमनियों में उमड़ आयी है लहू की धार
प्यार है अभिशप्त

तुम कहाँ हो नारी।''[21]

नारी के प्रति ये पंक्तियाँ अश्लील टिप्पणी मात्र हैं। इनके अतिरिक्त नयी कविता में श्रीकान्त वर्मा, रघुवीर सहाय, लीलाधर जगूड़ी, चन्द्रकान्त देवताले आदि भी हैं जिन्होंने स्त्रियों को केन्द्र में रखकर काव्य रचना की। तदुपरान्त का समय समकालीन कविता का है। समकालीन कविता के अन्तर्गत 1960 के बाद से वर्तमान समय तक की कविता को स्थान दे सकते हैं।

समकालीन दौर में कविता तथा अन्य सृजनात्मक क्षेत्रों में नारी की स्वतन्त्रता पर बल देने वाला स्वर आज बुलन्द है। इसके पीछे स्वतन्त्रता हनन के विरुद्ध संघर्ष की अदम्य इच्छा है। शताब्दियों से नारी के प्रति हो रहे शोषण को नारीवाद ने प्रोत्साहन दिया। समकालीन कवयित्रियों की कविताओं पर विचार करते समय हमें यह नहीं भूलना चाहिए कि इस दिशा में कवियों का योगदान भी कम महत्त्वपूर्ण नहीं है। उनकी कविताओं में भी स्त्री सत्ता के ऊपर पुरुष अधिष्ठित वर्चस्व को व्यापक अर्थ में ही लिया गया है। स्त्री के प्रति निरी सहानुभूति व्यक्त करना ही उनका उद्देश्य नहीं है, बल्कि पिछड़ेपन को सुरक्षित रखने वाली पूँजीवादी दृष्टि के अन्तर्गत इन कवियों ने स्त्री और उसकी बेबसी को भी देखा है।

समकालीन कविता को दिशा देने वाले रघुवीर सहाय की दो छोटी-छोटी कविताओं का उल्लेख यहाँ किया जा सकता है, जिनको उन्होंने मात्र स्त्री की उपेक्षा के प्रति सहानुभूति दर्शन की दृष्टि से नहीं लिखा है बल्कि शब्द प्रयोग में निहित उनकी व्यंग्यात्मकता मानवीय मुक्ति की परिणति है—

''किसी मूर्ख की हो परिणीता
निज घर बार बसाइए।
होयँ कटीली
आँखें गीली
तड़की सीली, तबीयत ढीली
घर की सबसे बड़ी पतीली
भरकर भात पसारिए।''[22]

इसमें जो व्यंग्य है, वह स्त्री जाति पर पड़ता है और यही उसकी विशेषता है। एक दूसरी कविता नारी स्त्री की समूची स्थिति को स्पष्ट करती है—

''नारी बिचारी
पुरुष की मारी
तन से क्षुधित
मन से मुदित
लपककर झपककर
अन्त में चित्त।''[23]

यहाँ कवि स्त्री को करुणा और आर्द्रता में भिगोकर प्रस्तुत नहीं कर रहे हैं, बल्कि यथार्थ दृष्टि से उसे शोषण में चरमराने के लिए बाध्य करते हैं।

'एक बेसिलसिला बातचीत' में एक बूढ़ी औरत की ओर इशारा करते भगवत रावत कविता की शुरुआत इस प्रकार करते हैं—

"मेरे शहर के बीच बाजार
एक ऊँचा टूटा दरवाजा है
जिसके नीचे से
हर शाम
सारा शहर गुजर जाता है
उसके आसपास
घूमती रहती है
एक पागल बुढ़िया।"[24]

'प्रार्थना के शिल्प में नहीं' शीर्षक संकलन में स्त्री के स्वत्व को करीब से देखकर लिखी गयी देवीप्रसाद मिश्र की कविताएँ अलग प्रभाव छोड़ती हैं। यहाँ एक कविता में "औरतें यहाँ नहीं दिखतीं"—स्त्री के निजी संसार के विभिन्न कोणों, गलियों और अन्तरीपों को कविता में प्रस्तुत करके उसको वहाँ पाने की बात कही है—

औरतें यहाँ नहीं दिखतीं
वे आटे में पिस गयी होंगी
या चटनी में पुदीने की तरह महक रही होंगी
वे तेल की तरह खौल रही होंगी, उनमें
घर की सबसे जरूरी सब्जी पक रही होंगी
गृहस्थाश्रम की झाड़ू बनकर
अँधेरे कोने में खड़े होकर
वे घरनुमा स्थापत्य का मिट्टी होना देखती होंगी,
× × ×
तिलचट्टों-सी वे कहीं घर में दुबकी होंगी वे
घर में ही होंगी
घर के चूहों की तरह वे
घर छोड़कर कहाँ भागेंगी।"[25]

विवेच्य कविता नारी जीवन की असलियत का ब्यौरा दे रही है।

वर्जीनिया वुल्फ के विचारों की प्रासंगिकता यहाँ दिखती है। एक कमरे की आवश्यकता चहारदीवारी की आवश्यकता न होकर व्यक्तित्व विकास के सही वातावरण से सम्बन्धित है। यहाँ औरत घर में रहकर भी अपने सही परिवेश सहित नहीं है। परिवेशविहीन होना जीवन में धुरीहीन होने के बराबर ही है। घर में चूहे की तरह

हैं वे, इसलिए भाग नहीं सकतीं, न छोड़ सकती हैं। स्त्री के स्वत्व-विघटन, उसकी बेबसी को कवि ने प्रभावपूर्ण ढंग से अभिव्यक्ति दी है।

प्रयाग शुक्ल की कविता 'उसका चेहरा' में एक ऐसी स्त्री मौजूद है, जो जीवन में दुख-दर्द होने के बावजूद भी हँस रही है। कवि को स्त्री के दुख-दर्द में अपने जीवन की पीड़ा दिखायी देती है—

"उसके चेहरे में बसी है
एक पीड़ा, वह हँसती है तो
वह और उभर आती है
कितना कम जानता हूँ
उसे
नहीं, नहीं चेहरे को नहीं,
उस पीड़ा को
जो मेरी भी है।"[26]

जीवन और समाज की वास्तविकताओं, दूषित व्यवस्था के प्रति विद्रोह, स्त्री के प्रति होने वाला शोषण ही समकालीन कवियों की कविताओं का कथ्य रहा है, इस सन्दर्भ में मंगलेश डबराल की कविता का एक उदाहरण प्रस्तुत है, जो एक स्त्री के शोषण को चित्रित करता है—

"किसी चट्टान के पीछे
सन्नाटे में एकाएक स्त्री सिसकती है
अपनी युवावस्था में
अगले ही दिन आने वाले
बुढ़ापे से बेखबर"[27]

स्त्री की शोषण कथा उसमें जीवन के यथार्थ चित्रण के साथ-साथ आज भी पुरुष वर्ग एक लड़की के प्रति क्या सोच रखता है—इसे समकालीन कवि उमाशंकर चौधरी अपनी कविता में समझाते हैं—

"हर लड़की को वह सिर्फ
खेलने और खाने की वस्तु समझता था
उनके लिए वह 'माल' शब्द का प्रयोग करता था
उन्हें देख सीटी बजाता था
पास से गुजरने वाली लड़की के लिए वह
एक लम्बी साँस अन्दर की ओर लेता था
ऐसे जैसे वह उसे एकबारगी
पी जाना चाहता हो।"[28]

ऐसी अनेक कविताएँ हैं जिनमें कवियों ने नारी के स्वत्व-विघटन का अनुभव

कराने के लिए कवि धर्म को सफलतापूर्वक निभाया है, जो निरी सहानुभूतिवश संरचित नहीं है। दरअसल उनका मुख्य प्रतिपाद्य मानवीय सरोकार है और नारी समस्या भी मानवीय सरोकार का पक्ष है।

स्त्री-विमर्श के सन्दर्भ में चन्द्रकान्त देवताले की कविता 'औरत का हँसना' की ये पंक्तियाँ कवि के सघन अनुभव को अभिव्यक्त करती हैं–

"सचमुच औरतों का हँसना
कई बार परदे की तरह होता है
अमूमन प्रारम्भ और अन्त के बीच
मध्यान्तर में गिरे परदे की तरह।"[29]

कवि एक ऐसी स्त्री का महावृत्तान्त बना रहा है, जिसके दुखों की महागाथा अथाह है कि छोटे-बड़े, मामूली-गैरमामूली आशयों से सीमित कविता में अँट नहीं पा रही है। कविता को पढ़ते-पढ़ते कई चेहरे क्लोजअप में उभर कर आ रहे हैं।

विष्णु नागर त्रासद और विनोदपूर्ण तनाव की गहरी समझ के लिए प्रसिद्ध हैं, परन्तु स्त्री विषयक पाठक के लिए उनकी कविता 'उसे यकीन था' विचारणीय है। कविता के बारे में इतना कहना कठिन है कि यह स्त्रीमुक्ति के प्रसंग में जारी किया गया बखान है या स्त्रीमुक्ति के अन्तर्विरोधों की ही अन्तःर्कथा है। कविता कई प्रकार के प्रश्न उठाती है–स्वतन्त्रता क्या केवल चयन की स्वतन्त्रता है या उससे अधिक। क्या कोई भी सामाजिक या समाजशास्त्रीय, अर्थशास्त्रीय या मनोवैज्ञानिक अवधारणा इस स्वतन्त्रता के भीतर छिपे अन्तर्द्वन्द्व तथा तनाव की व्याख्या कर सकेगी–

"उसने कहा, आओ सहेलियो, हौसला करो, उड़ो
उसे यकीन था कि उसकी सहेलियाँ भी कबूतर हैं
उड़ेंगी
उसकी मजबूत दाँत वाले चूहों से दोस्ती थी
फिर भी उसने सहेलियों को सावधान किया कि
जहाँ दाना होगा, वहाँ जाल भी हो सकता है
सँभल के रहना
वह उड़ी और उसे यकीन था कि उसकी सहेलियाँ भी उड़ रही हैं।"[30]

यहाँ कविता अपने आवयविक संगठन में एक सम्पूर्ण सुगठित निर्मिति की तरह है, जिसमें विचारधारा, कल्पना, संवेदना का रचाव घुलामिला है। पंक्ति–"जहाँ दाना होगा, वहाँ जाल भी हो सकता है" अर्थगाम्भीर्य लिए हुए है। युवा कवि बोधिसत्व की लघु कविता 'वहाँ औरतें'–औरत की रची-बसी जिन्दगी की अन्दरूनी स्थितियों की तरफ कवि की सूक्ष्म दृष्टि का परिचय देती है– *"वहाँ औरतें बरतन माँजकर/लेऊ लगा रही हैं/वहाँ औरतें धो और सुखा रही हैं केश/गाछ रही हैं चोटियाँ, भर रही हैं पाँव/लेप रही हैं दुख के गलके पर/नोना-माटी/पूछ रही है कुशल क्षेम/वहाँ*

औरतें लड़ रही हैं/कर रही हैं विलाप, बच्चों की खातिर/जो चले गये हैं कहीं/वहाँ औरतें/बहा और पोंछ रही हैं आँसू।''[31]

कविता में औरतों के पूरे संसार का प्रस्तुतीकरण है, जिसमें कुशल क्षेम की बातें, केश सुखाने का उपक्रम होते हुए भी उनके सुख का अनावरण अधिक हुआ है। दुख को दिखाया नहीं गया है, बल्कि उसका अनुभव किया गया है। जहाँ तक समकालीन कवयित्रियों की बात करें तो उन्होंने अपनी रचनाओं में नारी संघर्ष एवं मुक्ति विचार को व्यापकता के साथ जनता के सम्मुख प्रस्तुत किया है। उनकी 'निजी भाषा' उस वर्ग की निजी भाषा में रूपान्तरित होती हे। साथ ही साथ स्वीकृत स्थितियों के कई प्रकार के आवरणों को तोड़ने का कार्य भी इन कवयित्रियों ने किया है। कात्यायनी, नीलेश रघुवंशी, गगन गिल, सविता सिंह, प्रभा खेतान, निर्मला गर्ग, अनामिका आदि नाम इस सन्दर्भ में उल्लेखनीय हैं।

समकालीन कविता के महिला लेखन के परिदृश्य में कात्यायनी का नाम महत्त्वपूर्ण है। इनकी कविताओं में नारी अथवा नारी मुक्तिवादी दृष्टि है। स्त्री को स्त्री तक सीमित करने वाली दृष्टि नहीं। वह एक सीमित कठघरा नहीं है। मात्र लिंग-सन्दर्भी वर्चस्व से स्त्री को मुक्त कराने की इच्छा ही उनमें प्रस्फुटित नहीं होती, बल्कि मानव मात्र को मुक्त करने की सांस्कृतिक दृष्टि के रूप में उनकी इन कविताओं में नारी मुक्तिवादी दृष्टि विकसित हुई है। 'दाहक जीवन दाह' कविता में कात्यायनी ने अपनी स्वातन्त्र्येच्छा को स्त्री के बहाने बखूबी प्रस्तुत किया है। धरती की तलाश से सम्बन्धित यह कविता समकालीन हिन्दी कविता का एक तेजदीप्त इशारा है—*''जिन्दगी की सरहदों में/लपलपाती रहती हैं/अग्नि की लाल जिह्वाएँ/ मृत्यु में ही मुक्ति/ देखती है स्त्री/ मृत्यु प्रदेश में प्रवेश के पूर्व/ एक बार पीछे मुड़कर देखती है स्त्री/ जीवन की ओर/ वहाँ सब कुछ शान्त है/ मृत्यु की ओर/ स्त्री के/ प्रस्थान के बाद/ स्त्री पीछे मुड़ती है/ प्रचंड वेग के साथ/ अपने हाथों आग लगा देती है/ राख कर देती है/ वह सब कुछ/ जिसे लोग कहा करते हैं/ भरा-पूरा जीवन।''*[32]

प्रस्तुत कविता का इशारा नारी की मुक्ति के सन्दर्भ में भी प्रासंगिक है और मानवीय मुक्ति के सन्दर्भ में भी। शब्दों के विन्यास और चयन में जिस सन्तुलन को बनाये रखने का कार्य कात्यायनी ने किया है, वह मुक्तिपथ की यात्रा और तज्जन्य मानसिकता के अनुरूप है।

'अपरिचित उजाले' संकलन 'कविता : मेरी जरूरत' शीर्षक की संक्षिप्त भूमिका में प्रभा खेतान लिखती हैं, ''कविता मेरी जरूरत है, एक रिलीज़, मेरे व्यक्तित्व की एक अभिव्यक्ति है। दूसरे, प्रकाशन के पीछे मेरी केवल एक ही इच्छा है कि मैं उन सबके साथ जो मेरी ही तरह साधारण हैं, कुछ अपनी बात कर सकूँ। कवयित्री ने उन साधारण लोगों में स्त्री की असलियत को देखा है, जो हमारे आसपड़ोस की ऐसी वास्तविकता है, जिसका यथार्थ एकायामी नहीं है। 'आखिर कब तक लटकी

रहूँ' शीर्षक कविता में कवयित्री ने निरर्थकता के अहसास को बलपूर्वक चित्रांकित किया है। वास्तव में इसी अधूरेपन के अहसास से प्रभा खेतान ने स्त्री के अस्तित्व को पहचाना है—

सारी-सारी शाम, सूखते कपड़ों सी बरामदे में
प्रतीक्षा करूँ, तुम्हारे आने की
एक क्षण से
दूसरे क्षण तक।''[33]

इसमें प्रतीक्षा प्रतीकात्मक है—प्रतीक्षा है जागृति की समग्रता की। समकालीन कविता की यही नारी दृष्टि है कि उसमें अपनी पहचान की धरती है, जहाँ हजारों बीज सोये पड़े हैं, जो अंकुरित हो सकते हैं। पर वह चहारदीवारी के अन्दर के नियमों के अनुसार उसके जड़ साँचे में ढलकर प्रफुल्लित नहीं होना चाहती। घरेलू यथार्थ के भीतर स्त्री की वास्तविकताएँ भोग की वास्तविकता में बदलती हैं। उस पर पारिवारिकता का सनातन आवरण डाला जाता है। परन्तु प्रभा खेतान अपने को उस गमले की कृत्रिमता से कँटीली झाड़ी की अकृत्रिमताओं में परिणत देखना चाहती हैं। उनमें निहित बीज की यह इच्छा है—

''मैं तो एक कँटीली झाड़ी
एक जंगली पेड़
हवाओं से बतियाती
भीड़ से अलग
तुम्हारे चौराहों से दूर
खुद एक सर्पीली पगडंडी बनाती हुई।''[34]

यह कविता पुरुष विरोधी न हो मानवीय सहजता के महत्त्व को अधिक दर्शाती है।

हिन्दी में स्त्रियों द्वारा लिखी जा रही कविताओं में देह दमन अधिक दिखता है जो कि स्त्रीत्ववाद का पहला चरण है। गगन गिल की कविताओं में भी देह का स्वीकार, देह का कथन और देह का अर्जन और क्रन्दन है। नारी केन्द्रण के लिए यह महत्त्वपूर्ण है, क्योंकि देह का दावा, देह का उत्सव, स्त्रीत्ववादी अनुभवों और रचनाओं की वह चौंकानेवाली ताकत है, जहाँ से स्त्रीत्ववादी रचना स्त्री के बलीकरण तक जाती है। "देह के स्वीकार से ही देह-राजनीति या कहें बायो-पालिटिक्स''[35] शुरू होती है। 'जिस एक काँटे से' शीर्षक वाली कविता में 'स्त्री-देह' कुछ इस तरह दावा पेश करती है।

''जिस एक काँटे से, बचने के लिए
तैरती रही मछली, समुन्दर पर समुन्दर
उसकी देह में छिपा था।''[36]

यहाँ से 'सैक्सुअलिटी' का नया दावा शुरू होता है। यह एक स्त्रीत्ववादी विचार है, मर्दवाद को डिसरप्ट करता हुआ और स्त्री देह को डिफाइन करता हुआ। काँटा उसकी देह में ही छिपा है। 'फैलस' के प्रति यह एक खामोश दावा है स्त्री के 'होने' के 'कथन' का दावा।

स्त्री देह एक दुख है। उसका अर्जन ही दुख की व्याख्या है, प्रतिरोध है। स्त्री की देह के अर्जन में ही उसकी मुक्ति है। गगन की यह कविता देह का अपना विमर्श बनाती है– *''यहाँ/छिपेगी वह/कंकाल में अपने/युवा छवि से बचकर/यहाँ धँसेगी/वह/संसार से अपने/आत्म से छिपकर/नोच डालेगी/यहाँ विक्षिप्तता/देह और स्वत्व।''*[37]

पहली उद्धृत कविता में 'अपनी स्त्री देह' है जबकि दूसरी कविता में दमन है, उस दूसरी देह का, जो मर्दों ने सदियों में बनायी हैं। दूसरी देह को नष्ट कर अपनी देह का दावा करना ही अपने आप में आना है।

समकालीन दौर की स्नेहमयी चौधरी की एक कविता है–'गान्धारी बड़े शहर में', जिसमें सबसे पहले गान्धारी का चरित्र पक्ष विन्यसित होता है। इसका उद्‌देश्य यह नहीं है कि नाम में निहित पौराणिकता के आवरण को तोड़ा जाये। संकल्प के बदले हुए स्वर के साथ स्वत्व की खोज की आकांक्षा इस कविता में मुखर होती है– *''सारी रात, गान्धारी/ पन्ने पलटती रही/ पौराणिक मिथ की खोज में/ साढ़े पाँच बजे/ सुबह हुई/ पानी की तेज़ धार को धीमा करती/ फिर चेक करती/ कहीं बर्बाद तो नहीं हुआ पानी/ फिर 'टैप' बन्द कर/ अन्दर के टैप को खुला छोड़/ उसकी पतली आवाज़ को सुनने के लिए/ कान लगा रही/ पर/ सुनायी पड़ती रही/ पत्तों की सरसर/फिर कौओं की काँव-काँव/ और/साथ ही मुर्गे ने बाँग दी/ जगाया पूरी तरह/ एक आँख के ऊपर/ पट्टी जो बाँधी थी/ उस राहगीर के/ अपनी दोनों आँखों के सामने/ बाँध ली उसने/ चल पड़ी/ नये युद्ध की पुकार सुनने/ जो आँख खोलकर केवल सुनी जा सकती थी/ और चुपचाप सही जा सकती थी/ बोलकर/ न्याय-अन्याय के झगड़े में कौन पड़े?/ सोच/ कुछ थोड़ा ठिठककर/ फिर भी आगे बढ़ती/ ढेर सारे कामों की सूची पढ़ती/''*[38]

गान्धारी जैसी संज्ञा के प्रयोग से कविता के अर्थस्तर विस्तृत हो गये हैं। साथ ही उसमें लिप्त मोहपाश भी तोड़ दिया है। पूरी तरह से अपने में व्यस्त, बेबसियों में गिरफ्तार, परेशानियों में मग्न गान्धारी का एक रोजमर्रा पहलू भी है। ये दोनों एक दूसरे से भिड़कर अग्रसर होते हैं। जिनसे आज की नारी की सही स्थिति का खुलकर अहसास होता है।

हिन्दी कविता की परिधि आज बढ़ती जा रही है। फिर भी कविता का संकटकाल कहकर कुछ लोग चिल्ला रहे हैं। इस संकट स्थिति से कविता और पाठक को मुक्त कराने के लिए कई ऊर्जावान और प्रखर कवि कार्यरत हैं। इन सबमें विषयवस्तु की व्यापकता और अनुभव की विविधता देखने को मिलती है। स्त्री की अस्मिता के लिए

संघर्ष करती एक ऐसी ही कवयित्री हैं–सविता सिंह। "सविता सिंह ऐसे अनुभवों का पीछा करती हैं, जो कम प्रत्यक्ष हैं, अनेक बार अदृश्य रहते हैं, कभी-कभी सिर्फ अपना अँधेरा फेंकते हैं और 'न कुछ' जैसे लगते हैं। इस 'न कुछ' में से 'बहुत कुछ' रचती इस कविता के पीछे एक बौद्धिक तैयारी है लेकिन वह स्वतःस्फूर्त ढंग से व्यक्त होती है और पिकासो की एक प्रसिद्ध उक्ति की याद दिलाती है कि 'कला' खोजने से ज्यादा 'पाने' पर निर्भर है। प्रकृति के विलक्षण कार्यकलाप की तरह अनस्तित्व में अस्तित्व को सम्भव करने का एक सहज यत्न इन कविताओं का आधार है।"[39] 'स्त्री सच है', कविता की इन पंक्तियों को देखें–

"चारों तरफ नींद है
प्यास है हर तरफ
जागरण में भी
उधर भी जिधर
स्वप्न जाग रहे हैं
जिधर समुद्र लहरा रहा है।"[40]

इन पंक्तियों में एक स्त्री का निरन्तर और अनन्त संघर्ष ही अभिव्यक्त है। यहाँ स्त्री दीन बनी अपने दुख का बखान नहीं करती, बल्कि स्थितियों में विन्यस्त रूपक उसके होने के यातनापूर्ण अर्थ को सूचित करते हैं। सविता के यहाँ स्त्री का एक प्रतीक भर नहीं है और न ही वह समाज की एक इकाई मात्र वरन वह हमारी सभ्यता का आदि बिन्दु है। यही कारण है कि सविता के स्त्री-विमर्श में समूचे जगत प्रपंच का संवाद शामिल हो जाता है।

लेखन के सशक्त माध्यम से स्त्री अपनी पहचान के लिए समाज में प्रयासरत है, संघर्षरत है। समकालीन कवयित्रियाँ पुरुष-विरोधी मानसिकता से परे पुरुष में एक सच्चे साथी की तलाश करती हैं। स्त्री-विमर्श का एक मुख्य मुद्दा यह भी है, दुनिया को नये तौर तरीके के साथ देखने-परखने का। युवा कवयित्री संवेदना की कविता का सच ऐसा ही है, जिसे कहने से लोग हिचकिचाते हैं–

"लड़कियाँ जो पुल होती हैं
पैदा की नहीं जातीं
अक्सर पैदा हो जाती हैं
लड़का पैदा होने के धोखे में।"[41]

समीक्षक भरत प्रसाद कहते हैं–"कहना जरूरी है कि संवेदना के कलाकार के पास आत्मविश्वास है, दृढ़ता है, सजग आँखें हैं और गहरे रचनात्मक संकल्प भी हैं। उनमें अकेले खड़े रहने का साहस भी कुछ कम नहीं है। अगर...मगर...इतना साहस काफी नहीं है, दुस्साहस चाहिए।"[42] एक तरह से कहा जाये तो पुरुष वर्चस्व को खत्म करने के लिए स्त्रियों के पास हिम्मत और दुस्साहस का होना जरूरी है।

एक आक्रोशयुक्त आग्रह स्त्री का अपनी पहचान के प्रति शुभा की कविता 'प्रेम की इच्छा' में दिखायी पड़ता है। वह स्त्री की इच्छा को इस प्रकार व्यक्त करती है–

"मैं चाहती हूँ/नोटिस लिया जाये इस बात का/कि मैं यहाँ हूँ, धरती पर/एक साधारण लड़की/जिसमें खलबला रही है/एक असाधारण लड़की/पक्षी की तरह डैने फैलाये।"[43]

स्त्री-विमर्श ने कई पुरानी रूढ़ताओं को ध्वस्त कर दिया है। आज की स्त्री घर की सुरक्षा धारणा को नहीं स्वीकारती। वह अपनी स्वतन्त्रता और विकास की राह में उसे बन्धन मानती है। मंजु गुप्ता की कविता पढ़ें तो कवयित्री को घर प्रतिभा का मक़बरा नज़र आता है–

घर बचाने के लिए ज़रूरी है
कि वह (नारी) अपनी बुद्धि
बाहर पायदान पर उतारकर
घर में प्रवेश करे।"[44]

इन पंक्तियों से स्पष्ट है कि अगर नारी को परिवार संस्था को जीवित रखना है तो स्व-निर्णय की क्षमता को मारना होगा। एक कठपुतली की तरह सिर्फ पुरुष की हाँ में हाँ मिलाते चलना होगा।

घर की चक्की में अनवरत पिसते रहना स्त्री की विडम्बना है। वह चाहकर भी उससे मुक्त नहीं हो पाती। स्त्री जगत के इन्हीं सच्चे अनुभवों को नीलेश रघुवंशी ने शब्दबद्ध किया है–

"गर्भवती स्त्री और शिशुपालन जैसी किताबें पढ़ती हूँ इन दिनों
ढेर सारे नाम खोजती हूँ
हर दिन दूध वाले की जान खाती हूँ
दिन-भर इन्हीं चकल्लसों में उलझी रहती हूँ
फिर भी काम हैं कि खत्म होने का नाम ही नहीं ले रहे।"[45]

वर्तमान कवियों में मानव विकास के विश्लेषण की विशेष रुचि है। साथ-साथ इनमें मानव समाज के आन्तरिक अधोपतन की सीमाओं का परीक्षण भी शामिल है। स्त्री-विमर्श पर लिखी जा रही कविताएँ सिर्फ किसी स्त्री विशेष पर नहीं, समाज में स्त्रियों की जगह को लेकर लड़ती हैं। "आज भी पाठक को उसकी बदलती प्राथमिकताओं और अभिरुचियों के बावजूद बृहत्तर मानवीय संवेदना और कविता के लिए अपेक्षित उस बुनियादी काव्य संस्कार से जोड़े रखने का प्रयत्न करती है, जिसके अभाव में हम किसी तरह की कविता के सम्प्रेषण की कल्पना भी नहीं कर सकते। इस प्रक्रिया में कविता और पाठक के बीच जो रिश्ता बनता है, वह बहुत कुछ इस बात पर निर्भर करता है कि उस कविता को रचने वाले कवि के जीवन

अनुभव कितने अन्तरंग, अनूठे और पाठक के मन मस्तिष्क पर असर रखने वाले बन पाये हैं। ऐसी कविता के निर्माण में विषय चयन और काव्य कौशल की भूमिका प्रायः गौण ही हुआ करती है। कवि ठीक जीवन के बीच बना रहता है और उसी को अपनी कविता के माध्यम से जैसे बेहतर बनाने की कामना करता है। उस जीवन को उकेरते हुए वह अपने समय के बहुआयामी यथार्थ से पाठक को रूबरू कराने का प्रयत्न भी करता है।"[46]

निष्कर्ष : हमारे सामाजिक ढाँचे में शोषण और उपनिवेशी दृष्टि की जितनी पुकार है, नारी दृष्टि उस अर्थ में प्रमुख हो जाती है। रूढ़ियों और अन्धविश्वासों में दबी हुई मानसिकता न वर्तमान का सपना देख सकती है न भविष्य का। समकालीन कविताओं में नारी-प्रतिक्रियाओं से बढ़कर पतनोन्मुखी रूढ़ परम्पराओं की गहराई का पता लग जाता है। सामाजिक गतिहीनता के तहत नारी जीवन के विभिन्न पक्ष अर्थवान हो जाते हैं। कवयित्रियों की कवितादृष्टि हमारी पतनोन्मुखता को नापने और तोलने का उपक्रम मात्र है। इस अर्थ में नारी-सुलभ, व्यथा, पीड़ा, स्वप्न एवं आकांक्षाएँ समकालीन कविता की परिधि में जीवन्त हो जाती हैं।

सन्दर्भ

1. शैल कुमारी, कितना पानी—काव्य संग्रह भूमिका, पृ. 7-8
2. बृहदारण्योपनिषद् (तृतीय अध्याय)
3. ब्रह्माकुमार जगदीशचन्द्र, महिला सशक्तीकरण, पृ. 23
4. वही, पृ. 26
5. डॉ. नगेन्द्र, हिन्दी साहित्य का इतिहास, पृ. 50
6. ब्रह्माकुमार जगदीशचन्द्र, महिला सशक्तीकरण, पृ. 19
7. आलोचना, जनवरी-मार्च 2001, पृ. 194
8. डॉ. नगेन्द्र, हिन्दी साहित्य का इतिहास, पृ. 235
9. रामचन्द्र शुक्ल, हिन्दी साहित्य का इतिहास, पृ. 125
10. बच्चन सिंह, हिन्दी साहित्य का दूसरा इतिहास, पृ. 316
11. वही, पृ. 316
12. वही, पृ. 316
13. द्वितीय पी.यू.सी. किताब साहित्य किरण, पृ. 119
14. सं. रामविलास शर्मा, राग विराग, पृ. 94
15. रामचन्द्र शुक्ल, हिन्दी साहित्य का इतिहास, पृ. 654
16. डॉ. नगेन्द्र, हिन्दी साहित्य का इतिहास, पृ. 553
17. सं. रामविलास शर्मा, राग विराग, पृ. 118-119
18. महादेवी वर्मा, शृंखला की कड़ियाँ, पृ. 148
19. सं. निर्मला जैन, महादेवी साहित्य समग्र-1, पृ. 273
20. मधुमती, नवम्बर 1997, पृ. 224, आलोचना, जनवरी-मार्च 2001, पृ. 194

21. गगनांचल, अप्रैल-जून 2009, पृ. 39
22. सीढ़ियों पर धूप में, संग्रह
23. वही।
24. समुद्र के बारे में, भगवत रावत, पृ. 20
25. देवी प्रसाद मिश्र, औरतें यहाँ नहीं दिखतीं, प्रार्थना के शिल्प में नहीं
26. प्रयाग शुक्ल, अधूरी चीज़ें तमाम, पृ. 65
27. मंगलेश डबराल, पहाड़ पर लालटेन, पृ. 21
28. उमाशंकर चौधरी, कहते हैं तब शहंशाह सो रहे थे, पृ. 11
29. चन्द्रकान्त देवताले औरत का हँसना, पृ. 11
30. विष्णु नागर, कुछ चीज़ें कभी खोई नहीं, कविता उसे यकीन था, पृ. 72
31. समकालीन भारतीय साहित्य, जुलाई-सितम्बर, 1990
32. गगनांचल, जनवरी-मार्च, 1993
33. वही।
34. वही।
35. फैमिनिस्ट प्रैक्टिस एण्ड पोस्ट—स्ट्रक्चुरलिस्ट थियरी क्रिस वीडो, पृ. 119
36. गगन गिल, अँधेरे में बुद्ध, पृ. 15
37. वही, पृ. 13
38. समकालीन भारतीय साहित्य, जनवरी-मार्च 1986
39. सविता सिंह, अपने जैसा जीवन-फ्लैप से उद्धृत
40. सविता सिंह, नींद थी रात थी संग्रह, पृ. 15
41. लड़कियाँ जो पुल होती हैं, संवेदना, पृ. 13
42. आलोचना, अप्रैल-जून, 2010, पृ. 116
43. वर्तमान साहित्य का कविता विशेषांक, अप्रैल-मई, 1992
44. वही।
45. गगनांचल, अप्रैल-जून, 2009, पृ. 39
46. समकालीन भारतीय साहित्य, जुलाई-अगस्त, 2007, पृ. 208-209

स्त्री-विमर्श और अनामिका

विषय प्रवेश : हिन्दी साहित्य में स्त्री-विमर्श विगत कई दशकों से पर्याप्त चर्चित रहा है और इसके जरिए स्त्री के शोषण, दमन और उत्पीड़न की बातें सामने आ रही हैं, ताकि स्त्री जाति को समाज में वास्तविक अधिकार प्राप्त हो सकें। आज नारी पुरुष सत्तात्मक समाज में व्याप्त विषमता के विरुद्ध विद्रोह करते हुए अपनी देह, चेतना एवं अस्तित्व के गहरे विमर्श से कहीं आगे पूँजीवादी व्यवस्था एवं उपभोगवादी दृष्टि को बदलने के लिए प्रयत्नशील दिखायी पड़ती है। अब शोषण के प्रति वह अस्वीकार की मुद्रा में आ गयी है। वह जानना चाहती है कि जब इस धरती पर हर एक को समान अधिकार है तो वह अपने अधिकारों से वंचित क्यों है? यही कारण है कि अनेक स्त्री-विमर्शकार बराबर स्त्री के उत्पीड़न के इतिवृत्त के साथ-साथ उन सवालों को भी प्रकाश में ला रहे हैं, जिनसे स्त्रियों की उपेक्षा हुई है।

आज भले ही स्त्री-आन्दोलन या स्त्री-विमर्श नाम प्रचलन में है, परन्तु यदि इतिहास पर दृष्टि डालें तो विदित होता है कि वात्स्यायन के कामसूत्र, बौद्धकालीन थेरीगाथा, मध्यकालीन सूरदास, मीरा, इत्यादि से लेकर आज तक स्त्री-विमर्श का एक लम्बा इतिहास भारतवर्ष में रहा है। नवोत्थान काल में राजा राममोहन राय, विद्यासागर, दयानन्द सरस्वती इत्यादि के प्रोत्साहन तथा प्रेरणा से नारी मुक्ति एवं उसके अधिकारों के प्रति सजगता लाने के उपक्रम हुए। विभिन्न स्त्री संगठनों की स्थापना तथा स्त्री विषयक पत्र-पत्रिकाओं के प्रकाशन भी समानान्तर चले। हिन्दी साहित्य में नारी अधिकारों को वाणी देने वाली सर्वप्रथम महिला होने का श्रेय बंगमहिला को जाता है।

बीसवीं सदी के दूसरे एवं तीसरे दशक से ही स्त्रियों की दयनीय स्थिति, उनके शोषण और उत्पीड़न पर बहुत कुछ लिखा गया है। प्रेमचन्द, शिवरानी देवी, सुभद्राकुमारी चौहान आदि की रचनाओं में स्त्रियों की वेदना, उनकी व्यथा की मार्मिक अभिव्यक्ति मिलती है। महादेवी कृत 'शृंखला की कड़ियाँ' में संगृहीत निबन्धों में भारतीय स्त्री से सम्बद्ध व्यापक चिन्तन हुआ है। उनके निबन्धों में भी यह चिन्ता स्पष्ट दिखायी देती है कि पारम्परिक भारतीय समाज में स्त्रियों को उनका सही स्थान कब मिलेगा, जिसके लिए वे सदियों से संघर्ष करती आ रही हैं? इसी समय इस्मत चुगताई की विवादास्पद कहानी 'लिहाफ़' ने रचनात्मक स्तर पर युग की नारी को वाणी देने की कोशिश की।

तत्पश्चात् कई महिला रचनाकारों जैसे—कृष्णा सोबती, मन्नू भंडारी, उषा प्रियंवदा, मृदुला गर्ग, ममता कालिया, मृणाल पांडे, चित्रा मुद्गल, मंजुल भगत, नासिरा शर्मा, प्रभा खेतान, अनामिका आदि स्त्रियों की एक नयी दुनिया लेकर हिन्दी समाज के सामने आयीं, जिसमें सामाजिक रूढ़िवादी बन्धनों से मुक्ति की छटपटाहट तो ही, साथ ही साथ एक ऐसी ऐतिहासिक दुनिया रचने की आकांक्षा है, जहाँ पर स्त्रियों के अधिकार अधिक नहीं तो कम से कम पुरुषों के बराबर तो हों। अधिकांश रचनाकार स्त्री-विमर्शात्मक लेखों में स्त्रियों की प्रगति, उद्धार, जागरूकता, उनकी समस्याएँ एवं चुनौतियों का वर्णन करते हुए स्त्री की जन्मजात विशेषताओं को व्यक्त कर रहे हैं। स्त्री सशक्तीकरण, स्त्री-विमर्श, स्त्रीत्ववाद, स्त्रीत्ववाद की धाराएँ, उपधाराएँ, पूर्व की स्त्री, पश्चिम की स्त्री, सशक्त स्त्री अथवा आम स्त्री आदि स्त्रीत्ववादी चिन्तन विचारों से सम्बन्धित अनेक पुस्तकों का निरन्तर प्रकाशन हो रहा है।

पुरुष लेखन : स्त्री-विमर्श : स्त्री-विमर्श के क्षेत्र में यह विवाद का विषय रहा है कि स्त्री-विमर्श के लिए सुरक्षित क्षेत्र है या लेखक होने के नाते पुरुष की भागीदारी की सम्भावना भी वहाँ बनती है। महादेवी वर्मा ने 'शृंखला की कड़ियाँ' में बहुत पहले कहा था कि पुरुष के द्वारा नारी चित्रण अधिक आदर्श बन सकता है, परन्तु अधिक सत्य नहीं, विकृति के अधिक निकट पहुँच सकता है, किन्तु यथार्थ के अधिक समीप नहीं। पुरुष के लिए नारीत्व अनुमान है, किन्तु नारी के लिए नारीत्व अनुभव है। अतः अपने जीवन का जैसा सजीव चित्र नारी हमें दे सकेगी, वैसा पुरुष बहुत साधना के उपरान्त भी शायद ही दे सकें, परन्तु उन्होंने स्त्री प्रश्न को पुरुष के लिए वर्जित क्षेत्र नहीं माना था। पुरुष लेखकों द्वारा अनेक स्त्री विमर्शात्मक पुस्तकें हमें देखने को मिलती हैं, जिनमें स्त्री जीवन के हरेक पहलू को छूने की कोशिश दिखायी देती है।

अरविन्द जैन : इस सन्दर्भ में अरविन्द जैन की पुस्तकें अपना विशेष स्थान रखती हैं—"औरत होने की सजा, उत्तराधिकार बनाम पुत्राधिकार, यौन हिंसा और न्याय की भाषा, न्याय क्षेत्रे : अन्याय क्षेत्रे, औरत : अस्तित्व और अस्मिता आदि।

अरविन्द जैन के शब्दों में—"मैं भोक्ता नहीं हूँ तो क्या हुआ, साक्षी और अधिवक्ता तो हूँ। हो सकता हूँ। अगर इस समय और समाज में मेरी भूमिका स्त्री के अधिवक्ता की है तो क्या उसकी हार मेरी हार नहीं, उसकी जीत मेरी जीत नहीं।"[1]

लेखक ने इन पुस्तकों में स्त्री से जुड़े लगभग सभी प्रश्नों को कानून की दृष्टि से देखने की एक ईमानदार कोशिश की है। पुरुष वर्चस्व, लिंग परीक्षण, सत्ता संस्थाओं की भूमिका, बाल-विवाह, कन्यादान, कामकाजी महिला—उनका यौन शोषण, बच्चे पर माँ का अधिकार, कोख सम्बन्धी कानून और क्रूरता, गुजारा भत्ता, दूसरी औरत, पितृत्व-परीक्षण, वधूदहन, अश्लीलता, व्यभिचार, बलात्कार, यौन हिंसा, धर्मान्तरण,

उत्तराधिकार आदि सभी प्रश्नों के कानूनी पक्षों को उनकी तमाम कमज़ोरियों के साथ प्रस्तुत किया है। कानूनी लूप होल्स का खुलासा करते हुए अदालती फैसलों पर प्रश्नचिह्न भी लगाया है।

उपेन्द्रनाथ अश्क: 'आधी ज़मीन' में लेखक ने स्त्री लेखिकाओं पर अपने विचार प्रकट किये हैं। उनका मानना है कि स्त्री लेखिकाएँ पारिवारिक दायरों में बँधकर यथार्थ की अभिव्यक्ति का निर्मम साहस नहीं जुटा पातीं। जहाँ लेखक लेखन को समर्पित होकर घर-बार, माता-पिता का त्याग कर देते हैं, वहीं स्त्री ऐसा नहीं कर पाती यही कारण है कि सीमित अनुभव और कुंठाएँ लेखिकाओं को महान कथाकार नहीं बना पायी हैं।

राजेन्द्र यादव: राजेन्द्र यादव अपनी पुस्तक 'आदमी की निगाह में' में स्वीकार करते हैं कि स्त्री हमारा अंश और विस्तार है जिसे हमने अपना उपनिवेश बना लिया है। बीसवीं शती के उत्तरार्द्ध में दुनिया भर के जो उपनिवेश भौतिक और मानसिक रूप से स्वतन्त्र हुए उनमें स्त्री नाम का उपनिवेश भी है। स्त्री हमारे भीतर भी है इसलिए उसका संघर्ष ज्यादा जटिल है कि विचारों की दुनिया में नितान्त मौलिक कुछ नहीं होता। प्रस्तुत पुस्तक में 40 वर्ष के समयकाल में लिखे आलेख हैं। विमर्श खंड के अन्तर्गत लेखक ने स्त्री से जुड़ी तत्कालीन घटनाओं पर टिप्पणी की है।

राकेश कुमार: 'नारीवादी विमर्श' में लेखक ने हिन्दी में स्त्री लेखन की दिशा पर विचार करने के साथ-साथ स्त्रियों की स्थिति के लिए जिम्मेदार पितृसत्तात्मक समाज की दोहरी मानसिकता पर प्रकाश डाला है।

जॉन स्टुअर्ट मिल: लेखक ने 'स्त्रियों की पराधीनता' में इन सभी रूढ़ मान्यताओं और संस्कारों को अस्वीकार किया है जो स्त्री को पराधीन और पुरुष वर्चस्ववाद को मजबूत बनाती है। प्रचलित कानून, परिवार और विवाह संस्था किस प्रकार स्त्री जीवन को उत्पीड़ित कर रहे हैं, उसका भी पर्दाफाश किया है। लेखक उस दोहरी मानसिकता पर उँगली उठाते हैं जो स्त्री से पवित्रता और निष्ठा की माँग करती है और पुरुषों को रंगरेलियों के असीम अवसर प्रदान करती है।

इसके अतिरिक्त **राजकिशोर** के सम्पादकत्व में 'स्त्री के लिए जगह' पुस्तक में ऐसे लेख संग्रहित हैं, जो पुरुषों के द्वारा लिखे गये हैं, जिनमें महत्त्वपूर्ण स्त्री प्रश्नों, स्त्री स्वातन्त्र्य के तात्पर्यों पर विचार किया गया है कि स्त्री क्या चाहती है? एक ओर पुस्तक अश्लीलता, मुक्त देह के आखेट, कामुकता की संस्कृति, सौन्दर्य का षड्यन्त्र, और उत्तर संस्कृति के माध्यम से अश्लीलता के हमलों से साक्षात कराती है। दूसरी ओर सम्पादक राजकिशोर इसके मूल में यौन-क्रान्ति की ओर संकेत करते हैं। यह सत्य है कि हिन्दी साहित्य में स्त्री-चिन्तन या स्त्री-विमर्श के अन्तर्गत मिलने वाली पुस्तकों में पुरुष-लेखन कम ही मिलता है, परन्तु फिर भी इनके महत्त्व से इनकार नहीं किया जा सकता।

स्त्री-लेखन : स्त्री-विमर्श : मृणाल पांडे : स्त्री-विमर्श पर मृणाल पांडे की पुस्तक 'देह की राजनीति से देश की राजनीति तक' समाज में महिलाओं व बच्चों की उपेक्षित स्थिति पर ध्यान केन्द्रित करती है। श्रमजीवी स्त्री, वेश्या, स्त्री-शिक्षा, स्त्री-हिंसा, अश्लीलता का विरोध करती स्त्री पर अपने विचार प्रकट करते हुए लेखिका कहती हैं कि जब तक स्वयं स्त्रियाँ एकजुट होकर इसके विरोध में खड़ी नहीं होंगी, तब तक वह पुरुष की इच्छा पूर्ति का खिलौना मात्र ही बनी रहेंगी और इसके लिए स्त्री का स्वावलम्बी होना आवश्यक है।

लेखिका की दूसरी पुस्तक 'परिधि पर स्त्री'–स्त्री से जुड़ी विभिन्न समस्याओं पर लिखे लेखों का संकलन है। उनका विचार है कि नारीवाद को अनेक लोग अपना अहंकार व्यक्त करने तथा स्वार्थ साधनों के लिए प्रयुक्त करते हैं, जो कि गलत है। गरीबी, महिला वोटर, असमानता, पुलिस और लोकतन्त्र, भँवरी महिला शरणार्थी, नारी का टारगेट बन जाना, छोटा पर्दा, अपराध का महिमामंडन, आबादी नियन्त्रण, आत्म निर्भरता और सहकारिता जैसे विषयों पर पाठकों का ध्यान केन्द्रित किया गया है।

प्रभा खेतान : 'स्त्री उपेक्षिता' : सिमान द बॉउवार–अनुवादक प्रभा खेतान : सिमॉन द बॉउवार की विश्वचर्चित कृति 'द सेकेण्ड सेक्स' का हिन्दी रूपान्तर 'स्त्री उपेक्षिता' रूप में प्रभा खेतान ने किया है। यद्यपि आजकल स्त्रीत्ववादी चिन्तन बहुत आगे निकल गया है किन्तु सिमॉन के समय की स्त्री के बारे में इतना प्रामाणिक चित्रण दूसरा उपलब्ध नहीं है। स्त्री के समाजीकरण के हर पहलू पर लेखिका ने अपनी गहरी नज़र रखी है। वह मानती हैं कि स्त्री को आदर्शों एवं मूल्यों की ज़ंजीरों में बाँधकर बंधित किया जा रहा है।

प्रभा खेतान की दूसरी पुस्तक 'उपनिवेश में स्त्री' के अन्तर्गत स्त्री मुक्ति कामना की दस घोषित वार्ताएँ हैं। वे मानती हैं कि परम्पराओं ने स्त्री को स्वास्थ्य, शिक्षा, राजनीतिक स्वतन्त्रता और राजनीतिक भागीदारी; यहाँ तक कि व्यक्तिबोध जैसे मौलिक अधिकारों से भी वंचित रखा है, इसलिए स्त्री परम्परागत समाजव्यवस्था में परिवर्तन चाहती है। साथ ही लेखिका पुरुष सत्ता की षड्यन्त्रकारी भूमिका पर सवालिया निशान लगाती हैं।

मृदुला गर्ग : 'चुकते नहीं सवाल' : अपनी इस पुस्तक में मृदुला गर्ग ने देसी फेमिनिज़्म को अपने विमर्श में समाहित किया है। वह प्रश्न उठाती हैं कि बदलती हुई स्त्री के पास विकास के जो प्रतिमान हैं क्या उसे मर्द बना रहे हैं? सज़ा पाकर क्या स्त्री पुरुष हो रही है? पितृसत्तात्मक और मातृसत्तात्मक व्यवस्था के क्या गुण-दोष हैं? आदि। जमीन से जुड़ी स्त्रियों और उनके प्रश्नों के माध्यम से वह यह सिद्ध करती हैं कि भारत में फेमिनिज़्म का अर्थ अन्नपूर्णा और शक्ति का समन्वय है।

क्षमा शर्मा : 'स्त्री का समय' : देश की प्रमुख पत्र-पत्रिकाओं में समय-समय पर लिखे लेख और टिप्पणियाँ इस पुस्तक में संकलित हैं। कन्याभ्रूण हत्या, दहेज प्रथा, सती

प्रथा, बलात्कार, पारिवारिक हिंसा, शोषण, उत्पीड़न, नैतिकता, मर्यादा, संस्कार, फैशन, सौन्दर्य प्रतियोगिता, विवाह संस्था आदि पर लेखिका ने गहन दृष्टि डाली है।

क्षमा शर्मा की एक और पुस्तक इसी सन्दर्भ में है, जिसमें कुछ आलेख विच. ारपरक हैं और कुछ समीक्षात्मक। लेखिका जहाँ एक ओर बचपन, मातृत्व, बेटियों, स्त्री-पुरुष भेदभाव पर बात करती हैं, वहीं मुस्लिम औरतों, पत्रकारिता, पंचायत, विज्ञापन, स्त्री छवि के प्रश्नों को केन्द्र में लाती हैं। लेखिका के अनुसार स्त्रीवादी विमर्श समग्र आर्थिक, राजनीतिक, सामाजिक और सांस्कृतिक विमर्श है।

विभा देवसरे : 'स्वागत है बेटी' : बालिका विषय पर समाजशास्त्रीय समीक्षा और साहित्यिक संवेदना के साथ विचार करती प्रस्तुत पुस्तक जहाँ एक ओर वर्तमान सन्दर्भों में बालिका की अधिकारहीनता को रेखांकित करती है, वहीं भविष्य की सम्भावनाओं पर भी उँगली रखती है। बालिकाओं की सामाजिक स्थिति बालश्रम, स्वास्थ्य, शिक्षा विकास, संरक्षण, यौन शोषण को उनके सामाजिक, सांस्कृतिक और आर्थिक सन्दर्भों से संयुक्त करके देखती हैं। आँकड़ों और रपटों के माध्यम से उनके लेखों को प्रामाणिकता मिली है।

नासिरा शर्मा : 'औरत के लिए औरत' : आलेखों और साक्षात्कारों के माध्यम से प्रेमराग में औरतें, रिश्तों के बीच औरत, औरत के प्रति अपराध, मेहनतकश औरतें, कबीले में औरत, मर्द का बदलना जरूरी, भारतीय नारी और नयी औरत शीर्षकों के अन्तर्गत लेखिका अपना विमर्श प्रस्तुत करती हैं। वह आरम्भिक वक्तव्य में स्पष्ट कहती हैं कि न तो सभी पुरुष बुरे हैं और न ही सभी स्त्रियाँ अच्छी हैं। आज की जटिल समस्याओं का हल वह सामूहिक प्रयासों में खोलती हैं। उनका कहना है कि साहित्य में स्त्री-विमर्श शब्द नया है, स्त्री के प्रति चिन्ता पुरानी है।

स्त्री-विमर्श : अनामिका : स्त्री-विमर्श के क्षेत्र में एक नाम जो बड़ी त्वरित गति से उभरकर सामने आया, वह है अनामिका का—"अनामिका एक अत्यन्त विदुषी लेखिका ही नहीं, स्त्री-विमर्श की प्रबल वक्ता भी हैं। उन्होंने स्त्री-विमर्श को कुलीनता के चौखटे से बाहर निकालकर दलित स्त्री, वेश्या स्त्री और आम घरेलू स्त्री के विमर्श से जोड़ा है। ...अनामिका समाज के सबसे पिछली पाँत के इनसानों के साथ खड़ी नजर आती हैं। वे उनके दुखों, पीड़ाओं व त्रासदियों से व्यथित ही नहीं होतीं, बल्कि उसे अपनी कलम की धार से तराश कर इतना तीखा व पैना कर देती हैं कि वे तीर की तरह सीधे मर्म में उतरी चली आती है।"[2]

स्त्री-विमर्श से सम्बन्धित अब तक उनकी चार पुस्तकें प्रकाशित हो चुकी हैं जिसमें नारी समाज के अन्तर्द्वंद्वों, प्रश्नों, चिन्ताओं, आकुलताओं की आहटें सहज भाव से दर्ज हैं। उनकी प्रथम पुस्तक है—

स्त्रीत्व का मानचित्र : अनामिका के समय-समय पर स्त्री-विमर्श पर प्रकाशित लेखों का संग्रह है यह पुस्तक जो 1995 में 'सारांश प्रकाशन' से प्रकाशित हुई है।

पुस्तक में पाँच परिशिष्टीय लेख तथा स्त्री-विमर्श सम्बन्धी 8 लेख संकलित हैं। पुस्तक के विषय में समीक्षक माधव भारद्वाज का कहना है, ''अनामिका का नारी चेतना के विस्तार की दशा में एक बड़ा प्रयास है 'स्त्रीत्व का मानचित्र'। फेमिनिज़्म को भूत और भविष्य में समझने का प्रयास। दर्शन से आरम्भिक यात्रा शुरू कर वर्तमान पर आने का प्रयास करती यह पुस्तक एक बेहतरीन कोशिश तो मानी जा सकती है।''[3]

प्रथम अध्याय में स्त्री-आन्दोलन सन्दर्भित कुछ बातों का स्पष्टीकरण किया गया है, जैसे स्त्री-आन्दोलन प्रतिशोध जनित नहीं है। स्त्री-आन्दोलन की समर्थक स्त्रियाँ पुरुष नहीं बनना चाहतीं। स्त्री और पुरुष की लड़ाई का व्याकरण सामन्तों और असामियों, पूँजीपतियों और मजदूरों, औपनिवेशिक ताकतों और शोषितों के बीच की लड़ाई के व्याकरण से अलग है। स्त्री और पुरुष के बीच की यह लड़ाई दो वर्गों, दो नस्लों, दो जातियों, दो दलों, दो राष्ट्रों के बीच की लड़ाइयों से तुलनीय नहीं। स्त्री-आन्दोलन पितृसत्तात्मक समय में पल रहे स्त्री सम्बन्धी पूर्वाग्रहों से पुरुषों की क्रमिक मुक्ति को असम्भव नहीं मानता। दोषी पुरुष नहीं, वह पितृसत्तात्मक व्यवस्था है जो जन्म से लेकर मृत्यु तक पुरुषों को लगातार एक ही पाठ पढ़ाती है कि स्त्रियाँ उनसे हीनतर हैं, उनके भोग का साधन मात्र। स्त्री-आन्दोलन धनी महिलाओं का कोरा वाग्विलास और न्यूज़ में उनके बने रहने की साजिश नहीं है।''[4]

दूसरे अध्याय में विषय से सम्बन्धित कुछ पश्चिमी दार्शनिक–प्लेटो, अरस्तू, डेकार्टस, कांट, हीगेल, मार्क्स, जॉन स्टुअर्ट मिल की बातों पर विचार किया गया है।

तीसरा अध्याय भारतीय सन्दर्भ में स्त्री को देखने-परखने की एक कोशिश है। स्त्री और उसके अस्तित्व से सम्बद्ध श्लोकों को वेदों से उद्धृत कर व्याख्या सहित प्रस्तुत किया गया है। यथा–

अहमेव वातइव प्रवाम्यरभमाणा भुवनानि विश्वापरो
परो दिवापर एना पृथिव्यैतावनी महिना सं बभूव।

हे विज्ञ! मैं जो कहती हूँ, वह पूर्ण यथार्थ है, मुझे न मानने वाले क्षीणता को प्राप्त होते हैं, मैं देवताओं और मनुष्यों के परम पुरुषार्थ की उपदेशिका हूँ, मेरी कृपा से ही लोग बलवान, मेधावी, श्रोता और कवि बनते हैं।''[5]

चौथा अध्याय नारीवादी आन्दोलनों/नारी मुक्ति आन्दोलनों की अलग-अलग धाराओं को प्रस्तुत करता है। यहाँ लिबरल, रेडिकल, मनोविश्लेषणात्मक आदि स्त्रीवादी चिन्तन की मुख्य धाराओं का परिचय दिया गया है। विभिन्न विद्वानों की मान्यताओं को प्रस्तुत कर इन आन्दोलनों का स्पष्ट चित्र भी परिलक्षित होता है।

पाँचवें अध्याय में अनामिका कुछ महत्त्वपूर्ण अवधारणाएँ व्यक्त करते हुए फेमिनिज़्म की तीन मूल प्रपत्तियाँ बताती हैं।

1. ''जेंडर के सामाजिक कन्स्ट्रक्ट हैं।

2. पितृसत्तात्मक व्यवस्था में आचारसंहिताएँ चूँकि पुरुषों के प्रति पक्षपातपूर्ण थीं इसलिए स्त्रियों को विकास के समान अवसर भी कृपापूर्वक ही दिये जाते हैं।
3. भविष्य का जो लिंग शोषण मुक्त समाज होगा, उसे गढ़ने में स्त्रियों के कार्यक्षेत्र प्रेम, प्रजननादि विशेष अनुभवमूलक वृत्तान्त और उनकी भाषा तथा शिल्प स्वतन्त्र व्यक्तित्व का विकास बहुत निर्णायक सिद्ध होंगे।''[6]

'भारत के स्त्री केन्द्रित आन्दोलन : उपलब्धियाँ और सीमाएँ' नामक शीर्षक से छठे अध्याय में भारत में शुरू से हो रहे आन्दोलनों के विषय में बताया गया है जैसे—दहेज विरोधी आन्दोलन, बलात्कार के खिलाफ संघर्ष आदि।

सातवाँ अध्याय विशेष रूप से भारतीय साहित्य पर आधारित है, जिसका शीर्षक है—भारतीय साहित्य : अन्तःसलिला का महोच्चार। अनामिका मानती हैं कि भारतीय साहित्य के सन्दर्भ में दो तरह के दृष्टिकोण दिखायी पड़ते हैं—

पहला सलमान रुशदी का, जिनका मानना है कि भारतीय भाषाओं में वर्तमान में जो भी रचनाएँ लिखी जा रही हैं, उनकी तुलना अगर अंग्रेजी में लिखे गये भारतीय साहित्य से करेंगे तो हम पायेंगे कि भारतीय भाषाओं के साहित्य से अधिक भारतीय अंग्रेजी साहित्य प्रभावी है।

दूसरा दृष्टिकोण कैस्टेल, गायत्री स्पीवाक, होमी भाभा आदि विद्वानों का है, जो अनुवाद की समस्याओं से जुड़ा है। कई उदाहरणों तथा सन्दर्भों के सहारे अनामिका ने इस अध्याय में कई साहित्य सम्बन्धी बातों की पुष्टि की है।

पुस्तक के अन्त में समय-समय पर विभिन्न पत्रिकाओं में प्रकाशित स्त्री-विमर्श से सम्बद्ध अनामिका के लेख परिशिष्ट में संकलित हैं, जो इस प्रकार हैं—समन्वित नारीवाद और भारतीय देवियाँ, स्त्रीत्व और भाषा, स्त्री-कथाकारों की स्त्रियाँ, तीसरी दुनियाः एक स्त्री का अन्तर्जगत बनाम बहिर्जगत, मुक्त करती हूँ तुम्हें मेरे भीषण भय। कुछ समसामयिक प्रकाशन हैं—स्त्री सापेक्ष छिटपुट टिप्पणियाँ, संक्रमणशील भारतीय समाज और स्त्री उत्तरवाद और साहित्याध्ययन की चुनौतियाँ आदि।

निस्सन्देह 'स्त्रीत्व का मानचित्र' स्त्री-विमर्श के क्षेत्र में व्याप्त गलत धारणाओं के विरुद्ध अनामिका का कठोर प्रहार है। समीक्षक मिलिन्द माधव भारद्वाज कहते हैं—''अनामिका के लिए फेमिनिज़्म एक सार्वदेशिक घटना है और वे देसी घटनाओं को उसी मुख्य धारा में आत्मसात कर देखना चाहती हैं।''[7]

अनामिका की यह पुस्तक स्त्रीत्व का सही मानचित्र बनाने में सफल है तथा स्त्री-आन्दोलन की विभिन्न भ्रांतियों को दूर करती हुई स्वस्थ सम्भावनाओं की प्रतिष्ठा करने में सहायक सिद्ध हुई है। स्त्री-विमर्श पर मानक कार्य की सबसे पहली पुस्तक का श्रेय इसी पुस्तक को जाता है।

मन माँझने की जरूरत : अनामिका की स्त्री-विमर्श पर आधारित दूसरी पुस्तक

है—'मन माँझने की जरूरत', जो कि सन् 2004 में 'सामयिक प्रकाशन' से प्रकाशित है। पुस्तक के प्रथम कवर पृष्ठ पर लिखे शब्दों से ही पुस्तक का संक्षिप्त परिचय मिल जाता है, जो इस प्रकार है—"अनामिका की यह पुस्तक मिथकीय आख्यानों की सुप्रतिष्ठित नारियों की अनूठी व्याख्या ही प्रस्तुत नहीं करती बल्कि पुरातन मध्ययुगीन अधुनातन स्त्री के विविध सन्दर्भों की विलक्षण छानबीन करती हुई नारी विमर्श का एक नया ही सोपान चढ़ती है—पाश्चात्य एवं प्राच्य साहित्य सन्दर्भों के बीच पितृसत्तात्मक समाज के लिए मन माँझने की जरूरत का बड़ी शिद्दत से अहसास भी कराती है।"[8]

33 लेखों का यह संग्रह अपने शीर्षक से ही पाठकों का ध्यान आकर्षित करता है पाठक के अन्तर्मन को जगाने के साथ-साथ उसे उत्साहित करने का कार्य भी ऐसे शीर्षक करते हैं।

घर में, परिवार में रहकर एक स्त्री किस प्रकार मानसिक और शारीरिक उत्पीड़न को सहती आ रही है, इस पीड़ा का उल्लेख पुस्तक के प्रथम पृष्ठ पर ही दृष्टिगत होता है—"बहुधा उन्हें कोप भवन में घुटता हुआ अनादृत छोड़ दिया जाता है और अगर वे काम छोड़ हड़ताल करती हैं या बिस्तर पर अपना प्रतिरोध दर्ज करती हैं तो लात जूतों, गालीतौली से उन्हें उनकी औकात बताकर कहा जाता है—जा, तू घर से निकल, भाग।"[9]

इस संग्रह के द्वारा अनामिका स्त्री के दुख-दर्द के कारणों को ढूँढ़ निकालने की कोशिश करती हैं तथा अपनी काव्य भाषा के सहारे प्रचलित मिथकीय आख्यानों को नये सिरे से परिभाषित करती चलती हैं।

प्रासंगिक उदाहरणों द्वारा अपनी बात की पुष्टि करते हुए अनामिका कहती हैं—"दो बातें अक्सर ही औरतों के मुँह से सुनने में आती हैं—मर्द तो बच्चा ही होते हैं उन्हें माफ न करें तो क्या बराबरी से निबटें? जवाब देने में जरा तेज़ हुई औरत तो कहती है—कुत्ता हम पर भौंके तो हम कुत्ते पर थोड़े ही भौंकेंगे। हम मर्दों के स्तर पर उतरकर लड़ ही नहीं सकतीं यही सोचकर नहीं छोड़तीं घर कि बाहर की दुनिया ही कौन सी स्वर्ग है। दस कुत्तों के बीच रहने से अच्छा है, एक ही कुत्ते के साथ बसर कर लेना।"[10]

इधर से उधर टहलता हुआ कोई पुरुष दिखे और एक सोलह साल की लड़की उससे मोहाविष्ट हो जाये तो समझा-बुझाकर उसे घर भेजने के स्थान पर सीधे उसके नाक-कान काट लेना कहाँ का न्याय है? लक्ष्मण दरअसल पुरुष प्रधान समाज के उस बेबुनियाद तर्क का संवहन करते दिखते हैं कि "स्त्री की अपनी यौन संवेदनाएँ तो होती ही नहीं और वह निर्लज्ज बनकर अपनी ओर से प्रणय निवेदन करती है तो दाल में कुछ काला जरूर होता है।"[11]

प्रस्तुत पुस्तक के माध्यम से अनामिका समकालीन स्त्री-विमर्श जगत की कई

जटिल समस्याओं का समाधान ढूँढ़ निकालने का प्रयास करती नजर आती है। पुस्तक के विषय में समीक्षक रजनी गुप्त के विचार कुछ इस प्रकार हैं—"समकालीन दौर में साझा जीवन जीती पुरानी नयी पीढ़ी के स्वप्न, संघर्ष और वेदनाओं के मर्म को छूते हुए वे जाने-अनजाने विश्व भगिनीवाद के मनोसामाजिक यथार्थ का ग्राफ तैयार करने लगती हैं। गौरतलब है कि उनके इस विमर्श में अपने समय के बड़े-बड़े सवालों से टकराती आधी दुनिया की हकीकत को सामने लाया गया है जहाँ लिंग, जाति, धर्म, क्षेत्रीयता और अस्मिता के द्वन्द्व में फँसी स्त्री की व्यूह रचना, उसके आधे अधूरे सपने और जद्दोहद के जटिल ब्योरों की छान-बीन की गयी है। उनके अनुसार स्त्री चाहे किसी भी वर्ग, वर्ण, नस्ल या धर्म की हो; लेकिन उसकी तकलीफ, शारीरिक-मानसिक यातनाओं और असुरक्षा का धरातल हमेशा एक जैसा रहा है। मसलन, दैहिक-मानसिक हिंसा एवं बेघर होने का और उससे उपजा खौफ।"[12]

घरेलू हिंसा पर चर्चा करते हुए आगे वह बताती है कि घर हमेशा सुरक्षा की दृष्टि से बनाया जाता है, लेकिन आजकल असुरक्षा का मुख्य स्थान बन गया है हमारा घर। अनामिका कहती हैं—"चैरिटी बिगिन्स एट होम पर वायलेंस बिगिन्स एट होम" भी अतिशयोक्ति नहीं है। देवी सरस्वती इनसेस्ट का आदिकालिक उदाहरण है।"[13]

स्त्री पर वर्तमान समाज में हो रहे अन्यायों को पाठकों के सामने प्रस्तुत करती है यह पुस्तक। संग्रह के संगृहीत लेखों में कहीं आक्रोश नहीं है, बल्कि बात को कहने और कहकर समझाने का एक वक्र अन्दाज हर कहीं दिखायी पड़ता है। स्त्री-विमर्श से जुड़ी अनेक बातों को समेटती है यह पुस्तक।

पानी जो पत्थर पीता है: सन् 2005 में प्रकाशित अनामिका की स्त्री-विमर्श पर आधारित तीसरी पुस्तक है 'पानी जो पत्थर पीता है'। यह चार खंडों में विभाजित है।

पुस्तक के प्रथम पृष्ठ पर ही स्त्री की प्रतिष्ठा की बात की गयी है। आज के युग में स्त्रियाँ पुरुषों की तुलना में अधिक लेखन कार्य कर रही हैं वह भी बेरोक-टोक। अनामिका के शब्दों में—"पहले जब स्त्रियाँ कलम उठाती थीं, उनमें वह होता था 'पुअर लिजा कॉम्प्लेक्स', 'बेचारी दुख की मारी' वाला भाव। आधुनिक स्त्री लेखन आत्मविश्लेषणपरक है और उसके मैं का विस्तार इतना बढ़ गया है कि सारी दुनिया समा गयी है उसमें। जब भी स्त्रियाँ कलम उठाती हैं, खुद से अकेले में रू-ब-रू होकर पूछती तो हैं—प्रेम गली की तरह मेरी अस्मिता कहीं इतनी तो सँकरी नहीं हुई जाती 'जामै दुई न समाहिं'"।[14]

लेखिका मानती हैं कि औरत की देह उसके शोषण का सर्वप्रथम साइट रही है। अनामिका स्त्रीवाद को भाषणधर्मिता के खिलाफ संवादधर्मिता का आन्दोलन मानती हैं। दरअसल स्त्रियाँ घर में जिस प्रकार समस्याओं का समाधान मिल बाँटकर ढूँढ़ लेती हैं, उसका ही विस्तृत रूप है स्त्री-विमर्श। इस पुस्तक के माध्यम से लेखिका

ने कुछ आवश्यक बातों को हमारे समक्ष रखा है। वह कहती हैं, "वर्ग, वर्ण और नस्ल भी पितृसत्तात्मक कन्स्ट्रक्ट ही हैं, औरतों के बनाये हुए नहीं हैं। शिक्षा-दीक्षा से विरत कुछ स्त्रियाँ विशेष परिस्थितियों में पितृसत्तात्मकता का एजेंट जरूर बन जाती हैं, पर धनी-गरीब, ऊँच-नीच, काला-गोरा आदि का फर्क मिटाकर ही एक स्त्री दूसरे के गले मिलती हैं। यही है 'यूनिवर्सल सिस्टरहुड'। मातृदृष्टि न्याय सम्बलित तो होती ही है। इस दृष्टि से विचार किया जाये तो स्त्री मुक्ति में सबकी मुक्ति है। जैसे एक स्त्री को शिक्षित करना पूरे परिवार को शिक्षित करना है, वैसे ही स्त्री मुक्ति सबकी मुक्ति है।"[15]

दूसरा खंड है—पश्चिमिकी और जननाट्य।

"आह मैं मुक्त हुई
अच्छी विमुख हुई
तीन टेढ़ी चीजों से
ओखली से, मूसल से
अपने कुबड़े पति से
भले ही विमुक्त हुई।"[16]

लेखिका ने इस खंड में पश्चिमी स्त्रियों के मुक्ति सम्बन्धी विचारों को प्रस्तुत किया है। खंड के आरम्भ में वह कहती हैं—"लड़-वड़ के थक गये हैं लोग। इन्तजार कर कर के थक गयी हैं औरतें। कर लेने दो थोड़ा भोग-वोग। ये ही कुछ तर्क चला करते होंगे चॉसर की 'वाइफ ऑफ बाथ' के भी मन में—तभी तो उसने मजे-मजे में पाँच शादियाँ कर लीं—बारह बरस की उम्र में पहली की थी और पचास के पास पहुँचकर भी छठे पति का उसका सन्धान जारी है।"[17]

साहित्य खंड में लेखिका मानती हैं कि स्पेस और अवसर कभी मिलते नहीं, ले लिये जाते हैं, चाहे वह स्त्री हो या पुरुष। अस्मिता आन्दोलन का मूल सिद्धान्त यही है। इसके अतिरिक्त वैधव्य को लेखिका एक बड़ी दुर्घटना मानती हैं। अंग्रेजी लेखिका सिल्विया प्लाथ के शब्दों के माध्यम से अनामिका विधवाओं की जिन्दगी पर दुख व्यक्त करती हैं—

"कमजोर धुआँ और मृत्यु है वह साड़ी
जो वह लपेटे रखती है अपने चारों तरफ़!
सितारों के ऊपर कड़े शून्य में
फाख्ते-सी फड़फड़ाती होंगी आत्माएँ—
इस सोच में लेकर दाने तलहथियों पर
देह अकेली, एक पाँव पर खड़ी है।"[18]

अधिकांश स्थितियों में विधवाएँ किसी न किसी पुरुष द्वारा दी गयी पीड़ा को बिना किसी प्रतिरोध के सहती हैं, क्योंकि वे उनकी जिन्दगी को आगे बढ़ाने में

मददगार साबित होते हैं। उन विधवाओं के पास न रोने, बोलने की शक्ति है और न ही कुछ करने की। बस, वे मन ही मन सोचती हैं—जो होना है, हो जाये, जो घटना है, घट जाये।

तत्पश्चात् समकालीन साहित्य पर आधारित कविता का अन्त नहीं, सम्बन्धों के नये निकर्ष आदि अध्याय हैं।

पुस्तक में अरविन्द जैन के विश्लेषण कर्म पर भी लेखिका ने विस्तार से विचार किया है। वह यह भी मानती हैं कि पुरुष की जगह जब स्त्री बदमाशी करती है तो स्थितियाँ बदल जाती हैं। चौथे खंड 'कुछ आप बीती कुछ जग बीती' में अनामिका ने कुछ ऐसे पात्रों, घटनाओं से हमारा परिचय करवाया है, जो हमारे दैनिक जीवन में किसी न किसी मोड़ पर मिल जाते हैं।

सरकारी अस्पतालों के वातावरण पर आधारित एक अध्याय 'जीवन पर मृत्यु का पहरा' में अनामिका कहती हैं—"स्त्रीशक्ति के मनोरम उत्सव हैं सरकारी अस्पतालों के महिला वार्ड। हर तरह की प्रतिकूलताओं के बीच भी संघ शक्ति हँसना सिखा देती है।"[19]

अस्पताल स्त्रियों के लिए एक ऐसा स्थान है, जहाँ वे जिन्दगी के तीखे अनुभवों से थोड़ा अवकाश पाकर अन्य औरतों के साथ हँसती हुई बतियाती हैं—"घर गृहस्थी के झमेले, टंटे, मारपीट, ताने-तराने, नोच-खसोट से कुछ दिन की यह मुक्ति उन्हें कुल मिलाकर वरदान ही लग रही थी। एक दूसरे से अपने सुख-दुख, स्मृतियाँ और सपने बाँटती वे रह-रहकर हँस देती थीं।"[20]

वृद्धजन की समाज के लिए उपयोगिता और समाज का उनके प्रति उपेक्षित व्यवहार—इस पर भी अनामिका ने अपने विचार प्रकट किये हैं। इनसान को वह कोल्हू का बैल मानती हैं। बुजुर्ग बॉस और गॉड फादरों द्वारा ऑफिसों, कॉरपरेट सेक्टरों और अन्य कई बड़े संस्थानों में महिलाओं पर हो रहे यौन-शोषण को वह घृणास्पद मानती हैं। वर्तमान युग में पति-पत्नी सम्बन्धों में घटित अपराधों पर वह कहती हैं—"ज्यादातर घरेलू टंटों के मूल में या तो पैसा होता है या फिर दाम्पत्य सुख का अभाव। घर में भावहीन यान्त्रिक सम्भोग, नोच-खचोट, मारपीट, झेलती-झेलती औरतें कई बार किसी अन्य पुरुष के आकर्षण पाश में बँध जाती हैं और उसके बाद वैकल्पिक जीवन गाथा की तलाश में होती है पति-हत्या। मोहब्बत और जंग में सब जायज़ है। जीवन तो एक बार ही मिलता है, एक बार ही मिलता है आदमी का चोला—यह मौका क्या गँवाना, यही सब सोचा जाता होगा। कई बार क्रूर पति, क्रूर पिता भी होते हैं—और माँ की मुक्ति में ही बच्चों को अपनी मुक्ति दिखती है।"[21]

अपने आस-पास का परिवेश, वातावरण, लोग किस प्रकार एक स्त्री की सोच को विकसित और प्रभावित करते हैं, इसका भी जिक्र अनामिका अपनी पुस्तक में

करती हैं। घरेलू औरतें बाहरी दुनिया के बारे में क्या सोचती हैं, यह तो इसी से प्रकट हो जाता है, जब वे कहती हैं—हजार भेड़ियों के बीच रहने से तो अच्छा एक भेड़िये के साथ जिन्दगी काटना है। देह से जुड़े हर प्रश्न पर स्त्री शंकित रहती है। औरतें अपने लिए कुछ न रखकर सब कुछ घर को ही समर्पित कर देती हैं।

स्त्री-विमर्श का लोकपक्ष: 'वाणी प्रकाशन' से सन् 2012 में प्रकाशित स्त्री-विमर्श के सन्दर्भ में अनामिका की चौथी पुस्तक है—'स्त्री-विमर्श का लोकपक्ष'। विवेच्य पुस्तक उस पुरुष युवा पीढ़ी को सम्बोधित है, जहाँ परिवर्तन की प्रकिया सम्भव है। जो पुरानी लीक से हटकर स्त्री को अपने समकक्ष खड़ा मानती है। लेखिका मानती है कि स्त्री को गुलाम बनाये रखने की मानसिकता सिर्फ पुरुषों में नहीं, स्त्रियाँ भी इसमें अपनी भागीदारी निभाती हैं—बतौर रवीन्द्रनाथ टैगोर, ''खट्टा अचार और सख्त पति स्त्रियाँ पसन्द करती हैं।''[22]

पुरुषों के मुकाबले तीन गुणा अधिक काम करने के बाद भी दुनिया भर की सम्पत्ति का मात्र 2.2 प्रतिशत हिस्सा स्त्रियों के नाम है, यानी प्रायः सभी सर्वहारा हैं। विडम्बना यह है कि उस कमाई पर भी उनका हक़ नहीं।

वह मानती हैं कि पुरुष वर्ग के अन्दर कहीं न कहीं एक तालिबानी छुपा बैठा है, जो वर्ग, वर्ण, नस्ल और लिंगगत वैविध्य को शोषण का आधार बनाकर भेदभाव की राजनीति खेलता है और स्त्रियों को अपने से कमतर या हीनतर मानता है।[23]

सामाजिक ढाँचे के साथ-साथ धर्म और आध्यात्मिक मूल्य भी स्त्रियों के विरोध में जाकर शोषण का हथियार बन जाते हैं। जैसे सहिष्णुता, धीरज, ममता, क्षमा, उदारता, सेवा—उत्कृष्ट मानव मूल्यों (हिन्दी में प्रायः सब मूल्य स्त्रीलिंग ही हैं) का निवेश सिर्फ स्त्रियों में ही हो यह कहाँ तक न्यायसंगत है?

अनामिका के शब्दों में, ''दुनिया का इकलौता पूर्णतः अहिंसक आन्दोलन है स्त्रीत्ववाद : एक मनोवैज्ञानिक लड़ाई, जिसने मुकाम भी हासिल किया है तो बहनापे के ज़ोर से और युद्ध, दंगे, निःशस्त्रीकरण, रंगभेद की नीति, पर्यावरण और विश्वायन—सभी बृहत्तर प्रश्नों पर अपने उन भाइयों, बेटों और दोस्तों के साथ लगातार जूझ रही है, जो उनकी तरह ही सर्वहारा और आदि—विस्थापित हाशिए के लोग हैं।''[24] उन्हें विश्वास है कि ये ही हाशिए के लोग एक दिन स्त्री-काया, स्त्री-मन और स्त्री-दृष्टि की तालिबानी समझ को दूर करने में हमारी मदद करेंगे, क्योंकि प्रतिकार का और सत्याग्रह का नैतिक तेज कहीं बचा है तो इनमें ही।

स्त्री का शरीर ही उसके शोषण का मुख्य आधार रहा है। सर्वेक्षण के अनुसार दस लाख में से केवल एक सम्बन्ध ही ऐसा होता है, जहाँ स्त्री पहल करती है, वरना तो वह स्वयं आखेट बनती है। एस.डब्ल्यू.सी.ए. का अद्यतन सर्वेक्षण भी यही प्रमाणित करता है कि स्त्रियों के विवाहेतर सम्बन्धों का कारण उनके दाम्पत्य जीवन का कड़वा अनुभव होता है। लेखिका के अनुसार बराबरी का यह साथ तभी

सम्भव होगा, जब पुरुष अतिपुरुष न हो और स्त्रियाँ अतिस्त्री। सुख का मूलाधार दोनों का सन्तुलन ही है।

पुस्तक के प्रारम्भ में 'ऑनर किलिंग' नामक लेख में अनामिका प्रेम के नाम पर होने वाली इन हत्याओं की खिलाफत करते हुए युवा पीढ़ी के प्रति आशान्वित नज़र आती हैं कि हमारा यह युवा समाज प्रेम से, धीरज से और परिपक्व, सुस्मित दृढ़ता से इन नृशंस हिरण्यकपशुओं का जवाब देगा—रूढ़ियों की होलिका पूरी तरह धू-धू जलकर रहेगी।

प्रथम अध्याय 'स्त्री-विमर्श किस चिड़िया का नाम है' में स्त्रीवाद में अपनी भूमिका के बारे में बताते हुए अनामिका अपने मातृत्व के अनुभवों का जिक्र करते हुए कहती हैं कि—''निजी से निजी अनुभूतियाँ सिर्फ निजी नहीं रहतीं। जब उनका राजनीतिक सन्दर्भन हो जाता है, वे औरों की चेतना के विकास का कारक हो जाती हैं।''[25]

तथ्यों और आँकड़ों को साक्ष्य रख अनामिका ने निजी और सार्वजनिक क्षेत्र में श्रमिक वर्ग और वंचित श्रेणी की स्त्रियों पर कार्यक्षेत्र में होने वाले काम के आबंटन और सरकारी ऋणों के आबंटन में होने वाले अन्याय को उद्घाटित किया है।

आधुनिक विमर्शों पर लगे अभियोगों का खंडन कर अनामिका अस्मिता आन्दोलन और स्त्री-विमर्श को अलगाववादी नहीं मानतीं, क्योंकि, ''स्त्री समाज एक ऐसा समाज है, जो वर्ग, नस्ल, राष्ट्र आदि संकुचित सीमाओं के पार जाता है और जहाँ कहीं दमन है—चाहे जिस वर्ग, जिस नस्ल, जिस आयु, जिस जाति की स्त्री त्रस्त है—उनको अंकवार लेता है।''[26]

'विचार-विमर्श' को व्याख्यायित करते हुए अनामिका कहती हैं—''विचार अन्दर खदकते हैं, विमर्श बाहर होता है—विमर्श यानी सलाह-मशविरा, सार्वजनिक स्पेस में उस नये विचार का प्रवेश जो अब तक भीतर-भीतर उमड़ा।''[27] लेखिका इसे 'स्वाभिमान मिशन' का नाम देते हुए कहती हैं कि विमर्श मार-काट नहीं मचाते, प्रजातन्त्र के अच्छे नागरिकों की तरह मानवाधिकार के मुद्दे उठाते हैं, तार्किक ढंग से उठाते हैं।

अनामिका स्त्री-विमर्श के तीन पक्ष प्रस्तुत करती हैं—

(क) स्त्रीलेंस से देश-दुनिया की और स्वयं स्त्री के देह-मन की नयी समझ का विकास।

(ख) विकास के नये मॉडलों की तलाश, जहाँ कोई किसी पर हावी न हो, न प्रकृति का दोहन हो, न मनुष्य का, विकास के अवसर सबको बराबर मिलें और

(ग) करुणासंवलित न्याय दृष्टि का पल्लवन हर तरफ से यानी कि युद्ध, दंगा, घरेलू और बाहरी आतंकधर्मिता, बहुविध हिंसा और असन्तुलन धीरे-धीरे

जन जीवन से और वैयक्तिक जीवन से तिरोहित हो जायें।

देह को शोषण का मूलाधार मानते हुए वह कहती हैं—दुनिया में कहीं कोई परिवर्तन लायेगा तो विचार ही, विचार-विमर्श, स्त्री-विमर्श जो अस्मिता की गुत्थियों को भाषा में परावर्तित देखता है और चाहता है प्रक्षालन करना (छानना) धर्म ग्रन्थों का, कानून का, दृष्टि का, आचार का...। स्त्री-विमर्श सार्वभौम बहनापे की बात करता है।

गाँधी जी ने कहा था, "बल का अर्थ यदि पशु बल है, तब तो स्त्रियाँ पुरुषों से कमतर हैं, पर यदि उसका अर्थ बुद्धि बल और नैतिक बल है तो वे उनसे बीस ही हैं, उन्नीस नहीं।" अनामिका इस कथन से विनम्र असहमति जताते हुए कहती हैं कि "बुद्धि बल, नैतिक बल ही नहीं, दैहिक बल में भी स्त्रियाँ पुरुषों से बीस ही हैं। प्रसव पीड़ा, बच्चों को पालने की प्रक्रिया, घर और बाहर दोनों जिम्मेदारियों को एक साथ निभाने का संयम इसका एक उदाहरण है। फिर भी स्त्रियाँ पुरुषों का विरोध नहीं करतीं, वे केवल सही प्रशिक्षण चाहती हैं पुरुषों का और स्त्री-विमर्श इसी प्रशिक्षण का निवेदित शास्त्र है, जो पितृसत्ता से उकताये पूर्वाग्रहों से मुक्ति चाहता है—उनकी और पूरे समाज की।"[28]

स्त्रीवाद को लेकर एक विवाद यह भी है कि अलग-अलग जाति, वर्ण, वर्ग, नस्ल की स्त्रियों की समस्याएँ और दुख जब अलग-अलग हैं तो उनका समाधान एक जैसा कैसे होगा? लेकिन यह भी सत्य है कि मानसिक बुनावट, देह और दैहिक उत्पीड़न के अनगिनत बिन्दुओं पर विश्व स्तर की स्त्रियाँ एक ही हैं।

दूसरे अध्याय में कामकाजी मुसलमान और दलित स्त्रियों की स्थिति जैसी समस्याओं से परिचय कराना ही लेखिका का उद्‌देश्य है। साथ ही हिन्दू समाज में विधवाओं की स्थिति तथा वृद्धजनों की सामाजिक उपयोगिता पर भी ध्यान आकृष्ट करने का प्रयास है। कुल मिलाकर अनामिका यह कहना चाहती हैं कि स्त्री-विमर्श का ध्येय वही है, जो साहित्य का—'मन की जलवायु बदलना'।

स्त्री विषयक जितने भी कानून पास हुए हैं, उनके असफलतापूर्वक कार्यान्वयन, उनसे जुड़ी विडम्बनाओं तथा न्यायप्रक्रिया की लचरता पर व्यंग्य किया गया है प्रस्तुत अध्याय में। दहेज, बलात्कार, यौन हिंसा, भ्रूण हत्या, बेटियों का उत्तराधिकार, घरेलू हिंसा बिल, सहजीवन, विधायिका में आरक्षण और यौनकर्मियों को लाइसेंस इन सभी मुद्‌दों में कानूनी प्रक्रिया के तहत स्त्रियाँ किस प्रकार अन्याय और ज़िल्लत झेलती हैं, उसकी पोल खोलता है—स्त्री-साहित्य। स्त्री-विमर्श और स्त्री-साहित्य का अन्तःसम्बन्ध बताते हुए अनामिका कहती हैं कि साहित्य एक ऐसी अदालत है, जहाँ लेखक अलग-अलग पात्रों के पीछे से वकालत करता है और अन्त में पोएटिक जस्टिस करता है, न्यायविद बनकर सामने आता है। लेखिका के अनुसार कुछ अपवादों को छोड़ दें तो स्त्रियाँ कानून अपने हाथ में तभी लेती हैं, जब उनका अदालती फैसलों

पर से विश्वास उठ जाता है।

भूमंडलीकरण के इस दौर में युवा पीढ़ी बाह्य आकर्षण को बनाये रखने में ही अधिक प्रयत्नशील दिखाई देती है। आधुनिकीकरण के कारण बढ़ते न्यूक्लीयर परिवारों में संवेदनाओं का होता ह्रास तथा उनमें स्त्री की स्थिति से अवगत कराती हैं अनामिका। एक पुरानी कहावत के अनुसार, "वैन वेल्थ इज़ लॉस्ट, नथिंग इज़ लॉस्ट। वैन हेल्थ इज़ लॉस्ट समथिंग इज़ लॉस्ट। वैन कैरेक्टर इज़ लॉस्ट, ऐवरीथिंग इज़ लॉस्ट।" लेकिन देह-विमर्श वेल्थ, हेल्थ और कैरेक्टर तीनों पर प्रश्नचिह्न लगाता है, नयी परिभाषाएँ गढ़ता है, यही उसकी उपलब्धि है।

भूमंडलीकरण के कारण सामाजिक तथा पारिवारिक सन्दर्भों में स्त्री के परिवर्तित रूपों की चर्चा भी प्रस्तुत अध्याय में की गयी है।

आर्थिक स्वावलम्बन की इच्छा में लड़कियाँ, स्त्रियाँ शिक्षित और कम पढ़ी-लिखी बाज़ार में आज वस्तु की तरह उपस्थित हैं—इसका भी अध्ययन इस अध्याय में दृष्टिगत होता है। कम समय में अधिक पैसे कमाने का लालच निम्नमध्यवर्गीय लड़कियों को देह की मंडी में ले आया ह।, यहाँ तक कि मध्यम वर्ग की विवाहित महिलाएँ भी अतिरिक्त कमाई के लिए पर्यटकों के दिल-बहलाव का सामान बन रही हैं।

अनामिका मानती हैं कि अस्मिता की लड़ाई हो या कोई अन्य मनोसामाजिक संघर्ष, उसकी सबसे महीन और सार्थक अनुगूँज भाषा में ही दर्ज होती है। जो हिन्दी समाज स्त्री-विमर्श पर देह-पाठ का आक्षेप लगाता है, उनसे लेखिका कहती हैं कि आज जब महिलाएँ न घर की न घाट की स्थिति में हैं—इसी द्वैत से उनके लेखन को वह नाभिकीय ऊर्जा मिलती है। साथ ही परत-दर-परत खुलती-खिलती और जातीय स्मृति से लबालब अनुगूँजें और एक आवेगमयी ठस्सेदार भाषा।

पुनर्जागरण काल से अद्यतन बदलते व्यवस्थागत पड़ावों के अनुसार स्त्री-भाषा भी अपना स्वरूप बदलती गयी है—इसका विस्तार से वर्णन इस अध्याय में मिलता है। अनामिका के शब्दों में, "आधुनिक स्त्री-लेखन विश्लेषणात्मक है और इसके 'मैं' का विस्तार इतना बढ़ गया है कि सारी दुनिया समा गयी है उसमें। अब जब भी स्त्रियाँ कलम उठाती हैं—खुद से अकेले में रू-ब-रू होकर।"[29]

भाषा का महत्त्व बताते हुए अनामिका कहती हैं कि भाषिक संरचना में अस्मिता प्रतिबिम्बित होती है और मज़े की बात तो यह है कि हाशिए पर रहने वाले लोगों की भाषा हमेशा ही जीवन्त, रंग-रंगीली और ठस्सेदार होती है। उसमें भाषा के सभी रंगों, सभी तेवरों की अलग सी आँच दिखायी देती है—संवेग, प्रज्ञा, विवेक और बुद्धि की अलग-सी आभा, जो शतरूपा है, जैसे अग्नि और प्रवाहमान है जैसे जल।

स्त्री भाषा की सबसे बड़ी ताकत है त्रास और मुक्ति के आनन्द का समायोजन। अनामिका के शब्दों में, "भाषा अतीत की स्मृतियों और भविष्य की सम्भावनाओं के बीच झूलती हुई रोशनी की रस्सी है, जिस पर स्त्रियाँ नंगे पाँवों का कठिन सफर

नाचते हुए पूरा करती हैं—कुशल नटनियों की तरह।"[30]

प्रस्तुत अध्याय में फ्रेंच भाषाविदों की स्त्री भाषा सम्बन्धी स्थापनाओं के साथ-साथ पुरुष भाषा और स्त्री भाषा के अन्तर को भी लेखिका ने रेखांकित किया है।

अनामिका उन सांस्कृतिक षड्यन्त्रों का खुलासा करती हैं, जिनके कारण स्त्री पति की मूक प्रतिच्छाया बन जीवन जीने में ही सार्थकता समझती है। सीता, सावित्री, शूर्पनखा, सरस्वती आदि के मिथकीय चरित्रों का पुनर्मूल्यांकन कर उन्हें नये अर्थ में प्रस्तुत करती हैं। सचेतन शक्ति के बिम्ब दुर्गा, काली, चंडी को वह उनके उग्र प्रतिक्रियावाद के कारण प्रथम चरण की फेमिनिस्टों तथा पार्वती और सीता-सावित्री को तीसरे चरण की समन्वयवादी, सुस्थिर फेमिनिस्टों के रूप में रेखांकित करती हैं। यौन शोषण की शिकार लड़कियों के लिए वह सरस्वती को आदर्श के रूप में मानती हैं।

न्यूटन के गति के नियम को अनामिका स्त्री-विमर्श के परिप्रेक्ष्य में देखते हुए कहती हैं कि आदमी का स्प्रिंग तत्त्व भी उसे एक सीमा के बाद दबने नहीं देता। कई लोग स्त्रीवाद को उछल-कूद का निरा प्रतिक्रियावाद मानते हैं इसे लेखिका एक गहन राजनीतिक षड्यन्त्र मानती हैं, जिससे हम आज तक उबर नहीं पाये हैं। स्त्री-आन्दोलन की मूल मान्यताएँ, आदर्श प्रपत्तियाँ आदि अध्याय में वर्णित हैं। साथ ही जेंडर सेन्सिटाइजेशन की आवश्यकता स्त्री-पुरुष दोनों के लिए है। इसी सन्दर्भ में उभरी बीज मान्यताओं की सूची भी प्रस्तुत की गयी हं।

स्त्री-पुरुष, देह-दिमाग, प्रकृति-संस्कृति के बीच का द्वित्व पुष्ट करने में इतिहास और दर्शन के सहयोग को अध्याय में बताया गया है, जैसा कि शीर्षक से विदित होता है—प्लेटो, अरस्तू, डेकार्ट्स, कांट, हीगेल, मार्क्स और जॉन स्टुअर्ट मिल सभी पश्चिमी विद्वानों के स्त्री सम्बन्धी पूर्वाग्रह, जो दर्शन में पलते रहे हैं; उन पर एक विहंगम दृष्टिपात किया गया है।

भारतीय आर्ष ग्रन्थों में स्त्री विषयक मान्यताओं पर अनामिका ने अध्याय में प्रकाश डाला है कि आर्ष ग्रन्थों में जहाँ परिष्कृत मनीषा वाली समधीत स्त्रियों की एक पूरी परम्परा मिलती है, वहीं कालान्तर में कन्या की उत्पत्ति को शोक का कारण मानने के उदाहरण भी मिलते हैं। स्त्रियों के कर्तव्यों का बखान तो वेदों में मिलता है पर पुरुषों के कर्तव्यों के बारे में प्रायः वेद मौन हैं।

स्त्री सम्बन्धी विमर्श के शास्त्रीय आधार जितने सम्पुष्ट हैं, उतने ही लोकतात्विक भी। लोक साहित्य को अनामिका इसका सशक्त प्रमाण मानती हैं। विवाह अवसर पर गाये जाने वाले गीत हों या विरह में गाये जाने वाले गीत—सभी गीत स्त्रियों द्वारा रचित हैं इनमें एक भी शब्द पुरुषों द्वारा मिलाया हुआ नहीं है। कई गीत तो औरत की अस्मिता के साथ-साथ उसकी यौन इयत्ता का भी जयघोष हैं।

भक्ति-आन्दोलन के काल में लौकिक संस्कृत में अनेक कवयित्रियों की रचनाएँ

भी मिलती हैं, जिनमें प्रमुख हैं—सुभद्रा, प्रभुदेवी, बिज्जा, मरूला, अवन्ति, सुन्दरी आदि। बारहवीं शती का एक गीत 'काहे को ब्याही विदेस रे लखिया बाबुल मेरे' आज तक लोक जिह्वा पर चढ़ा हुआ है।

हास-परिहास, व्यंग्य, पति-पत्नी के बीच काव्य-विनोद और स्त्री मनोविज्ञान की यथेष्ट समझ उस समय की रचनाओं में स्पष्टतः परिलक्षित होती है।

स्त्रियों के प्रति मर्दों की विकृत मानसिकता तथा अपवाद स्वरूप वे स्त्रियाँ, जो इस पुरुषवादी मानसिकता का शिकार बनती हैं; यह तर्क देकर कि 'अगर देह के उपयोग से जीवन में भौतिक समृद्धि के द्वार खुलते हैं तो क्या बुरा है'—पर अनामिका असन्तोष व्यक्त करती हैं। प्रचलित प्रेम (शृंखला प्रेम, समवेत यौन और एक रात की प्रतिबद्धता) का लेखिका मूल्यांकन करती हैं। प्रेम सम्बन्धों में समाप्त होती एकनिष्ठता पर चिन्ता व्यक्त करती हैं। हार्ड-पोर्न, मोबाइल-सम्भोग, कॉलगर्ल रैकेट की खुलेआम दस्तक के बीच क्यों अतृप्ति का अहसास बना रहता है? लेखिका प्रश्न करती हैं—क्या मानसिक भावात्मक समर्पण के बिना किया गया यौन कर्म वास्तव में तृप्ति दे पाता है?

अनामिका इस अध्याय में आँकड़ों के माध्यम से यौन उद्योग (कॉरपोरेट पोर्नोग्राफी, अवैध वेश्यावृत्ति) का फलता-फूलता व्यापार तथा उसमें गरीबी, अशिक्षा या किसी मजबूरी के तहत फँसी स्त्रियों की ओर भी इशारा करती हैं।

समलैंगिकता का दर्शन और स्त्रीवादी विमर्श के विषय में अनामिका मानती हैं कि समलैंगिकता एक यौन विकृति नहीं है। समलैंगिकता इतिहास के एक विशेष मोड़ पर हर तरह के यौन शोषण से परितृप्त स्त्रियों का आपसी सखी भाव परिविस्तार है, जिसे एण्ड्रीन रिच ने बड़ी खूबसूरती से लेसबियन कान्टीयम कहा है—"देह से अधिक आत्मा का ताल-बन्ध, एक-दूसरे से सब कुछ कह-सुन लेने के बाद की तृप्ति में एक-दूसरे को ऐसा कोमल आत्मीय स्पर्श, स्पन्दन, शान्ति और आराम देने की कोशिश जो पुरुषों के तूफानी संसर्ग में बहुधा मिल ही नहीं पाता।"[31]

समलैंगिकता को आर्थिक-सामाजिक-राजनीतिक आत्मनिर्भरता के साथ-साथ स्त्रियों की दैहिक आत्मनिर्भरता प्राप्त करने की एक कोशिश माना जा सकता है। इस सन्दर्भ में लेसबियन साहित्य की पृष्ठभूमि तथा यौन और जातीय इयत्ताओं का अन्तःसम्बन्ध मानने वाली आण्ड्रे लॉर्ड के वक्तव्यों को उद्धृत किया गया है।

पुरुष समलैंगिकता के सन्दर्भ में जूडी गार्डेन के आलेख के कुछ अंश इस अध्याय में दिये गये हैं, जो इसे दोनों तटों से छूटने का त्रासद एहसास मानती हैं, लेकिन एक अलग मनःस्थिति में। लेखिका मानती हैं कि यौन प्राथमिकताएँ अलग होने से मानवीयता थोड़े ही कम हो जाती है। समलैंगिक जोड़ों को कानूनी स्वीकृति मिलना, सहजीवन से जन्मे बच्चों को कानूनी अधिकार मिलना—समाज में इनकी उपस्थिति को सहज बनाते हैं।

निष्कर्ष : अनामिका स्त्री-विमर्श सम्बन्धी पुस्तकों में स्त्री जीवन के हर उस छोटे

से छोटे कोने को अनावृत्त करती चलती हैं, जहाँ स्त्री शोषित होती है। वेद पुराणों से लेकर अद्यतन उन सभी धार्मिक परम्पराओं और मान्यताओं को पुनःपरिभाषित करती हैं जो आज तक स्त्री के विकास में बाधक रही हैं। संक्षेप में अनामिका की दृष्टि में स्त्री-आन्दोलन का मूल उद्देश्य है–

- स्त्री-विमर्श मनुष्य मात्र में स्त्री दृष्टि यानी करुणा संवलित न्याय दृष्टि विकसित करना है, क्योंकि एक दमन चक्र का जवाब दूसरा दमन चक्र नहीं होता।
- स्त्री-विमर्श की परिधि में बेरोजगार, पुरुष, वृद्धजन, विकलांग और बच्चे भी सम्मिलित हैं।
- देह के प्रति एक खास स्वत्व-बोध।
- सुरक्षा, स्वायत्तता, घरेलू, सार्वजनिक सामुदायिक और बाजार के सारे संसाधनों का निर्बाध उपयोग, शिक्षा रोजगार और जीवन साथी का चुनाव, शादी करने न करने, बच्चा जनने न जनने के निर्णय की स्वाधीनता, घरेलू कामों की सहभागिता...आदि साझा माँगों का संघर्ष।
- स्त्री-आन्दोलन ही समझता है कि वैश्वीकरण का सही समाधान सार्वभौमिकरण है।

सन्दर्भ

1. रेखा कस्तावर, स्त्री चिन्तन की चुनौतियाँ, पृ. 159
2. प्रकाशन समाचार, सितम्बर 2008, पृ. 20
3. समकालीन भारतीय साहित्य, मार्च-अप्रैल 2001, पृ. 167
4. अनामिका, स्त्रीत्व का मानचित्र, पृ. 12
5. वही, पृ. 27
6. वही, पृ. 53
7. समकालीन भारतीय साहित्य, मार्च-अप्रैल 2001, पृ. 167
8. अनामिका, मन माँझने की जरूरत, फ्लैप पृष्ठ से उद्धृत
9. अनामिका, स्त्रीत्व का मानचित्र, पृ. 9
10. वही, पृ. 10
11. वही, पृ. 14
12. इंडिया टुडे, 16 अप्रैल, 2008, पृ. 59
13. अनामिका, मन माँझने की जरूरत, पृ. 121
14. अनामिका, पत्थर जो पानी पीता है, पृ. 11
15. वही, पृ. 17
16. वही, पृ. 36
17. वही, पृ. 33
18. वही, पृ. 62

19. वही, पृ. 83
20. वही, पृ. 84
21. अनामिका, मन माँझने की जरूरत है, पृ. 94
22. अनामिका, स्त्री-विमर्श का लोकपक्ष, पृ. 8
23. अनामिका, पत्थर जो पानी पीता है, पृ. 17
24. अनामिका, स्त्री-विमर्श का लोकपक्ष, पृ. 10
25. वही, पृ. 10
26. वही, पृ. 19
27. वही, पृ. 24
28. वही, पृ. 30
29. वही, पृ. 144
30. वही, पृ. 158
31. वही, पृ. 234-235

वैयक्तिक परिप्रेक्ष्य में स्त्री

विषय प्रवेश : विगत कुछ वर्षों से हिन्दी साहित्य में नारी अस्तित्व और नारी लेखन चर्चा का अहम मुद्दा रहा है। इस पर अनेक कोणों से बहस होती रही हैं और अनेक मुद्दे नये सिरे से बहस-मुबाहसों को आमन्त्रित भी करते रहे हैं। इसमें कोई सन्देह नहीं है कि नारी के रचना संसार की मूल चेतना में नारी स्वयं रही, क्योंकि उसने युगों बाद कुछ कहने का साहस जुटाया था। शायद 'हो गयी है पीर पर्वत सी पिघलनी चाहिए' और इस पर्वत के पिघलने का जो सिलसिला शुरू हुआ है, अब तक जारी है; लेकिन इसके साथ यह भी सत्य है कि 'इस हिमालय से कोई गंगा निकलनी चाहिए।' इन रचनाओं की गंगा जब प्रवाहित होने लगी तो वह दर्पण की भाँति स्वच्छ, जैसे को तैसा चित्रित करने वाली दिखायी देने लगी; अर्थात् नारी रचना संसार केवल नारी मुक्ति या नारी चेतना की मुक्ति-गाथा नहीं, वरन् मनुष्य-मुक्ति को अपना अभिप्रेत मानता है।

हम निम्नांकित तत्त्वों के आधार पर अनामिका के काव्य को स्त्री के वैयक्तिक परिप्रेक्ष्य में देख सकते हैं—

अस्मिताबोध : स्त्री-विमर्श की पहली शर्त है व्यक्ति के रूप में स्त्री की पहचान। 'अस्मि' अर्थात् मैं हूँ। अस्मि की भाववाचक संज्ञा ही है—'अस्मिता' जो 'स्वत्व' का बोध है, आत्मनिर्णय और आत्माभिव्यक्ति का प्रश्न है, जो किसी को व्यक्ति बनाता है। एक स्त्री के रूप में 'स्वत्व बोध' का अर्थ—स्वयं को स्वतन्त्र, निर्णय-सक्षम, सन्तुलित एवं सहचरी समझना है। जबकि अन्य का बोध स्त्री के रूप में पति के प्रति समर्पिता, अनुगामिनी और आज्ञाकारिणी रहना है।

अस्तित्व की अस्मिता के प्रति जागरूकता ने ही अस्तित्व की निरर्थकता की अवधारणा को जन्म दिया है। ज्यों-ज्यों सामन्ती समाज का ह्रास हुआ और पूँजीवाद का जन्म हुआ, वैयक्तिक चेतना में एक तीव्र ज्वार आया। इस ज्वार में जीवन के पुराने मूल्य टूटने लगे, सामूहिक परिवार ध्वस्त होने लगे, व्यक्ति अकेला होने लगा। अपने आपको पुराने मूल्यों के ह्रास और जीवन के नये मूल्यों की अनुपस्थिति में एक व्यापक मूल्यहीनता की स्थिति में पाने के कारण उसे अपने जीवन, सम्बन्ध, चिन्तन, परम्परा सभी कुछ में एक निरर्थकता दिखायी देने लगती है।

भारतीय स्त्री के सन्दर्भ में बात करें तो वह अपने भावों, विचारों, आकांक्षाओं, तर्कों से नहीं सोचती। पुरुष प्रधान समाज में परवरिश होने के कारण वह हर क्षेत्र में पुरुष से ही पहल करने की अपेक्षा रखती है। इच्छा, चाह और अपने अधिकारों के

प्रति सजग होने के बावजूद भी वह समझौतावादी दृष्टिकोण अपनाकर अस्तित्वहीन जीवन जीने को अभिशप्त है। अनामिका इस स्थिति को यूँ कहती हैं–

"मैं कैसेरॉल की अन्तिम रोटी हूँ।
कैसेरॉल में ही बन्द रही हूँ अब तक।"[1]

लेकिन यह भी सत्य है कि जहाँ चयन का विकल्प नहीं दिया जाता है, वहीं सबसे पहले मानवाधिकार की माँग उठने लगती है। यही अधिकार चेतना मुक्ति कामना में परिणत होकर समाज और सत्ता से संघर्ष करने को आतुर हो उठती है। खुद की अवस्था पर उसका यह सोचना ही उसकी पहली कोशिश है। अनामिका ने इसी परिवर्तन को बड़ी खूबसूरती से अपनी कविता में व्यक्त किया है–

"किसकी नूरजहाँ हूँ मैं?
इस अँधियारे कमरे में यों
टीन खुरचती आटे की।"[2]

स्त्री को महज 'हाउस वाइफ' और 'बैड पार्टनर' के रूप में आँककर समाज और सभ्यता के निर्माण में उसकी देयता या भागीदारी को नकारकर उसे उपेक्षित किया जाता है। यही उपेक्षा जीवन में क्षोभ और खालीपन लाती है और अभिव्यक्तियाँ संवेदनात्मक खालीपन मिटाने में सहायक बन जाती हैं। दुनिया से प्रदत्त समस्त जीवनानुभवों और पति के द्वारा दिये गये घर-गृहस्थी के तमाम आसरों के अधीन रहती हुई वह अकेली सोचती है–"क्या मेरी अपनी कोई धड़कन है?" 'प्रत्यभिज्ञा' कविता में अनामिका इसी प्रश्न को यूँ उठाती हैं–

"क्या खुद मैं अपनी पड़ोसिन हूँ?
क्या मैंने खुद से की है नमस्ते?
क्या मेरे दो हाथ जुड़े हैं कभी
अपने भीतर के उस 'मैं' की खातिर?"[3]

वर्ज़ीनिया वुल्फ़ ने 'अपने लिए एक कमरा' ग्रन्थ में नारी की इसी स्वतन्त्रता का विश्लेषण किया। वे स्त्री के लिए एक कमरे की अनिवार्यता पर ज़ोर देती हैं। रोज़मर्रा के जीवन से अलग, कुछ क्षण अलग रहकर कुछ लिखने और उसके संशोधन में लगने तथा ध्यानावस्थित होने के लिए उसे एक कमरे की जरूरत है। 'अपने लिए एक कमरा' इसे शाब्दिक अर्थ में लें या प्रतीकार्थ : दोनों में स्त्री के स्वत्व की पहचान का अहसास है। घर में स्त्री का अपना कोई कमरा नहीं है, वह दूसरों के कमरों में अलग-अलग भूमिकाओं में रहती है–यहाँ श्री नरेश मेहता की कविता की पंक्तियाँ उद्धृत करना चाहती हूँ कि–

"स्त्री
अपने एकान्त में ही

स्त्री होती है
बाकी समय
वह केवल सम्बन्ध होती है।''[4]

इसीलिए वर्ज़ीनिया वुल्फ़ कहती हैं कि 'यदि शेक्सपियर नारी के रूप में जन्म लेते तो सर्जनात्मक प्रतिभा होने के बावजूद उनका जीवन घर के कामकाज में ही नष्ट हो गया होता। यहाँ तक कि वे स्ट्राफोर्ड से लन्दन तक भी नहीं पहुँच सकते थे।

एक औरत को समय ही कब मिलता है अपने बारे में सोचने का। वह तो हमेशा पिता, भाई, पति, बेटे के लिए ही सोचती रहती है, क्योंकि इन्हीं सारे सन्दर्भों से जुड़कर उसकी पहचान बनती है। अनामिका की कविताएँ 'एक औरत का समय औरत के लिए' ही निर्धारित करती हैं। उनकी बहुत सी कविताओं के केन्द्र में स्त्री जीवन है। स्त्री-मन का आईना है उनकी कविताएँ।

वयःसन्धि : किशोर मन में जब अनेक वर्जनाओं को तोड़ने का आकर्षण होता है, तब अनामिका रामायण के पृष्ठ पलटते हुए उसकी अभिव्यक्ति इस प्रकार करती हैं–

''कई बार मन की सीता ने
लाँघनी चाही है
मर्यादा की वह लक्ष्मण रेखा
जिसके पार वर्जनाओं के जंगल शुरू
होते हैं।''[5]

परित्यक्ता : 'तुलसी का झोला' कविता में वह रत्नावली के माध्यम से तुलसीदास को कठघरे में खड़ा कर कहती हैं–

''सदियों तक मैंने किया इन्तज़ार–
आयेगा कोई तोड़ेगा टाँके गूदड़ के
ले जायेगा मुझको आके।
पर तुमने तो पा लिया था अब राम रतन;
इस रतना की याद आती क्यों?''[6]

कविता में परित्यक्ता पत्नी रतना अपने पति को याद दिलाना चाहती है कि वह रात भी घन घमंड वाली ही थी जब मिलने आये थे तुम और सदा के लिए मुझे छोड़कर चले गये थे। तुमने सीता के मन की गहराई तो पा ली, पर यह नहीं समझ पाये कि एक स्त्री के लिए– *'नैहर बस घर नहीं होता/होता है नैहर अगरधत्त अँगड़ाई/एक निश्चित उबासी/एक नन्ही सी फुर्सत/और दुख इस बात का है कि–*

''तुमने इस इत्ती सी फुर्सत पर
बोल दिया धावा
तो मेरे हे रामबोला, बमभोला–
मैंने तुम्हें डाँटा।

डाँटा तो सुन लेते
जैसे सुना करती थी मैं तुम्हारी..... ।''[7]

प्रस्तुत कविता में तुलसीदास पर उठाये गये प्रश्न निराधार या महज आवेगजनित नहीं हैं, उनका ठोस भावनात्मक और सामाजिक आधार उपलब्ध है। यह विडम्बना ही है कि महाकवि तुलसीदास की प्राणप्रिया रही रत्नावली का पक्ष एक स्त्री कवि को ही सैकड़ों साल बाद रखना पड़ा। प्रश्न तो वही पुराना है कि क्या सचमुच पुरुष स्त्री को नहीं समझते या जानबूझकर समझना नहीं चाहते? साथ-ही-साथ एक पति (पुरुष) से पत्नी (स्त्री) का अपने प्रति वैसे ही प्रेमपूर्ण व्यवहार की आशा करना—जैसा वह उसके साथ करती है।

'तुलसी का झोला' में अनामिका रत्नावली के रूप में परित्यक्ता स्त्री के दुख को उपालम्भ, शिकायतों के द्वारा प्रस्तुत करती हैं, वहीं अन्त में एक स्व निर्णय की आभा से दीप्त भी करती हैं। यही स्व-निर्णय लेना स्त्री-विमर्श का एक प्रमुख घटक तथा पति को छोड़कर जाना ही जीवन का 'दी एण्ड' नहीं है। उसके आगे भी अपना जीवन है—

''मैं भी समेट रही हूँ खुद को
अपने झोले में ही।
अब निकलूँगी मैं भी
अपने सन्धान में अकेली।
आपका झोला हो आपको मुबारक।''[8]

और यह अकेले ही स्त्री का अपने लक्ष्य की ओर बढ़ जाना स्त्री-मुक्ति की ओर बढ़ते कदमों की आहट है।

प्रश्नातुर स्त्री : अनामिका शब्दों में भरे गये पूर्ववर्ती अर्थों से आक्रान्त नहीं होती हैं, वे शब्दों का अपने ढंग से प्रयोग करके उनमें नया अर्थ भरती हैं और यही गुण उन्हें विशिष्टता प्रदान करता है। कई स्थानों पर विपरीत प्रसंगों को आमने- सामने रखकर बड़ी सहजता से वह गम्भीर मानवीय और सांस्कृतिक प्रश्न भी खड़े करती हैं—

''क्या रखा है चाँद में?
अम्मा, उसके भी सिर पर
मुस्काता बैठा है जो दाग—
क्या उसके दूल्हे ने
मार-मार माथा फोड़ा होगा उसका फिर
किसी शाम?
क्या चाँद औरत है अम्मा?
कौन उसकी खातिर
बंसी बजाता है?

बंसी बजैया भी उतने ही निष्ठुर
क्यों होते हैं
जितने माथा फोरैया?"[9]

प्रस्तुत पंक्तियों में चुभते प्रश्न बेचैन करते हैं, जिन्हें टालकर आगे जाने को मन नहीं करता और यही किसी भी रचना की सार्थकता होती है।

'बेजगह' कविता ऐसे ही प्रश्नों से साक्षात्कार करती है–

"जिनका कोई घर नहीं होता–
उनकी होती है भला कौन सी जगह?
कौन सी जगह होती है ऐसी
जो छूट जाने पर
औरत हो जाती है
कटे हुए नाखूनों
कंघी में फँसकर बाहर आये केशों सी
एकदम से बुहार दी जाने वाली?"[10]

अनामिका के विषय में यह उचित ही कहा गया है कि वे "सिर्फ कविता में ही नहीं, बल्कि अपने सम्पूर्ण लेखन में नारी दृष्टि की एक उदार सांस्कृतिक प्रवक्ता बनकर उभरी हैं। उनका स्वर नयी सहस्राब्दी का स्वर है जिसकी स्थिर हलचलों में कुलबुलाते कोमल सवाल अपनी तमाम फितरतों के साथ स्थापित विमर्शों को अस्थिर करते चले जाते हैं।"[11]

सहभागिता : वर्तमान समय में नारी पुरुष से प्रतिस्पर्धा न कर उसके समकक्ष एक मनुष्य होने के नाते प्राप्त होने वाले अधिकारों की माँग कर रही है। वह पुरुष के अस्तित्व को नकार कर एक सहनागरिक के रूप में अपनी पहचान स्थापित करना चाह रही है। इसके लिए उसका सारा ज़ोर अब तक प्रयुक्त मिथकों से अस्वीकार और स्वतन्त्र इनसान के रूप में अपनी स्वीकृति का है। स्त्री-विमर्श के प्रथम उद्देश्य 'स्व' की पहचान का बोध अनामिका की कविताओं से स्पष्टतः परिलक्षित होता है। उसकी एक बानगी इस प्रकार है–

"एक दिन हमने कहा
हम भी इनसान हैं–
हमें कायदे से पढ़ो एक एक अक्षर
जैसा पढ़ा होगा बी.ए. के बाद
नौकरी का पहला विज्ञापन
देखो तो ऐसे
जैसे ठिठुरते हुए देखी जाती है
बहुत दूर जलती हुई आग।

सुनो हमें अनहद की तरह
और समझो जैसे समझी जाती है
नयी नयी सीखी हुई भाषा।''[12]

मौन को तोड़ती स्त्री : समय का सीधा साक्षात्कार करती हुई कवयित्री अपने अकेले की नहीं बल्कि पूरी औरत जाति की बात रखती हैं। अनामिका स्त्री के प्रतिरोध का अध्ययन उनकी 'चुप्पी' तथा 'सहिष्णु' भाव के आर-पार जाकर झाँकने की कोशिश से करती हैं। वे मानती हैं कि स्त्री की चुप्पी ऐतिहासिक विकास का परिणाम है, यह तो उसके जीवन की बेड़ी थी, जिसे उसने अपने प्रतिरोध के अस्त्र में बदल दिया है। अनामिका की कविताओं में हर औरत दादी का जम्पर पहनकर अपनी चुप्पी तोड़ती है–

''चुप्पी का अपना ही सौन्दर्यशास्त्र,
नीतिशास्त्र हुआ करता है–यही सोच
एक रोज़ दादी का जम्पर पहना मैंने
लाज शरम का चुप्पी पर डाल लिया
झिलमिल आकाशी गहना मैंने।''[13]

स्त्री मुक्ति की जब हम बात करते हैं तो औरत की मानसिक जड़ताओं से मुक्ति की बात होती है–उन बन्धनों से, उन बेड़ियों से मुक्ति, जो औरत को सदियों से अन्या, सेकण्ड सेक्स या अन्तिम उपनिवेश की स्थिति में रखे हुए है। यह मुक्ति सभी सन्दर्भों में वांछनीय है–सामाजिक, आर्थिक, राजनीतिक, सांस्कृतिक, धार्मिक और भाषिक-मानसिक मुक्ति का यह संघर्ष ही उसे दोयम दर्जे में से समानता के दर्जे की पंक्ति में ला खड़ा करेगा।

मुक्ति आकांक्षित स्त्री स्वर : अनामिका की कविताएँ इसी मानसिक मुक्ति की वाहक हैं। जहाँ यथास्थिति का वर्णन करते हुए वह एक प्रश्नचिह्न भी लगाने के साथ-साथ एक सन्दर्भ बनाती चलती हैं स्त्री मुक्ति का। उनकी कविताओं में केवल 'मैं' ही नहीं है, बल्कि इस 'मैं' से जुड़ी समूची व्यवस्था भी है, जो हमारे समक्ष एक विषम स्थिति का बिम्ब उपस्थित कर देती है। स्त्री मुक्ति का संघर्ष इन कविताओं में बहुत महीन परतों में और सूक्ष्म स्तर पर दर्शाया गया है और इस संघर्ष में सिर्फ टूटन की ही नहीं, बल्कि इस टूटे हुए के विकल्प की चिन्ता भी है–

''कुछ है जो टूटेगा
टूटेगा और फिर जमेगा
लेकिन जो टूटेगा–
जम पायेगा बिल्कुल वैसा ही?
इसकी ही चिन्ता है कविता।''[14]

अनामिका स्त्री मात्र का ही नहीं, बल्कि व्यक्ति मात्र का सत्य अपनी कविताओं

में रेखांकित करती हैं। समानता के हक़ की वकालत करते हुए वह कहती हैं–

"कब तक बँटना, कब तक छँटना
देखिये मुझे अपने अन्तिम दशमलव तक
–फिर कहिए, क्या मैं बहुत भिन्न हूँ आपसे?"[15]

इसे सामाजिक विड़म्बना ही कहा जायेगा कि समाज में स्वयं को सिद्ध करने के लिए स्त्री बौद्धिकता को परिधिकृत होना पड़ता है।

स्त्री वैशिष्ट्र्य : कवयित्री मानती हैं कि प्रत्येक स्त्री अपने रूप में एक विशिष्ट स्त्री है। सभी को अपने-अपने ढंग से अपने तरीके से जीवन जीने का अधिकार है। अतः स्त्रीत्व के नाम पर समाज उनके स्त्री होने के आचरण को अच्छा या बुरा कहने का अधिकार नहीं रखता और न ही पूर्वनिर्धारित ढंग से किसी भी भूमिका को उस पर आरोपित कर सकता है। आज की स्त्री स्वेच्छा से जीवन जीना चाहती है और इसी मुक्ति की खोज का प्रश्न अनामिका की कविताओं में द्रष्टव्य है–

"वह इधर थी, उधर थी
इसके पास, उसके पास
तो मेरे पास क्यों नहीं थी–
मेरी मुक्ति।"[16]

परिवेशगतबद्धता : बँधी हुई परिधियों को लाँधकर अपने लिए नयी राह बनाना ही मुक्ति है और ऐसी ही स्त्री का चित्र अनामिका की कविताओं में दृष्टिगत होता है–

"हाशिया जो है अपना
दरअसल है एक प्यारा सा सपना–
चौहद्दियाँ लाँघ जाने का
साँचों में अँट नहीं पाने का।"[17]

लेकिन अनामिका की स्त्री पुरुष के प्रतिपक्ष में न खड़ी होकर सह अस्तित्व की अवधारणा पर विश्वास करती है। वह विरोध करते हुए भी अपने मूल पानी, मिट्टी और आग से अलग नहीं हो सकती है। यही विशेषता उसे स्त्री बनाती है और परिवर्तन के प्रति सशंकित भी। यही आग्रह उनकी कविता में इस प्रकार परिलक्षित होता है–

"मेरा क्या होना है, कुछ नहीं होगा–
अग्नि-सम्यवों का कुछ कभी नहीं होता–
जैसी की तैसी रहूँगी–
पानी और मिट्टी और आग–
दरवाजों के भीतर, दरवाजों के पार।"[18]

आशावादिता : अनामिका वस्तुतः एक स्त्री की दृष्टि से इस दुनिया को देखती

हैं जो उस आधी दुनिया का प्रतिनिधित्व भी करती है और इस मुक्ति संघर्ष में एक छोटा सा साथ पाकर भी वह आशान्वित हैं तभी तो कहती हैं—

"रुख तो रुख है,
सारी दुनिया
जिन्दगी समूची बदलने को
क्या काफी होता है।
एक किसी चींटी का साथ भी,
उसका जरा-सा विवेक
और आश्वासन का छोटा दाना?"[19]

ये पंक्तियाँ नैराश्य और उदासी को परे धकेलकर एक उम्मीद की ओर संकेत करती हैं।

विद्रोहिणी स्त्री: पूरी व्यवस्था में परिवर्तन घटित होने के लिए शायद एक छोटा-सा आश्वासन पर्याप्त नहीं है, इसीलिए उनकी कविताओं में विद्रोह का स्वर, एक आह्वान भी परिलक्षित होता है—

"अच्छे होते हैं वे पाँव
जो इधर-उधर पड़ते हैं
और जिन्दगी को नहीं मानते
एक बीहड़ क़वायद।"[20]

सच ही तो है जब जागो तभी सवेरा है। मुक्त होने के लिए चलना जरूरी है—बँधी बँधाई लीक से हटकर चलना। इसीलिए वह कहती हैं—

"अब बस उठो, चलो, जैसी हो चल दो—
दुनिया में एक यही काम है जरूरी—
यह चल पड़ना।"[21]

स्त्री का यही चलना ही तो स्त्री की मुक्ति का पहला चरण है और यह प्रक्रिया अनवरत चल रही है। गृहस्थी के जंजालों में संवेदनात्मक रूप से डूबी होने पर भी वह मौन न रहकर परिवर्तन के लिए कटिबद्ध है और इसी मौन को अनामिका वाणी देती हैं—

"अभी मुझे घर की उतरनों का
अनुवाद करना होगा
जल की भाषा में
फिर जूठी प्लेटों का
किसी श्वेत पुष्प की पंखुड़ियों में
अनुवाद करूँगी मैं।"[22]

यही अनुवाद की प्रक्रिया स्त्री की जिजीविषा बन जाती है। स्त्री की मुक्ति

ओर व्यक्तित्व का सशक्तीकरण और पिछड़ी स्त्रियों की आर्थिक, सामाजिक और सांस्कृतिक मुक्ति, मानवाधिकार संरक्षण की ओर, सामाजिक शान्ति की स्थापना की ओर पहलकदमी है। आरोपित पुरुष दृष्टिकोण को निरूपित करना, उसको गलत और सम्पूर्ण घोषित करना, स्त्री का पहला काम है।

स्त्री की स्वतन्त्र पहचान, जीवन शैली, स्त्री संस्कृति के स्वतन्त्र रूपों के सृजन एवं गैर पुरुष सन्दर्भों की सृष्टि के लिए पहली शर्त है कि स्त्री स्वयं को अलग रूप में देखे। पुरुषों से अपनी भिन्नता को पहचाने तथा अपने को व्यक्ति रूप में परिभाषित करे। माँ, बहन, पत्नी, बेटी से पहले वह एक स्त्री है, इनसान है, इसकी सचेत पहचान जब तक स्त्री को नहीं होगी, तब तक वह पुंसवादी सत्ता की दासी बनी रहेगी।

सदियों से दमित और प्रताड़ित होती स्त्री के अन्दर विद्रोह की चेतना जागने लगी है। वह अपने पैरों की बेड़ियाँ तोड़कर एक दिन बाहर आ सकती है। स्त्री मुक्ति की यह सम्भावना अनामिका की कविताओं में भी प्रस्फुटित होती है—

"एक चीख मेरे भी भीतर दबी है!
उसका बस चले अगर तो
मेरी पसलियाँ तोड़ती
निकल आये बाहर।
ये चीख मेरी
आदिवासी रूपसी की तरह
अब तक क़िले के तहखाने में
टहल रही है बेबस।
जंजीरें छूमछनन उसके पैरों की
जिस दिन भी टूटेंगी—देखना—
बिन घुँघरू नाच उठेगा जंगल!"[23]

ये पंक्तियाँ स्त्री मुक्ति कामना की ओर स्पष्ट संकेत करती हैं। समकालीन कवि एवं लेखक अरुण कमल स्त्री मुक्ति के बारे में तथा कविता में स्त्री की उपस्थिति पर प्रकाश डालते हुए कहते हैं—"प्राचीन काल से सारे लोकगीत मुख्यतः स्त्रियों ने ही रचे जो दुनिया की सर्वाधिक मर्मस्पर्शी कविताएँ हैं। थेरी गाथाएँ जो बौद्ध भिक्षुणियों ने रचीं, स्त्री मन की उन्मुक्त अभिव्यक्ति तो हैं ही, साथ ही प्रतिरोध का भी जीवन्त दस्तावेज हैं। बाद में मध्यकाल में भक्ति आन्दोलन के साथ अक्का महादेवी, ललमद और मीराबाई जैसी महान कवयित्रियों ने मुक्ति की अदम्य आकांक्षा को वाणी दी। न केवल शब्दों से, बल्कि स्वयं अपने आचार-व्यवहार से, अपने जीवन से सिद्ध किया कि एक वैकल्पिक जीवन पद्धति सम्भव है।"[24]

समाज के बदलते दृष्टिकोणों के साथ स्त्री भी बदल रही है, वह अपनी लड़ाई

लड़ने के लिए जागरूक हो चुकी है। पुरुष (पति) और बच्चों से अलग भी स्त्री का अपना एक व्यक्तित्व है, अस्तित्व है और अस्मिता भी। वर्तमान स्त्री के बारे में प्रभा खेतान की मान्यता है कि "आज स्त्री ने सदियों की खामोशी तोड़ी है। उसकी नियति में बदलाव आया है। उसके व्यक्तिगत जीवन का उद्देश्य, दर्शन, उसका मन-मिज़ाज सभी तो बदल रहा है।"[25]

वह अब मौन, मूक न रहकर मुखर हो गयी है। अस्तित्व बोध एवं आत्मनिर्भरता के कारण आत्मचेतना का जो जागरण अब स्त्री में दिखायी दे रहा है वही स्त्री-विमर्श का अभिन्न अंग है। अनामिका कहती हैं–

"अब प्रश्न अपने हैं
खुद अपने सिर पर उगे हैं!
सिर पर जितने बाल,
उससे ज़्यादा कुछ सवाल"[26]

दिग्भ्रमित स्त्री : स्त्री की अभिव्यक्ति पर अक्सर यह आरोप लगता है कि वह अपनी आपबीती लिखती है, लेकिन लोग यह भूल जाते हैं कि अपनी बात की सहज अभिव्यक्ति ही लेखन को सम्प्रेषणीय और बोधगम्य बनाती है और अनामिका की कविताओं में एक उम्मीद, एक आस, खुद की पहचान के प्रति एक भरोसा है, एक विश्वास है, तभी तो वह कहती हैं–

"जानती हूँ इतना
काल की दीठ में
काजल की धार सी सजूँगी मैं
कभी-न-कभी।"[27]

प्रश्न यह उठता है कि आज स्त्री क्या चाहती है? असुरक्षित आजादी या सुरक्षित ग़ुलामी–अनामिका की स्त्री अधिकतर सुरक्षित गुलामी में रहते हुए ही मुक्ति के सपने को साकार करना चाहती है। स्त्री-विमर्श के सन्दर्भ में यह दृष्टि अनामिका की कविताओं को महत्त्वपूर्ण बनाती है–एक नयी दृष्टि देती है औरत को देखने की, समझने की–

"भीगी हुई ही पैदा होती हैं वे तो–
(भीगी बिल्लियाँ नहीं, उस अर्थ में भीगी;
जिस अर्थ में भीगती है पत्ती बारिश में
या भीगता है दूध से कलेजा।)"[28]

लेकिन असमंजस की स्थित है–

"हमें कहीं जाना है, लेकिन कहाँ?
करना है कुछ तो पर क्या?"[29]

अनामिका की कविताओं में प्रेम निरूपणः अनामिका की कविताओं में निम्न रूप से प्रेम की अभिव्यक्ति को देख सकते हैं–

वैयक्तिक प्रेमः अनामिका की कविताओं में स्त्री विभिन्न रूपों में दृश्यमान है। स्त्री की जिन्दगी, मनोदशा, उसकी स्थिति का सम्पूर्ण चित्र वह खींचती चली जाती हैं। हिन्दी साहित्य क्षेत्र में स्त्री को चित्रित करने की उत्सुकता भरी प्रवृत्ति हमेशा रही है।

रीतिकाल में नारी को भोग, विलास का साधन माना गया, लेकिन छायावादी काल में उसे दया, क्षमा, करुणा, प्रेम की देवी का गरिमामयी स्थान दिया गया।

मनुष्य की स्वाभाविक प्रवृत्ति है–प्रेम। प्रेम का प्रकाश व्यक्ति के जीवन को आलोकित करता है। स्त्री को तो प्रेम की प्रतिमूर्ति ही माना गया है। उसका सरल हृदय हर किसी को सहजता से अपना लेता है। प्रेम की अनुभूति, प्रेममय स्पर्श अनामिका की कविताओं में भी द्रष्टव्य है। स्त्री हृदय में उठने वाली अव्यक्त भावना को उन्होंने एक अलग ही भाषा, एक नये बिम्ब से अभिव्यक्ति प्रदान की है–

"मुझे ऐसे सहेजकर समेटा उसने
जैसे आँधी में
कपड़े अंकवार लिए जाते हैं
अलगनी से खींचकर!
मैं सूखा कपड़ा नहीं थी, मुझमें बहुत बूँदें बाकी बची थीं
यह मैंने जाना उसी दिन
उसकी भीगी बाँहें गीले कन्धे देखकर।"[30]

प्रेम जो हर सरहद से परे होता है, उसका सजीव वर्णन समकालीन कविता में हमें नजर आता है। लेकिन प्रेम की एक अलग ही व्याख्या एक नया ही रूप अनामिका की कविताओं में उभर कर आता है। प्रेम भाव कविता में उतना ही है और उसी रूप में जीवन में है। स्त्री-पुरुष सम्बन्धों का एक नया रूप इनमें परिलक्षित होता है। आज की अधिकांश प्रेम कविताओं की तरह इनमें मांसलता नहीं है। प्रेम को ऐन्द्रिकता और आध्यात्मिका के अतिवादों से बचाकर, उसे उसके वास्तविक रूप में प्रकट किया है। प्रेमी-प्रेमिका में परस्पर प्रेम के अतिरिक्त घनिष्ठ मित्रता का यह अहसास इस तथ्य को उद्घाटित करता है। जब प्रेमी प्रेमिका को उसके पति के साथ सामंजस्यपूर्ण व्यवहार के लिए सुझाव देता है–

"तन्मयता से सेवा करना
जैसे मुझसे लड़ लेती थीं
देखो उनसे कभी न लड़ना।"[31]

वैवाहिक सम्बन्धों में प्रेमः प्रेम स्त्री-पुरुष दोनों की आवश्यकता है। अनामिका की कविताओं में प्रेम निरूपण में आवेग, आवेश की अपेक्षा समझदारी का तत्त्व

अधिक विद्यमान है। उसमें मांसलता विद्यमान नहीं है, यही नहीं प्रेम के बने बनाये स्थापित साँचों में स्त्री ही दमित और शोषित नहीं होती बल्कि पुरुष भी इसे शिद्दत से महसूस करता है। पुरुष मन की यह भावना अनामिका की कविता में यूँ मुखर होती है–

"लाया हूँ कैमरा,
तस्वीरें ले लूँ तुम्हारी?
मेरी पत्नी बेहद खुश होगी
कि मेरी किसी से हुई दोस्ती,
मेरी स्तब्ध वफादारी से,
ऊब गयी है शायद।"[132]

प्रेम में एकनिष्ठता को लेकर युवा पीढ़ी किस संशयात्मक स्थिति से गुजर रही है, उसी की शब्दबद्ध प्रस्तुति है अनामिका की यह कविता। प्रेम में एक नयी ज़मीं, एक नये फ़लक और एक नये विस्तार का आभास उनकी कविताओं में होता है। इतना ही नहीं, जहाँ विश्रृंखलता के लिए अवकाश है, वहाँ भी वे स्त्री के प्रेम प्रसंग में एक तोष, विश्वास, आत्मीयता को पाने का कारण खोजने का प्रयास करती हैं। 'एक सार्वजनिक चौका' की रमावती नाइन 'औरत नहीं थी, इन्द्रधनुष थी' मिनिस्टर से भी ज्यादा व्यस्त रहनेवाली रमावती वास्तव में अकेली थी–

"पति एक था उसका, प्रेमी थे पाँच–
बच्चे छह, मुर्गी और बकरियाँ सात,
निन्दक उतने जितने तारे और प्रशंसक भी बहुत सारे!
फिर भी वह एकदम अकेली थी
हर रिश्ते में, वैसे बालू थी, मिट्टी थी–
लेकिन उसका मन था इतना ज़िद्दी पौधा
कि कहीं लगता ही नहीं था।"[133]

पारिवारिक सम्बन्धों में प्रेम : प्रेम सम्बन्धों का सार है और पारिवारिक सम्बन्धों में यह धुरी का कार्य करता है, जिस पर कि सम्बन्ध टिका रहता है। परन्तु भारतीय परिवारों में अधिकांश स्त्रियाँ पुरुष अहं के चलते इस प्रेम से वंचित रह जाती हैं। अनामिका की कविताओं में इस वर्ग की स्त्रियों का चित्रण भी बहुत मिलता है जो जीवन की व्यर्थता में भी अर्थ खोजने की कोशिश करती हैं। निरुद्देश्य में भी एक उद्देश्य, एक आस्था, प्रेम की तलाश उन्हें है और इन तमाम अन्तर्विरोधों को लिए वे एक प्रेममय भविष्य के लिए प्रतीक्षारत हैं। उपेक्षिता होते हुए भी अपेक्षाएँ जीवित हैं उस सम्बन्ध में जहाँ कभी भी प्रेम की अनुभूति नहीं मिली है, फिर भी आशान्वित हैं–

"वह वहाँ करती थी प्रार्थना कि

हो जाये, हो जाये, हो जाये
क़िस्सों में पढ़ा हुआ, फिल्मों में देखा,
गीतों में सुना हुआ प्रेम घटित,.....

....

प्यार करने का
आदमक़द परमेश्वर से
हर बात पर ही जो
पीटता है इतना।''[34]

अकेलापन दरअसल अधूरेपन का तीव्र अहसास है और 'पूरा' होने की ललक में हैं लेकिन कोई सम्बन्ध पूर्ण नहीं है। अधूरापन एक प्रकार की असंप्रेषणीयता है। कुछ है, जो छूट जाता है और अकेलापन उसी छूटे हुए अधूरेपन का अहसास है। लेकिन इस अकेलेपन में भी आशा एक उम्मीद जगाये रखना स्त्री का स्वभाव है। ऐसा ही स्वर अनामिका की कविता 'पतिव्रता' में परिलक्षित होता है–

''शायद मुझे दी हो सपनों में आवाज़।
कोई गुपचुप बात मेरे लिए दबा रखी हो
इतने बरसों से अपने मन में–
कोई ऐसी बात
जो रोज इतने दिन
ये कान सुनने को तरसे... ।''[35]

स्त्री का यह कौशल है कि तमाम विपरीत परिस्थितियों के होते हुए भी वह उसी में जीना स्वीकार करती है। अपनी ख्वाहिशें, अपनी पहचान भूलकर स्वयं को अलग नहीं कर पाती परिवार से। अपने अस्तित्व को तलाशती तथा इन्हीं परिस्थितियों में रहने की विवशता को कुछ यूँ अभिव्यक्ति देती हैं अनामिका–

''बच्चे उखाड़ते हैं
डाक टिकट
पुराने लिफाफों से जैसे-वैसे ही आहिस्ता-आहिस्ता
कौशल से मैं खुद को
हर बार करती हूँ तुमसे अलग।
मेरे किनारे फट जाते हैं कभी-कभी
कुछ न कुछ मेरा तो
निश्चित ही
सटा हुआ रह जाता है,
तुमसे!''[36]

स्त्री की विशिष्ट वैयक्तिक अनुभूतियाँ : स्त्री का अपना एक अलग संसार है,

जिसके अनुभव पुरुषों के अनुभव से सर्वथा भिन्न हैं। वह उन अनुभवों को, उन विशिष्टताओं को स्वर दे रही है, लेखन के माध्यम से। निज अनुभवों को सार्थक बना रही है। अनामिका के शब्दों में, "ऋतुमति होना, गर्भ धारण करना, दूध पिलाना, बच्चों को बड़ा करना, पिटना, बलात्कार, गालियाँ, हूँ-हाँ, खचर-पचर, भावहीन तान्त्रिक सम्भोग, नोच-खसोट...और भी तरह-तरह की हिकारतें चुपचाप झेलते जाना—स्त्री देह से जुड़े ऐसे बड़े सत्य हैं, जिसकी अभिव्यक्ति की भाषा अब जाकर स्त्रियों ने साधी है। रोटी बेलने, जुएँ चुनने, झाड़ू देने तक की विशिष्ट अनुभूतियाँ एक अलग तरह का मेटाफिजिकल/ रूपकात्मक/प्रतीकात्मक आयाम स्त्री कविता को दे रही है।"[37] इसी सन्दर्भ में अनामिका के कथन का समर्थन करते हुए रमणिका गुप्ता कहती हैं—"एक औरत होने के नाते ही एक औरत साहित्यकार स्वानुभवों पर आधारित होकर अपने खुद के दृष्टिकोण से अधिक प्रामाणिक, अधिक विश्वसनीय साहित्य रचने लगी। भले कई पुरुषों ने भी संवेदना के बल पर समानुभूति के नाते उस पीड़ा को व्यक्त किया है, पर वह औरत की तरह अनुभवजन्य और प्रामाणिक नहीं हो सकता। स्त्री की अपनी दृष्टि अलग है, ठीक उसी तरह जैसे दलित या नीग्रो की। इसलिए वह साहित्य भी अपने दृष्टिकोण तथा अपने बिम्बों एवं अपने मिथकों के माध्यम से रचती है।"[38]

स्त्री की देह का वैभव, उसके रहस्य, उसके गोपन, उसकी लज्जाएँ सभी के जाने पहचाने, खुले हैं, फिर भी गोपन रहस्य हैं—इसका क्या औचित्य है? शायद मात्र इतना ही कि स्त्री को स्वयं उसकी देह के सन्दर्भ में असहज बनाये रखा जा सके। शरीर को शर्मिंदगी का बोझ, छिपा रखने की जरूरत का पर्याय बनाकर स्त्री को काबू किया जा सके। स्त्री स्वयं अपने आप को लेकर, अपने शरीर को लेकर सदियों से इतनी सहज कभी नहीं थी जितनी सदी के अन्त में केयर फ्री, विस्पर, माला डी, कोहेनूर, पीटर पैन और लिबर्टीना के माध्यम से अपने मासिक धर्म, अपने उन्मद रति भाव, अपने दैहिक ऐश्वर्य के विषय में हुई है—सदियों बाद एक भरपूर खुली साँस ले पाने में समर्थ।

प्रथम स्राव : स्त्री-विमर्श में 'यौनत्व' का दावा महत्त्वपूर्ण है। स्त्री अपनी देह के बारे में कहने लगी है कि यह देह उसकी है और उसकी व्याख्या भी उसी की है। अपने शारीरिक परिवर्तनों के प्रति स्त्री का स्पंदन स्वानुभूति के आधार पर होना चाहिए।

स्त्री स्वयं अपना भाव है। इस भाव तक सर्जक होकर आना होता है। स्त्री के स्त्री होने का यह दावा हिन्दी की स्त्रीत्ववादी कविता का सर्वथा मौलिक दावा है और अनामिका की 'प्रथम स्राव' कविता हिन्दी की शायद पहली कविता है, जो प्रथम रजोस्राव के अनुभव को इस प्रकार एकाग्र करती है और उस वर्जित प्रदेश को विमर्श में ले आती है; जिसका आखेट—'लज्जा' में क़ैद करके अब तक किया गया

है। ऋतुमती होने की ऐसी व्याख्या मूलतः यौनत्व का नया दावा है। साहित्येतिहास में अब तक अनुपलब्ध और अचूक–

"कुंडलिनी-सी जगी बैठी
पलँग पर!
उसकी सफेद फ्राक और जाँघिए पर
किसी परी माँ ने काढ़ दिये हैं
कत्थई गुलाब रात भर में?
और कहानी के वे सात बौने
क्यों गुत्थमगुत्थी
मचा रहे हैं
उसके पेट में?
अनहद-सी बज रही है लड़की
काँपती हुई
लगातार झंकृत हैं उसकी जंघाओं में इकतारे
चक्रों-सी नाच रही है
वह एक महीयसी मुद्रा में
गोद में छुपाये हुए
सृष्टि के प्रथम सूर्य-सा
लाल-लाल तकिया!"[39]

रजोधर्म स्त्री की प्रकृति प्रदत्त प्रक्रिया है। उसको धार्मिक प्रतिबन्धों के घेरे में लाकर और निषिद्ध विषय के रूप में चित्रित करके स्त्री की अवमानना की गयी है। समाज में बद्धमूलक इस विचार पद्धति का मूलोच्छेद अत्यन्त आवश्यक है। एक अन्य कविता में स्त्री-देह की इस विशेषता को अशुद्धता बताते हुए नारी का पूजा स्थलों पर प्रवेश वर्जित करने का अनामिका तीव्र स्वर में विरोध करते हुए व्यंग्य करती हैं–

"ईसा मसीह
औरत नहीं थे
वरना मासिक धर्म
ग्यारह बरस की उमर से
उनको ठिठकाये ही रखता
देवालय के बाहर!"[40]

तसलीमा नसरीन भी अपनी पुस्तक 'औरत के हक़ में' मन्दिर-मस्जिद में स्त्री के प्रवेश निषिद्ध को पुरुष सत्तात्मक समाज की एक साजिश मानती हैं। ऋतुमति होना एक लड़की का स्रष्टा बनने की प्रक्रिया का वह लक्षण और परिवर्तन है, जिसके

बिना वह गर्भ धारण नहीं कर सकती। लेकिन पुरुष वर्ग क्या, स्वयं स्त्री भी इस विषय पर बात नहीं करना चाहती।

गर्भिणी स्त्री : अनामिका की कविताओं में यही लज्जा स्त्रीत्ववादी देह विमर्श बनकर उभरती है। हिन्दी साहित्य में गर्भिणी स्त्री के अनुभव तथा गर्भाशय में विकसित होने वाले भ्रूण का अनुभव कब आखिरी बार लिखा गया? शायद कामायनी में एक प्रसंग है–

"केतकी गर्भ सा पीला मुख
आँखों में आलस कर स्नेह,
कुछ कृशता नयी लजीली सी
कंपित लतिका सी लिए देह।"[41]

और अब अनामिका लिखती हैं–

"मेरे भीतर कुछ चल रहा है,
नहीं षड्यन्त्र नहीं, तन्त्र नहीं, मन्त्र नहीं,
क्या पता क्या?
पर कुछ घट रहा है
जैसे घटती है घटना–कुछ कर रहा है–
नहीं बढ़ रहा है भीतर-भीतर
बढ़ रहा है जैसे बढ़ती है नदी।"[42]

स्त्री देह के प्रजनन के चयन का विमर्श जो अब तक स्त्री के खिलाफ चलाया गया था उत्तर-आधुनिक वृत्तान्त में यही 'प्रतिमुख' कह दिया गया है। देह की वापसी के बाद देह का दावा है। प्रजनन के चयन का दावा, अनामिका की यह कविता देह के दावे को सशक्त ढंग से पेश करती है। कविता में इसका 'सेलिब्रेशन' है–

"देखो यहाँ बिल्कुल यहाँ–
नाभि के बीचों-बीच
उठते गिरते हथौड़ों के नीचे
लगातार जैसे कुछ ढल रहा है।"[43]

प्रसवकालीन स्त्री : सन्तानोत्पत्ति के केन्द्र के रूप में परिणत स्त्री को और इसमें स्वेच्छा न रखने वाली स्त्री को अपनी प्रसव वेदना का उद्घोष करने की जो आवश्यकता है, उसे स्त्रीवादी कवयित्रियों ने पहचाना है। अनामिका की इसी सन्दर्भ में एक कविता इस प्रकार है–

"यह मेरा सातवाँ था
ठीक-ठीक कहिए तो आठवाँ
इसको जानकर थोड़ा पछताई भी थी मैं
खून से लिथड़ा हुआ
यह मेरी जाँघों के बीच पड़ा था,

आँखें नहीं खुली थीं
नाल नहीं कटी थी।
कुछ था जो नहीं था
और कुछ नहीं था जो था।
ऐंठ रहे थे मेरे पाँव
बार बार छाती में
उछल रही थी डाल्फिन मछली।"[44]

बेशक प्रजनन की ऐसी दृश्यावली को प्रगल्भ जन 'अश्लीलत्व दोष' कहकर आलोचना करेंगे, लेकिन अनामिका प्रजनन को, प्रजनन की क्षमता को उत्सव के रूप में देखकर एक नया विमर्श गढ़ रही हैं। स्त्रीत्ववाद में प्रजनन की यह स्थापना बताती है कि स्त्रीत्ववाद का अर्थ 'सेक्सुअलिटी' के 'सोशल' से ही है। प्रजनन से इनकार इस अर्थ में एक प्रतिरोध भी है। प्रजनन देह का सम्भवतः सबसे विकट विमर्श है।

यह आडम्बर ही है कि हिन्दी साहित्य में हिन्दी कविता में प्रजनन कोई विषय नहीं, इसलिए नहीं क्योंकि जिनके हाथ में कवि कर्म का ठेका है, वे प्रजनन के विपक्ष में बैठे मर्द हैं और उस अनुभव से परे हैं, जो एक स्त्री की कोख स्त्री को देती है। साहित्य में यह लिंग भेद अनामिका बेहद स्थानीय ढंग से स्थापित करती हैं। मातृत्व और प्रजनन की स्थापना स्त्रीलिंगी विमर्श की स्थापना है। अनामिका मातृत्व की उदात्तता में जीवन के कई बहुमूल्य पक्षों को समेटकर स्त्री-विमर्श को बहुत आगे ले जाती हैं।

अनामिका की कविता में स्त्री विविध रूपों में आती है। कभी स्थानीय स्त्री के रूप में, कभी गृहस्थिन के रूप में, तो कभी प्रेमिका के रूप में, लेकिन माँ आती है बच्चे के साथ और सूरदासीय मातृत्व का विमर्श बनने लगता है। मातृत्व की गन्ध स्तन्य की गन्ध है, जो इस प्रकार व्यक्त होती है–

"माँ के नाखूनों से आती थी
बेसन की हल्की सी खूशबू
आँखों से
'मानस' की जर्जर प्रति से उठती
हल्की-सी खनिज गन्ध
गर्दन के पीछे से मकोय के फूलों की गमक
बेकरी से अभी-अभी बाहर आयी
गरम पावरोटी की भाप
और उसकी नरम-नरम छाती से
जनमतुआ बच्चों के बालों का

मीठा-सा ताप।"[45]

अन्तिमस्राव : प्रथमस्राव और माँ बनने की प्रक्रिया के बाद रजोनिवृत्ति भी एक ऐसी सामान्य शारीरिक प्रक्रिया है जिससे हर स्त्री को गुजरना पड़ता है—यही वह क्षण हैं, जहाँ से स्त्री-जीवन के नये अध्याय की शुरुआत होती है—

"अन्तिम रजस्राव, छुटकारा, परिवर्तन ऋतु का
बस और क्या!....
यात्रा शुरू होती है अनन्त की
'डेट' और 'गेट' से निकलकर ही।"[46]

ढलती उम्र के इस पड़ाव पर ही शायद स्त्री को अपने वजूद की पहचान से साक्षात्कार करने का अवसर मिलता है। जीवन की हर सच्चाई को वह नजदीक से देखती है तथा हर चेहरे की असलियत पहचानती है, तभी तो अनामिका इन क्षणों को इस प्रकार वाणी देती हैं—

"चौथाई खर्चे में कर लेगी
एक ट्रंककाल
अपने वजूद को।
उससे तो बातचीत
कितने दिनों की
पड़ी है अधूरी।"[47]

जिन्दगी की आपाधापी से मुक्त केवल यही समय अपना होता है स्त्री के पास।

निष्कर्ष : स्त्री-मुक्ति का प्रश्न जटिल प्रश्न है और बहुत जल्दी इसका समाधान भी सम्भव नहीं है। धैर्य और लम्बे संघर्ष तथा गहरे संकल्पों के साथ उससे जूझने-टकराने की जरूरत है। स्त्री-विमर्श की पहली शर्त है—'व्यक्ति के रूप में स्त्री की पहचान'। नारी को व्यक्तिगत स्तर पर सामन्ती मूल्यों, धार्मिक अन्धविश्वासों व रूढ़ियों के खिलाफ आवाज उठानी होगी। उपवास, पूजा-पाठ, पति को परमेश्वर मानने की परम्परा, पति, बच्चों और परिवार की समृद्धि के लिए किये जाने वाले उपवासों से, इन रूढ़ियों से स्वयं को स्वतन्त्र करना होगा।

अनामिका का स्त्री-विमर्श बहुत व्यापक है और वह स्त्री के प्रति सकारात्मक पक्षपात की बात करता है। अनामिका की कविताओं में स्त्री प्रश्न, स्त्रियों की समस्याएँ, स्त्रियों के यौन सम्बन्धी निजी अनुभव, गर्भधारण करने की अनुभूति, मातृत्व का सुख सभी का वर्णन मिलता है। स्त्री अपने विविध रूपों में उपस्थित है। पति-पत्नी के सम्बन्धों में पसरा रेगिस्तान, बढ़ती खायी और इससे उत्पन्न स्त्री का संत्रास तथा सम्बन्धों में रहने की विवशता भी परिलक्षित होती है। नारी जीवन के एकाकीपन की ऊब-छटपटाहट सभी को वर्ण्य विषय बनाया है अनामिका ने अपनी

कविताओं में।

स्त्री-विमर्श के परिप्रेक्ष्य में कहें तो अनामिका की कविताएँ समय और समाज के जीवन की वास्तविकताओं तथा सम्भावनाओं को तलाश करने वाली स्त्री दृष्टि है। अनामिका अपनी कविताओं में पूरी तरह से शामिल हैं। उनकी शक्ति उनके लिखे शब्द ही हैं। ये महज शब्द नहीं हैं, बल्कि बीज हैं, उन तमाम आन्दोलनों के, जो हो चुके हैं या होने वाले हैं—स्त्री की मुक्ति के लिए, स्त्री के सम्पूर्ण व्यक्तित्व के लिए। कहना अनुचित न होगा कि अनामिका अपनी कविताएँ स्त्री स्वभाव के अनुसार बुनती हैं और सिलती हैं।

सन्दर्भ

1. अनामिका, गृहलक्ष्मी, दूब-धान, पृ. 84
2. अनामिका, उड़ान, बीजाक्षर, पृ. 52
3. अनामिका, प्रत्यभिज्ञा, दूब-धान, पृ. 102
4. डॉ. कृष्णा जून, शिवानी के उपन्यासों में नारी-विमर्श, पृ. 3 से उदधृत
5. अनामिका, रामायण के पृष्ठ पलटते हुए, शीतल स्पर्श एक धूप का, पृ. 17
6. अनामिका, तुलसी का झोला, दूब धान, पृ. 17
7. वही, पृ. 18
8. वही, पृ. 21
9. अनामिका, राधा की बेटियाँ, दूब-धान, पृ. 25
10. अनामिका, बेजगह, खुरदुरी हथेलियाँ, पृ. 15
11. अनामिका, पन्नों की फटती छाती पर, पहल-89, पृ. 272
12. अनामिका, स्त्रियाँ, खुरदुरी हथेलियाँ, पृ. 13-14
13. अनामिका, दादी का जम्पर, समय के शहर में, पृ. 18
14. अनामिका, बीजाक्षर, पृ. 13
15. अनामिका, भिन्न, अनुष्टुप, पृ. 51
16. अनामिका, मुक्ति, अनुष्टुप, पृ. 88
17. अनामिका, हाशिया, अनुष्टुप, पृ. 96
18. अनामिका, अग्नि, अनुष्टुप, पृ. 88
19. अनामिका, लोरी की चिड़िया, बीजाक्षर, पृ. 31
20. अनामिका, नारी, अनुष्टुप, पृ. 63
21. अनामिका, वनमेथी और महाश्वेता देवी, खुरदुरी हथेलियाँ, पृ. 106
22. अनामिका, अनुवाद, अनुष्टुप, पृ. 44
23. अनामिका, चीख, खुरदुरी हथेलियाँ, पृ. 43
24. प्रमिला के.पी., स्त्री मुक्ति और कविता, पृ. 3
25. प्रभा खेतान, उपनिवेश में स्त्री, पृ. 53
26. अनामिका, आदि प्रश्न, अनुष्टुप, पृ. 58
27. अनामिका, काजल, खुरदुरी हथेलियाँ, पृ. 18

28. अनामिका, विसंगति, अनुष्टुप, पृ. 30
29. अनामिका, आदि प्रश्न, अनुष्टुप, पृ. 18
30. अनामिका, ईश्वर, अनुष्टुप, पृ. 13
31. अनामिका, पुराने प्रेमी का सन्देश, समय के शहर में, पृ. 95
32. अनामिका, एक अजब सा वियोग, खुरदुरी हथेलियाँ, पृ. 81
33. अनामिका, एक सार्वजनिक चौका, दूब धान, पृ. 62
34. अनामिका, हितोपदेश, अनुष्टुप, पृ. 34
35. अनामिका, पतिव्रता, खुरदुरी हथेलियाँ, पृ. 29
36. अनामिका, डाक टिकट, खुरदुरी हथेलियाँ, पृ. 88
37. अनामिका, कविता में औरत, पृ. 26
38. रमणिका गुप्ता, समकालीन भारतीय साहित्य, अंक 77, मई-जून, 1988, पृ. 152
39. अनामिका, प्रथमस्राव, अनुष्टुप, पृ. 28-29
40. अनामिका, मरने की फुर्सत, दूब धान, पृ. 28
41. प्रसाद, कामायनी, पृ. 154
42. अनामिका, अन्तःसत्वा, बीजाक्षर, पृ.29
43. अनामिका, अन्तःसत्वा, बीजाक्षर, पृ. 29
44. अनामिका, ईश्वर, बीजाक्षर, पृ. 68
45. अनामिका, गन्ध बीजाक्षर, पृ. 59
46. अनामिका, एक्सपायर्ड मेडिसिन, अनुष्टुप, पृ. 22
47. अनामिका, पचास, अनुष्टुप, पृ. 59

पारिवारिक परिप्रेक्ष्य में स्त्री

विषय प्रवेश : प्रारम्भिक काल में स्त्रियाँ आत्मनिर्भर और स्वायत्त थीं। कालान्तर में उसे भूमि और सम्पत्ति का पर्याय बना दिया गया, जिससे उसकी सृजनशीलता कुंठित हुई। सृजन स्त्री का स्वभाव है और घर उसका आविष्कार; लेकिन घर, परिवार और विवाह को बनाये रखने की ज़िम्मेदारी केवल स्त्री पर ही डाली जाये यह तो उचित नहीं?

प्रकृति के सिद्धान्त के अनुसार नर-नारी की युगल सृष्टि से ही यज्ञ सम्पन्न होता है। नर-नारी की शारीरिक भिन्नता के उपरान्त भी दोनों अर्द्धनारीश्वर के सिद्धान्त पर कार्य करते हैं। भारतीय धर्म एवं दर्शन में ऐसी मान्यता है कि शक्ति के बिना शिव शव के समान हैं। 'शतपथ ब्राह्मण' में कहा गया है—पत्नी पुरुष की आत्मा का आधा भाग है। महाभारत भार्या को मनुष्य का आधा भाग तथा श्रेष्ठतम मित्र मानता है। पत्नी के रूप में नारी को पुरुष के सम्पूर्ण दुखों की एकमात्र औषधि बताया गया है।

मानव-जीवन में सामरस्य की खोज में हुए विमर्श का परिणाम ही समाज की परिवारिक व्यवस्था है। जीवन की सार्थकता मानवीय सम्बन्धों की ऊष्मा में ही है और सम्बन्धों के पनपने की स्वाभाविक जमीन परिवार है। परिवार के रूप में स्त्री और पुरुष ने अपनी रागात्मक वृत्ति को आधार बनाकार अपनी आवश्यकताओं की पूर्ति के लिए एक ऐसी सामाजिक संस्था का विकास किया, जिसका विस्तार ही सामाजिक संरचना और जीवन के अनेक सन्दर्भों पर आधारित सामाजिक व्यवस्था है।

पारिवारिक संस्था में सन्त्रस्त स्त्री : घर और परिवार से स्त्री का नाभिनाल का सम्बन्ध है। घर भले ही अब आधुनिक हो गया हो, मगर उसकी सत्ता स्त्री को हमेशा से ही शासित करती रही है। इसी सत्ता की पहचान वह आज कर रही है और तीखे प्रश्न कर रही है। आधुनिक काल में यदि यह कहें कि स्त्री परिवार-कुटुम्ब आदि की रागात्मकता, स्त्री संरक्षण की मिथ्याभासी सहृदयता और पूँजीवादी समाज की छद्म स्त्री स्वाधीनता के तमाम आवरणों को भेदकर पुरुषवर्चस्ववाद की सर्वव्यापी सत्ता को कठघरे में खड़े करने को तत्पर है तो अतिशयोक्ति न होगी। बद्धमूल संस्कारों पर चोट कर वह पुरुष सत्ता को चुनौती दे रही है। घर और परिवार के प्रति यही विद्रोह के स्वर हमें अनामिका की कविताओं में मिलते हैं, जहाँ स्त्री प्रश्न कर रही है—

"शायद यह घर मेरा है,

किसका है ये ज़लज़ला?

× × ×

ये मालिक क्या होता है?
क्या होता है किसी का होना?

× × ×

बहुत प्यार करता है जो मुझको
किसका है?
किसकी हैं तनी हुई भवें
और किसका है
यह मुझपर लहराता चाबुक है?''[1]

अनामिका के यहाँ पारिवारिक मूल्यों और उसके अनुशासन को लेकर बहस छिड़ी है, क्योंकि स्त्रीवादी लेखिकाओं का मानना है कि भारतीय परिवारों की संरचना दमनकारी, उत्पीड़नकारी और पितृक है, जो स्त्री को उपनिवेश बनाती है। पितृसत्तात्मक व्यवस्था ही परिवार के नियम, कानून, मान्यताएँ, स्त्री को अनुकूलित करती हैं। एंगेल्स की पंक्तियों को यहाँ उद्धृत करना चाहती हूँ। उन्होंने आधुनिक वैयक्तिक परिवारों में नारी की स्थिति का आकलन करते हुए कहा था कि–''आधुनिक वैयक्तिक परिवार नारी की खुली और छिपी हुई घरेलू दासता पर आधारित है और आधुनिक समाज वह समन्वय है, जो वैयक्तिक परिवारों के अणुओं से मिलकर बना है। आज अधिकतर परिवारों में पुरुषों को जीविका कमानी पड़ती है और परिवार का पेट पालना पड़ता है, इससे परिवार में उसका आधिपत्य क़ायम हो जाता है और उसके लिए किसी कानूनी विशेषाधिकार की आवश्यकता नहीं पड़ती। परिवार में पति बुर्जुआ होता है और पत्नी सर्वहारा की स्थिति में होती है।''[2] घरेलू श्रम को श्रम के रूप में लिया ही नहीं जाता। यह मान लिया जाता है कि यह तो स्त्री की साँसों की तरह स्वाभाविक है। घर के नित्य के कार्य धूल झाड़ना, चौका-चूल्हा से स्त्री का सहज स्वाभाविक सम्बन्ध स्वतः ही जुड़ जाता है।

सम्बन्धों के बीच आत्मीयता की तलाश: पारिवारिक घुटन और संत्रास से व्यथित मन घर की जड़ चीजों में भी आत्मीयता खोजकर प्रश्न करने लगता है। अनामिका की 'फर्नीचर' कविता स्त्री के इन्हीं सवालों को वाणी देती है, जिसमें फर्नीचर से प्रश्न पूछती है स्त्री–

''मैं उनको रोज झाड़ती हूँ
पर वे ही हैं इस पूरे घर में
जो मुझको कभी नहीं झाड़ते।''[3]

लेकिन मन में व्याप्त भय अगली पंक्तियों में यूँ व्यक्त होता है–

''जब आदमी ये हो जाएँगे,

मेरा रिश्ता इनसे हो जायेगा क्या
वो ही वाला
जो धूल से झाड़न का?''[4]

अनामिका ने स्त्री दुख की पीड़ा को व्यक्त करने के लिए जिन चीज़ों का एवं अनुभूति के जिन क्षणों का चयन किया है, वह उसके रचनाकार व्यक्तित्व की गहराई को सामने लाता है। बेजान वस्तुएँ भी कुछ कहती, कुछ सहती, तटस्थता बरतते हुए भी जीवन्त प्रतीत होती हैं। नारी के अन्तर में स्वत्व का अहसास जगता तो है, पर पितृव्यवस्था इतनी हावी है कि यथास्थिति बनी हुई है।

परिवार का स्त्री के प्रति तानाशाही अनुशासन को बारीकी से देखते हुए अनामिका टिप्पणी करती हैं कि–''स्त्रीवादी समीक्षा का एक बड़ा अवदान यह है कि वैयक्तिक अनुभूतियों का सामाजिक सन्दर्भ इसने सम्भव बनाया और बताया है कि जिसे स्त्रियाँ वैयक्तिक विफलता मानकर घुटती रहती थीं, उस असमंजन और असमंजस का मूल उस पूर्वग्रस्त, पितृसत्तात्मक समाज में है, जिसके शिकार पुरुष भी हैं; क्योंकि दरअसल यह स्त्री और पुरुष दोनों का सम्यक विकास अवरुद्ध करता है। दोनों का जीवन विषाक्त करता है। एक को भेड़ और दूसरे को भेड़िया बना डालता है तो दोनों ही मानवीय गरिमा से नीचे गिरते हैं।''[5]

द्वितीया के रूप में स्त्री : जब परिवार में स्त्री का दर्जा दोयम हो, घर और बच्चों की देखभाल तक उसकी जिम्मेदारी सीमित हो, उसका अपना कोई स्वतन्त्र व्यक्तित्व न विकसित हो सकता हो, तब वह परिवार में उपस्थित होकर भी स्वयं को अनुपस्थित समझने लगती है। ऐसी ही अभिव्यक्तिपरक एक कविता इस प्रकार है–

''लोग दूर जा रहे हैं–
हर कोई किसी से दूर–
लोग दूर जा रहे हैं
और बढ़ रहा है
मेरे आस-पास का स्पेस।''[6]

परिवार में रहते हुए भी स्त्री अकेली है। महत्त्वाकांक्षाएँ हैं, परन्तु पति, बच्चों और घर के कामों के चलते अपने लिए तो सोचने का वक्त ही कहाँ है? 'समय का धन्यवाद' देती है कि 'मेरी घड़ी बन्द है'। धन्यवाद देती है कि समय मेरी तरह रुका नहीं बल्कि गतिमय रहा, बढ़ता गया। सत्य भी तो है कि विवाहित के तो गर्भ में ही एक महासुरक्षित शब्द पलता है 'हित' अर्थात् सब का हित करने की प्रबल भावना।

उमा चक्रवर्ती के शब्दों में–''पितृसत्ता की सबसे मुख्य चीज़ है पुरुष द्वारा स्त्री का नियन्त्रण और प्रकृति में या स्त्री पुरुष की प्राकृतिक बनावट में ऐसा कुछ नहीं है जो पुरुष द्वारा स्त्री के नियन्त्रण को आवश्यक बनाये। यहाँ हमें 'सेक्स' और 'जेंडर'

के फर्क को हमेशा ध्यान में रखना चाहिए। सेक्स प्राकृतिक चीज़ है, जबकि 'जेंडर' समाज द्वारा गढ़ी हुई चीज़ है। प्रकृति में ऐसा कुछ नहीं है, जो स्त्री को स्वाभाविक रूप से पुरुष के अधीन रहने और घरेलू काम करने की बाध्यता पैदा करे।"[7]

दाम्पत्य सम्बन्धों में स्त्री : समाज के स्वस्थ विकास के लिए विवाह एक अनिवार्य आवश्यकता है और विवाह का आधार क्या होना चाहिए? उत्तर है 'प्रेम' और इसके लिए आवश्यक है कि एक दूसरे के मनोभावों को पूरी निष्ठा से समझना और यथासम्भव उसके अनुकूल अपने को ढालना भी। तुलसीदास जी ने भी कहा है—'जाने बिनु न होंहिह परतीती, बिनु परतीती होंहि नहिं प्रीति।' नारी का विवाह सम्बन्धों में शोषित होकर उसका विकास अवरुद्ध हो गया है और जिस समाज का आधा हिस्सा पंगु और बीमार रहेगा, उस समाज को उन्नत और विकसित कैसे कहा जा सकता है? विवाह नारी को पुरुष की व्यक्तिगत सम्पत्ति बना देता है।

भारतीय समाज में अनेक दम्पति सामाजिक मर्यादा और परिस्थितियों के दबाव के चलते दाम्पत्य जीवन की पीड़ा को ताउम्र बर्दाश्त करते हैं। केट मिलेट के शब्दों में, "जहाँ कहीं जाति प्रथा है, वहाँ औरतों की जाति सबसे नीची है। जो औरतें अपने लिए निर्देशित भूमिका निभाने से विद्रोह करती हैं, उन्हें निर्दयतापूर्वक सजा दी जाती है। चाहे हिन्दू हो या चाहे मुस्लिम, औरत को अपने परिवार की इज्जत का ध्यान रखना पड़ता है। यह इज्जत वास्तव में उसके भाई, पिता, पति और पुत्रों का पौरुषी स्वत्व व घमंड है, जिस पर औरत को अपनी वैयक्तिक इच्छा, रुचि व जरूरत को न्यौछावर कर देना पड़ता है।"[8]

घरेलू हिंसा : विवाह सम्बन्ध और उसमें प्रायः निहित अनाचार स्त्री लेखन की प्रमुख चिन्ताओं में से एक हैं। इस परिप्रेक्ष्य में कविता के क्षेत्र में स्त्रियों ने अधिक बेबाकी और आत्मीयता से अभिव्यक्ति भी की है। अनामिका की कविताएँ इसका अत्यन्त सजीव और मार्मिक चित्र पाठक के समक्ष प्रस्तुत करती हैं। मारपीट, क्रूरता, अभद्रता और परिवार तथा समाज में तिरस्कार को शताब्दियों से स्त्री नियति मानकर सहन करती आ रही है। विवाह सम्बन्धों में स्त्री की दयनीय दशा को अनामिका ने इस प्रकार लेखनीबद्ध किया है, जिसमें एक औरत स्वयं को सम्बोधित कर रही है—

"पीठ नीली
चेहरा पीला
लाल आँखें और
जख्म हरे—
क़ुदरत के सब रंगों की बोतल
उलट-पलट जाती है मुझ पर
उनके आते ही!"[9]

पुरुष की असंवेदनशीलता : विचित्र ही है कि पति-पत्नी के रिश्ते में देह तक की

यात्रा जितनी सहज होती है, मन तक पहुँचने की उतनी ही कठिन। लेकिन ऐसा नहीं है कि पति या पुरुष इस अनाचार से अनभिज्ञ है। प्रत्यक्ष में वह कहता कुछ नहीं, पर अन्तर्मन में पत्नी की मृत्यु से संघर्ष की स्थिति उसे आन्दोलित कर देती है—लेकिन केवल इस पक्ष में कि वह अब सताएगा किसे? अनामिका इस भाव को शब्दों में यूँ अभिव्यक्ति देती हैं—

"ई.सी.जी. कक्ष में
बिजली के तारों से बिंधी हुई
लेटी हुई टेबल पर
एकटक देख रही है मुझको
अपनी उस फीकी मुस्कान के साथ
जो इतने दिन वह मुस्कायी
मेरे हर अनाचार पर!.....

....

अब किसको तंग करूँगा, छेड़ूँगा किसको?"[10]

असंवेदनशीलता की पराकाष्ठा शायद इसे कहा जाये तो अनुचित न होगा। प्रसिद्ध साहित्यकार तसलीमा के शब्दों में, "सभी पुरुष, स्त्री के सिर्फ जिन्दा रहने तक ही उसे पसन्द करते हैं, क्योंकि स्त्री की उनको जरूरत है भोग के लिए, वंशबेल बढ़ाने के लिए। स्त्री के बगैर न तो पुरुष का भोग सम्भव है और न ही वंश रक्षा। स्त्री के बिना पुरुष के लिए अधिकार जताने, ताकत आज़माने, ऊँचे स्वर में बोलने और शारीरिक बल दिखाने की कौन सी जगह रह जायेगी।"[11]

सुप्रसिद्ध लेखक राजेन्द्र यादव भी स्त्री की दयनीयता, लाचारी और विवशता के लिए एकमात्र जिम्मेदार पुरुष को ही मानते हैं। इस विषय में उनका कथन द्रष्टव्य है—"विडम्बना यहाँ भी यही है कि मूल स्रोत होने के बावजूद परिवार भी स्त्री का अपना नहीं होता, वह भी बाप, पति या बेटे का होता है। हाँ, उसकी मर्यादा और हितों की रक्षा वह जान देकर भी करती है। वह उस परिवार की इज्जत होती है, मगर उस इज्जत की परिभाषा परिवार का केन्द्रीय पुरुष तय करता है—जिसके पीछे धर्म, संस्कृति, वंश और रक्त परम्पराएँ होती हैं।...उसे कही या अनकही सख्त हिदायतें होती हैं कि अपना सारा जीवन और संसाधन वह सिर्फ परिवार के संवर्धन और संरक्षण में लगाये रखेगी।"[12]

विवाह के प्रति सशंकित नारी : विवाह सम्बन्धों में व्याप्त इस कटुता ने आज विवाह प्रथा को एक सन्देहास्पद स्थिति में लाकर खड़ा कर दिया है, एक प्रश्नचिह्न लगा दिया है। लड़की अपना घर जिस 'ढाई आखर प्रेम' के कारण छोड़कर पति के घर आती है, उसी के प्रति सशंकित रहती है। विवाह की रस्मों के बीच उसकी यह प्रश्नाकुलता उसकी आशंका को अधिक बल देती है—

"क्या प्रेम में पड़ना खटाई में पड़ना है, अम्मा?
जो मुझे प्रेम करेगा—
क्या मुझको ले देगा वह उड़नखटोला
या बहला-फुसलाकर
ये मेरे बचे-खुचे पंख भी
खचाक् नोच लेगा?"[13]

सामंजस्य स्थापित करती स्त्री : एक अजीब से विरोधाभास में जीती हैं स्त्रियाँ। पारिवारिक सम्बन्धों में पति सखा न होकर मालिक होता है और पत्नी क्षमा और धैर्य की प्रतिमूर्ति बन उसकी सेवा में सदैव उपस्थित रहती है। इस सत्य को अनामिका यूँ उद्‌घाटित करती हैं—

"घर में घुसते ही
जोर से दहाड़ते थे मालिक और
एक ही डाँट पर
एकदम पट्‌ट
लेट जाती थीं वे
दम साध कर।"[14]

अनामिका की कविताएँ भारतीय परिवारों में स्त्री की दुखद स्थिति का एक आईना हैं—

"हाँ, तुम्हारा पिन-कुशन हूँ—
हर नुकीली बात तुम मेरे हृदय में घोंपकर
फ़ासलों की फाइलें बढ़ाते हुए।"[15]

ये पंक्तियाँ दाम्पत्य सम्बन्धों में स्त्री-मन की वेदना को उद्‌घाटित करती हैं। साथ रहते हुए भी फ़ासले बढ़ते जाते हैं। बीमारी भी जहाँ स्त्रियों के लिए एक फुर्सत या उत्सव की तरह आती है। 'हाथ का प्लास्टर' कविता में अनामिका कहती हैं—"केंचुल उतरते ही यह हाथ औरत का फिर से पिटारे में हो जायेगा बन्द और अगर नाचा भी तो उसी पुरानी बीन पर नाचेगा।"[16] यानी स्थिति वही ढाक के तीन पात वाली। इतना दुराचार सहकर भी विडम्बना यही है कि स्त्री घर की परिधि, उसकी सरहद को छोड़कर जाना नहीं चाहती। जब तब पतिदेव 'गेट आउट' कह देते हैं और पालतू जानवर की तरह जरा सी गलती या भूलचूक पर घर से बाहर का रास्ता दिखा देते हैं, परन्तु घर के बाहर जीवन की कोई सम्भावना न पाकर वह घर में रहकर ही सब सहने को विवश रहती है—

"रोज निकाला जाता है मुझको!
रोज़ केचुएँ की तरह
गुड़ी-मुड़ी हो

फैल जाती हूँ फिर से!''[17]

पराश्रित स्त्री : पति पर निर्भरता का भाव ही है जो उसकी हर गलत बात को भी वह सही मानती है। आत्मदया के भाव में जीती हैं स्त्रियाँ–

''वे कहते हैं और कहते हैं ठीक–
अपनी औकात जाननी चाहिए, पैर उतने ही पसारिए
जितनी लम्बी सौर हो।''[18]

वस्तुतः एक स्त्री का अपने पारिवारिक जीवन को देखना पुरुष की दृष्टि से भिन्न है। उसके लिए परिवार जितना दिखता है, उससे कहीं अधिक बड़ा और महत्त्वपूर्ण है। समाज की सोच घर से बाहर निकली औरत के लिए आज भी सहज नहीं है। उसी मानसिकता के दर्शन इस कविता में होते हैं–

''जिनका कोई घर नहीं होता–
उनकी होती है भला कौन-सी जगह?
कौन-सी जगह होती है ऐसी
जो छूट जाने पर
औरत हो जाती है
कटे हुए नाखू नों
कंघी में फँसकर बाहर आये केशों सी
एकदम से बुहार दी जाने वाली?''[19]

यही कारण है इतनी विषम परिस्थितियों में भी स्त्रियाँ पुरुषों के दबे ढँके मनुष्यत्व में आस्था नहीं छोड़तीं। पहले शायद वे सम्बन्ध निभाती थीं आर्थिक परतन्त्रता के कारण, लेकिन अब आर्थिक रूप से स्वतन्त्र होने के बाद भी वह अपने स्वाभाविक गुण–'क्षमा' और शायद समाज में परिवार की इज्जत बनाये रखने की खातिर पति से विरोध होते हुए भी अपनी समझौतावादी मानसिकता के कारण संस्कारवश सब सहती चली जाती है। 'पतिव्रता' कविता में भी यही भाव व्यक्त है–

''काम बहुत रहता है इनको
ठीक नहीं रहती तबीयत भी।
अब छाती में इतना जोर कहाँ–
चिल्लाएँ, झिड़कें या पीटें ही बेचारे।
धीरे-धीरे मैं भी हो ही गयी पालतू।
बीमार से रगड़ा क्या, झगड़ा क्या
मैंने साध ली क्षमा।''[20]

इन पंक्तियों में स्त्री की आन्तरिकता को अपदस्थ करके उसे पालतू बनाने की पद्धति का चित्रण अनामिका ने बड़े सशक्त ढंग से किया है।

इस सन्दर्भ में सिमोन द बाउवार का कथन देखने योग्य है–''औरत अपनी

शरीर संरचना और स्थितियों के कारण औरत है। इतिहास में हमेशा से औरत पुरुष की अधीनस्थ रही है। औरत के मामले में अन्यता का सवाल इतना निरपेक्ष और अपने आप में पूर्ण इसलिए प्रतीत होता है कि वह ऐतिहासिक तथ्यों की न तो कोई आकस्मिक घटना है और न किसी खास सामाजिक बदलाव का परिणाम। यदि औरत की स्थिति प्राकृतिक मान ली जाये तो यह बदलाव की सम्भावना से परे हो जाती है। औरत अपने आप को एक ऐसी अनावश्यक वस्तु मानती है, जो कभी अनिवार्य नहीं हो सकती। इसलिए औरत स्वयं उस परिवर्तन को लाने में असमर्थ रही है। सर्वहारा अपने वर्ग को 'हमलोग' कहकर सम्बोधित करता है.... किन्तु औरत अपने आपको हम लोग कहकर सम्बोधित नहीं करती।''[21]

दरअसल स्त्री टूटती नहीं, तोड़ी जाती है; कभी समाज के द्वारा और कभी स्वयं के द्वारा। ये अहसास अनामिका की कविता में कुछ इस प्रकार व्यक्त होते हैं–

''मैंने तोड़ा खुद को
कूट-कूटकर
धूल-धूल कंकड़ी कंकड़ी हुई
उड़ी तो कभी आँखों में किरकिरी-सी
गिरी धँसी तो नींव में जो पड़ी।''[22]

टूटकर भी स्त्री अपना अस्तित्व खोती नहीं है, जहाँ जिस स्थिति में होती है; अपने होने का अहसास कराती है।

सम्बन्धों से मुक्तिः सत्य तो यही है कि पुरुष साहित्यकारों की नज़र में 'परिवार' का दर्जा सबसे ऊँचा रहा है, इस परिवार को बचाने में स्त्री का क्या बनता है उसके दुख, उसके स्वास्थ्य तथा बार-बार सन्तानोत्पत्ति से उसकी देह पर क्या बीतती है, ये सवाल प्रायः साहित्य से गायब रहे हैं। पुरुष तो उस परिवार को बचाने के पक्ष में रहे हैं, जिसके केन्द्र में वह स्वयं रहे हैं, जहाँ उसका एकाधिपत्य है। लेकिन इसे भी नकारा नहीं जा सकता कि जब-जब स्त्रियों को मौका मिला है, उन्होंने अपने ऊपर लादे हुए गृहस्थी के जुए को उतार फेंका है। यह बात आज से ढाई हजार साल पहले थेर गाथाओं में बौद्ध भिक्षुणियों द्वारा लिखित कविताओं में भी दृष्टिगत होती है–स्त्रियाँ जिस चीज़ को प्राप्त कर सर्वाधिक खुश हो रही हैं, वह है–आज़ादी। आज़ादी सिर्फ अपने पति या पुरुष से नहीं हर किस्म के बन्धन से–

''कितनी आजाद हूँ मैं
कितनी अनोखी है आजादी
तीन तुच्छ वस्तुओं से मुक्त
मुक्त, ओखली, मूसल और अपने टेढ़े मालिक से
पुनर्जन्म और मृत्यु से मुक्त हूँ मैं
जिसने दबाये रखा था मुझे

वो सब अब दूर फिंक चुका है।"[23]

अन्तर्द्वन्द्व : आमतौर पर देखा जाये तो स्त्री का अपना कोई निजी संसार नहीं होता है। उनका जो कुछ होता है, वह केवल परिवार के लिए होता है; लेकिन कभी-कभी जिन्दगी की ऊहापोह में स्त्री कुछ क्षण अपने लिए निकालना भी चाहती है तो पत्नी और माँ के कर्त्तव्यों को वहन करते हुए अपनी इच्छाओं का दमन कर देती है। नारी के भीतर की इस बेचैनी और कशमकश को अनामिका कुछ इस प्रकार व्यक्त करती हैं–

"एक दिन पुच्छल तारे की बेचैनी में
सिर धुनकर
बृहस्पति से टकराने से पहले
मैंने सोचा–
मेरे पीछे इतने बड़े कुनबे का
आखिर क्या होगा?
यह सोचकर मैंने टक्कर स्थगित की,
और मन बदलने की खातिर
घर की छोटी-मोटी चीजों के बारे में
सोचने लगी।"[24]

'सूली ऊपर सेज पिया की' कविता स्त्री के इसी अन्तर्द्वन्द्व को दर्शाती है, जिसमें स्त्री 'टू बी और नॉट टू बी' का प्रश्न उठाती है और स्वयं ही 'क्यों नहीं लौटूँ मैं भी' के जवाब के साथ लौट भी आती है। भीतर एक कशमकश अनवरत चलती रहती है, जीने और मरने की; लेकिन जीत हमेशा घर की होती है। स्त्री के प्रकृतिप्रदत्त गुण-प्रेम, त्याग, समर्पण, सहनशीलता, धैर्य आदि उसे इस तरह गृहस्थी में बाँधे रहते हैं कि मुक्त होना सम्भव नहीं। विषम परिस्थितियों से समझौता कर वह अपना सम्पूर्ण जीवन घर के लिए होम कर देती है।

दमित इच्छाओं की पूर्ति : मारपीट हो या बलात्कार या मान-मर्दन का सिलसिला जिसे साइकिक रेप भी कहते हैं; सब इस बात के प्रमाण हैं कि औरतों में होता है एक कोई अग्निपाखी, जो अपनी ही राख बदन से पोंछकर फिर उठ बैठने की शक्ति उसमें पैदा करता है और जब कुछ क्षण उसे अपने लिए मिल जाते हैं तो वह वो सब करना चाहती है, जिसमें उसकी खुशी है। ऐसी ही एक कविता में अनामिका अन्तर्मन के उल्लास को प्रकट करती हैं–

"मुझे मिला थोड़ा सा एकान्त!
पहले तो मैंने सीटी बजाई,
फिर खेली खुद से अन्ताक्षरी
सब पुराने गानों की!....

और जाना पहली बार—
चित भी मेरी, पट भी मेरी का
हेहर उल्लास!''[25]

इस सन्दर्भ में अनामिका का वक्तव्य है—''स्त्री समुदाय तो अक्सर न घर का होता है, न घाट का। माँ-बाप के घर यही सुनते हुए कान पक जाते हैं कि पराई अमानत हो, आन गाँव जाना है, मेहमान हो चार दिन की। यानी हमारा घर तो तुम्हारी सराय है, पड़ाव है, छोटी सी प्रशिक्षण स्थली है।''[26] इसीलिए जब थोड़ा-सा समय अपने लिए मिलता है तो उसे वह अपनी इच्छानुसार जीना चाहती है—निर्बाध, निर्बन्ध।

स्त्री-पुरुष सम्बन्ध प्रारम्भ से ही सृष्टि की जिज्ञासा रहे हैं और जिज्ञासा का कोई अन्त नहीं है। पिछले हजारों वर्षों से स्त्री ने पुरुष को और पुरुष ने स्त्री को और दोनों ने एक-दूसरे के सन्दर्भ में अपने आपको पहचानने की और देखने की अनवरत कोशिश की है, लेकिन परिणाम अभी शेष है।

दाम्पत्य सम्बन्धों में रिक्तता : यथार्थ तो यह है कि स्त्री-पुरुष सम्बन्ध एक असम्भव स्थिति है—वह स्वर्ग भी है और नरक भी। सामाजिक सन्तुलन के लिए स्त्री-पुरुष सन्दर्भ में समानता का भाव होना अत्यन्त आवश्यक है—यही स्त्री-पुरुष की माँग है। असमानता की भावना दोनों के सन्दर्भ को कटु बना देती है। स्त्री-पुरुष सन्दर्भ के बीच पसरा यह रेगिस्तान अनामिका की कविताओं का विषय भी बना है—

''एक तरफ
कुहनी पर अधलेटा
मरघट वैराग्य,
दूसरी तरफ जिन्दगी
घुटनों पर सर रखकर
सोचती हुई कुछ उपाय!

....

बीच में तकिया—
जैसे कि आँख मूँद,
कान ढाँप
लेटा हो
डर के मारे
अधमरा बच्चा
माँ-पापा की आपसी
भीषण लड़ाई के बाद।''[27]

मानव सम्बन्धों में साथ-साथ रहते शारीरिक सन्दर्भ के बनते हुए भी एक

अजनबीपन बराबर बना रहता है, लेकिन इस अजनबीपन, अनबोलेपन में भी जीवन गतिमान रहता और सन्दर्भ में आया ठंडापन जीवन की नियति बन जाता है–

"दो तोषक फटे हुए
लेटे हुए तो हैं
अगल-बगल, बिल्कुल निस्पंद!
जो चादर
उन्हें एक होने का
देती रहती थी भरम–
फट गयी है।"[28]

सम्बन्धों की इसी कृत्रिमता और खोखलेपन की ओर संकेत करते हुए सार्त्र का कहना है कि–"यह हमारे अस्तित्व में दीमक के कीड़ों की तरह है, जो हमारी वास्तविकता समाप्त करते हैं और हम पर इतना दबाव डालते हैं कि हम सहज ढंग से व्यवहार भी नहीं कर सकते। काफ्का ने तो अपनी डायरी में यहाँ तक लिखा है कि ये हमारी मानवीयता को समाप्त करते हैं और हमें ठीक ढंग से मनुष्य नहीं बने रहने देते।"[29]

विवाह संस्था में स्त्री एक देह के रूप में वस्तुकृत होती रही है जिसे पुरुष अपनी वहन क्षमता के अनुसार रखता या छोड़ता रहा है। शादी से पति को पत्नी की मर्जी के खिलाफ भी उससे सम्भोग करने का अधिकार मिल जाता है। उल्लेखनीय है कि "पूर्वी यूरोप और स्कैण्डिनेविया के कुछ देशों में वैवाहिक बलात्कार के खिलाफ कानून है।'[30]

'शृंखला की कड़ियाँ' में हिन्दू स्त्री के पत्नीत्व पर लेख लिखते समय महादेवी वर्मा जी ने स्पष्ट कहा–"पत्नीत्व की अनिवार्यता से विद्रोह करके अनेक सुशिक्षित स्त्रियाँ गृहस्थ जीवन से बाहर निकलना नहीं चाहतीं, क्योंकि उन्हें भय रहता है कि उनके सहयोगी (पति) उनके स्वतन्त्र व्यक्तित्व को एक क्षण भी सहन नहीं कर सकेंगे।"[31]

समर्पिता स्त्री : स्त्री-पुरुष एक-दूसरे के संपूरक होते हुए भी संपूरक प्रक्रिया में पुरुष विधेयक है और स्त्री निषेधक है। शास्त्रज्ञ मानते हैं कि स्त्री की अपनी संस्कृति है, अपना इतिहास है, जीवन और परम्परा है, जो पुरुष से भिन्न है; परन्तु पुरुष स्त्री की इस निषेधक भूमिका के प्रति मोहासक्त है। कहना गलत न होगा कि स्वयं स्त्री भी अपनी इस भूमिका के प्रति यही भाव रखती है। नारी मुक्ति का शोर आज भले ही पुरजोर है, लेकिन आधी दुनिया की एक तिहाई आबादी आज भी इसी भ्रम में ज़ी रही है या यह कहना चाहिए कि जीने के लिए मजबूर है कि 'दुधारू गाय की लताड़ भली'–जो पुरुष (पति) हमें रोटी देता है, रहने को घर देता है, जरूरत का सब सामान ला देता है; अगर कभी-कभी मारपीट, गाली-गलौज भी

कर लेता है तो क्या है? भारतीय परिवारों में लड़कियों की परवरिश इसी तरह से की जाती है कि पति परमेश्वर है, उसके बिना जीवन जीवन नहीं है। वही घर तुम्हारा अपना है, चाहे उसके लिए रोज मर-मर कर ही क्यों न जीना पड़े। यही कारण है कि विवाह पश्चात् लड़कियाँ अपनी किसी भी समस्या को अपने माता-पिता को नहीं बतातीं और माता-पिता समझते हैं कि बेटी सुखी है और जब दुख, अत्याचार, तिरस्कार अधिक बढ़ जाता है, सहने की शक्ति जवाब देने लगती है तो आत्महत्या ही एकमात्र विकल्प के रूप में सामने नजर आता है, चाहे वह घरेलू हिंसा हो या दहेज उत्पीड़न का सन्दर्भ।

आज दुनिया 'बाई वन गेट वन फ्री' की पॉलिसी पर ही चल रही है। इसी जुमले को अनामिका स्त्री-विमर्श के परिप्रेक्ष्य में परिवार में स्त्रियों की स्थिति से जोड़कर कुछ इस प्रकार देखती हैं–

"खाये ही जाती हैं
शाम से सुबह तक
खूब मिर्चीदार गालियाँ
ऊपर से थप्पड़, घूँसे, डाँट, ताने–बोनस में
बाई वन, गेट वन फ्री
और ज्यादातर तो सैम्पल में मुफ्त बँटी–
बस यों ही।"[32]

परिवार के लिए सर्वस्व होम करना और बदले में पुरस्कार स्वरूप गालियाँ, मारपीट मिलना ही भारतीय स्त्री का दुर्भाग्य है शायद–"कोई यह नहीं सोचता है कि पुरुष की सफलताओं के नीचे स्त्री दबती चली गयी। हाथ में हथियार लेकर पुरुष और भी बड़ा हो गया और भी शक्तिशाली। बच्चों को सम्भालती पीठ पर बोझ ढोती स्त्री और भी छोटी हो गयी। एक विजेता दूसरा सिर्फ उसकी विजय को सम्भालकर रखने वाला अनुचर। पुरुष ने नियम परम्पराएँ बनायीं, स्त्री सिर्फ उनमें शामिल हुई। उसकी अपनी कोई परम्परा नहीं। उसके बनाये कोई नियम नहीं।"[33]

डैल स्पैण्डर की पुस्तक 'मैन मेड लैंग्वेज' (1980) में स्थापित किया गया है कि अंग्रेजी भाषा शाब्दिक अर्थों में पुरुष रचित और पुरुष अनुशासित है। समाज में ज्यादातर गालियाँ शिश्न केन्द्रित हैं, आखिर ऐसा क्यों? डॉ. मैनेजर पाण्डेय ने इस सन्दर्भ में महत्त्वपूर्ण तर्क दिया कहा कि–"अगर इन गालियों का समाजशास्त्रीय विश्लेषण करें तो साफ जाहिर होगा कि दुनिया में जितनी गालियाँ हैं, वे स्त्रियों के लिए होती हैं। गालियाँ दी तो पुरुषों को जाती हैं, पर वे मूलतः स्त्रियों को अपमानित करने के लिए दी जाती हैं। लोकजीवन में गालियों के माध्यम से स्त्री विरोधी चेतना की मुखर अभिव्यक्ति होती है।"[34]

मनोसामाजिक सत्य है कि पुरुष क्रोध और नफरत की अभिव्यक्ति तो खुलकर

करते हैं, पर कोमल भावों का प्रकाशन खासकर यौनेतर सम्बन्धों में उनको अपनी हेठी जान पड़ती है। थोड़ी-सी भी कहीं असुविधा हुई या मन लायक कुछ नहीं हो पाया तो—जैसे कड़ाही की तपती बालू में मकई के दाने फूटते हैं, उनके मुँह से गालियाँ लगती हैं फूटने। वह भी एक से एक भयंकर गालियाँ दी जाती हैं, किन अपराधों पर? फेहरिस्त भी अनामिका साथ ही देती हैं—

''जरूरत से ज्यादा जो बन जाये सब्जी,
जरूरत से ज्यादा जो फोन चले आयें या
बिखरी किताबें हों टेबुल पर
या बच्चे कर दें कुछ गड़बड़
या साहब के कपड़ों के
उज्ज्वल चरित्र पर कहीं
छूट गया हो गलती से
हल्का-सा धब्बा!''[135]

स्त्री-पुरुष के बीच निरन्तर टकराव की स्थिति एक जानलेवा अन्तराल है, अमूर्त गुलामी से छूटने की छटपटाहट है, स्वप्न भंग और टूटते जाने की नियति का निहत्थापन है। शारीरिक माँगों के वक्त यह द्वन्द्व गरमाकर कुछ क्षण के लिए भले ही कहीं दुबक जाता हो। समय-समय पर होने वाले सर्वेक्षण यही बताते हैं कि स्त्री-पुरुष सम्बन्धों के बीच से रागात्मकता के अनुपस्थित होने के कारण पति-पत्नी दोनों एक-दूसरे को नरक की तरह ढो रहे हैं।

दोहरी भूमिका का निर्वहन करती स्त्री : स्त्री का दुर्भाग्य यही है कि 'कोख से लेकर चिता तक' वह अस्तित्वहीनता में ही जीती है—एक विशृंखल और अस्त व्यस्त जीवन। इससे मुक्ति मार्ग के रूप में आर्थिक रूप से स्वावलम्बी होकर जहाँ स्त्रियाँ विकास के पथ पर अग्रसर हो रही हैं, वहीं एक उपनिवेश जैसा दमन और शोषण का रिश्ता भी क़ायम हो रहा है। कशमकश हमेशा बनी रहती है, घर और ऑफिस के चक्कर में—ऑफिस में झल्लाती हैं कि—'योग्यता और प्रतिभा की जरूरत किसे है यहाँ?' घर पर रोटियाँ बेलती हुई महसूस करती हैं कि 'माँ, बहन, पत्नी, बेटी का समाज में क्या स्थान है?—शून्य।' कामकाजी महिलाओं का जीवन सामाजिक और पारिवारिक जीवन के अन्तर्विरोधों और जिम्मेदारियों का बोझ ढोते-ढोते अधिक बदतर और बदहाल हो जाता है।

अनामिका के अनुसार, ''आज तो ज्यादातर घरों में स्त्रियाँ नव स्वातन्त्र्य के उल्लास में तिहरे दायित्व निभा रही हैं। वे नौकरी करती हैं, गृहस्थी चलाती हैं और बच्चों को पढ़ा-लिखाकर बड़ा भी वे ही करती हैं। ऐसा नहीं कि पुरुष निखट्टू हैं और वे नौकरी के सिवा कुछ कर नहीं सकते, पर उन्हें चूल्हा-चौका सँभालना और रोता हुआ बच्चा दुलारना हेय और उबाऊ दिखता है। और शरीरबल के आधिक्य

का दावा करने के बावजूद वे स्त्रियों की तरह खट नहीं पाते। जिन घरों में स्त्रियाँ नौकरी करती हैं—बिजली, पानी, टेलीफोन के बिल जमा करवाना, बैंक, पोस्ट ऑफिस, एल.आई.सी. के सारे काम, बच्चों के स्कूल आना-जाना, उनकी फीस भरना, आये-गये को देखना-भालना, सौदा-सुलुफ करना ज्यादातर उन्हीं के जिम्मे रहता है और इसके समर्थन में एक सीधा तर्क यह दिया जाता है कि अधिकारों के साथ कर्तव्य क्यों नहीं बढ़ पाता।''[36] अनामिका की कविताएँ स्त्री की इस स्थिति का सजीव चित्रण करती हैं—

''समय: सुबह साढ़े सात, एफ.एम. टाइम
स्थान: सीढ़ी के नीचे आलने घेर के बनाया गया पूजा घर

× × ×

'या देवी सर्वभूतेषू'........सविता, देखो बेटी, जल तो नहीं रही सब्जी?
'निद्रारूपेण संस्थिता'......जाग पिंटू, उसे जगाओ, स्कूल बस छूटेगी।
'नमस्तस्यै नमस्तस्यै'.......फोन बज रहा है उठाओ तो।
मेरा होगा तो कह देना—सी.एल. पर हूँ आज!
सिर दुख रहा है!
'ऊँ जयन्ती काली महाकाली'....अखबार वाले भैया रुक लो।
आती हूँ, कर लूँ हिसाब, कल मिल गयी मुझे तनख्वाह।''[37]

ऑफिस जाने से पहले काम, आने के बाद फिर घर का काम—चौबीस घंटों मशीन की तरह चलती जिन्दगी। घर में सब सो जाते हैं, पर स्त्री बिना काम पूरा किये सोए कैसे?—

''सारा शहर चुप है,
धुल चुके हैं चौकों के सारे बर्तन।
बुझ चुकी है आखिरी चूल्हे की राख भी,
और वह
अपने ही वजूद की आँच के आगे
औचक हड़बड़ी में
खुद को ही सानती
खुद को ही गूँधती हुई बार-बार
खुश है कि रोटी बेलती है जैसे पृथ्वी।''[38]

और उनकी यह नींद पूरी होती है कहाँ? अनामिका इसका भी चित्र प्रस्तुत करती हैं—

''काम-काज वाली तमाम औरतें
सोती हैं बस—बस में

....

'फेयर एंड लवली' में रची-बसीं
सीटों से टिककर भक देखती हैं चेहरा;
'मिल पायेगी कोई जगह कहीं कहीं भी?'
और जरा सी मिल जाती है तो
सो जाती है खिड़की से टेके सिर,
खोले मुँह आधा!''[39]

यह एक जैववैज्ञानिक सत्य है कि ''स्त्रियाँ एक साथ कई दुनियाओं में रहती जीती हैं। वे एक ही समय में स्वप्न और यथार्थ दोनों को थामे रहती हैं। वे हमेशा मल्टीडाइमेंशनल हैं।''[40]

कामकाजी शिक्षित स्त्री के दुख, आशंका, अकेलेपन और अन्तर्द्वन्द्वों की संश्लिष्ट अभिव्यक्ति 'एक औरत का राजकीय प्रवास' कविता में हुई है। साधारण सी उक्ति को अनामिका सघन अर्थों से भर देती हैं–

''अपने अकेलेपन से उसने
बड़ी गर्मजोशी से हाथ मिलाया।
.....घुप्प अँधेरा था कुएँ का उसके भीतर भी!
.....भला बन्द होने से रोशनी का क्या है रिश्ता?
........डनलप पर लेटी
चटाई चुभी घर की
अन्दर कहीं रीढ़ के भीतर।''[41]

जैसी काव्य-पंक्तियाँ गहरी अर्थ व्यंजना द्वारा नारी यातना और उससे निजात पाने के प्रयासों का संकेत देती हैं।

बेटे, प्रिय और माँ से 'सबसे ज़्यादा तुम हो प्यारे' कहने वाली अभियुक्त स्त्री को सिर्फ खुदा की अदालत में ही न्याय मिल पाता है। और कविता स्त्री यातना के बीच से औदार्य, प्रेम और आत्मीयता की प्रतिष्ठा की कविता बन जाती है। स्त्री-विमर्श का ऐसा प्रस्तुतीकरण केवल अनामिका की कविताओं में ही मिलता है–

''.....अब हुई उसकी गिरफ़्तारी।
पेशी हुई खुदा के सामने
कि इसी एक ज़ुबां से उसने
तीन-तीन लोगों से कैसे यह कहा–
'सबसे ज्यादा तुम हो प्यारे'।
यह तो है सरासर धोखा–
सबसे ज्यादा माने सबसे ज्यादा।
लेकिन खुदा ने कलम रख दी, और कहा–
औरत है, उसने यह गलत नहीं कहा।''[42]

परिवार और समाज में उत्पीड़ित नारी की मुक्ति का संघर्ष परिवार से शुरू होता है। आधुनिक नारी बाह्य तौर पर काफी आगे निकल आयी है, परन्तु लक्ष्य से अभी भी दूर है। सामाजिक, सांस्कृतिक बन्धनों की जकड़न अब भी उसको बाँधे है। शिक्षा से उसका स्वाभिमान जगा है और वह अपनी योग्यता के बल पर अपना एक अलग परिचय दे रही है। अब तो वैज्ञानिकों ने भी सिद्ध कर दिया है कि मैनेजमेंट में स्त्रियाँ पुरुषों से अधिक योग्य हैं। पेनसिलवेलिया यूनिवर्सिटी के वैज्ञानिकों ने यह प्रमाणित किया है कि—''एक विकसित तथा स्वस्थ मस्तिष्क में सकारात्मक गुण, स्त्री के मस्तिष्क में पुरुष से ज्यादा होते हैं।''[43] स्त्रियाँ अपने इन गुणों और शक्ति को पहचानकर समाज के विकास में अपना योगदान भी दे रही हैं। कहना अनुचित नहीं होगा कि हमारी संस्कृति को कायम रखने में औरत का बहुत बड़ा योगदान है।

दादी माँ की कहानियाँ, माँ का लाड़-दुलार, पत्नी का प्रेमभरा साथ, बहन की प्यार भरी छेड़छाड़ और बेटी की प्यार भरी देखभाल इन सबके बिना जीवन कितना बोझिल और नीरस लगता।

वात्सल्य की प्रतिमूर्ति : एक औरत सम्पूर्ण होती है, क्योंकि उसमें जीवन देने की, पालन-पोषण करने की और बदलाव लाने की शक्ति होती है। भगवान ने औरत को ही केवल जन्म देने की सामर्थ्य से नवाजा है। मदर टेरेसा भी मानती हैं कि सब को प्यार देना यह खूबी, यह शक्ति औरतों में तब और उभर कर आती है, जब वे माँ बनती हैं। माँ बनना, यह औरत को भगवान का वरदान है। अनामिका की कविताओं में जहाँ पारिवारिक परिदृश्य में स्त्री (पत्नी रूप में) के शोषण की व्यथा परिलक्षित होती है, वहीं मातृत्व की कोमल संवेदना को भी अभिव्यक्ति मिली है। माँ ही तो है जो घर को व्यवस्थित रखने के साथ-साथ पति और बच्चों के बीच बहुधा सेतु का भी काम करती है। अपनी माँ के बारे में बताते हुए वह कहती हैं—''माँ आयी हैं, अब मेरी सारी खुदरा समस्याएँ 'टिड्डी उड़ी फुर्र' भाव से उड़ती चली जाएँगी। घर का और मन का जो भी कोना बेतरतीब, इखरा-बिखरा पायेंगी—धीरज से लगेंगी समेटने। अलमारियाँ, बक्से, दिल और दिमाग सब कुछ चकाचक कर देंगी। धीरज, सहिष्णुता और सदाशयता का 'रिजर्व बैंक ऑफ इंडिया' है ये माँ मेरी। हाथ से बुने स्वेटर, घरेलू मसाले, घी और छप्पन तरह की मिठाइयाँ, कढ़ी हुई क्या जाने कितनी साड़ियाँ, बीसवीं शती के पूर्वार्द्ध की बंगाली नायिकाओं जैसे लेसदार ब्लाउज, घर की कई पुरानी किताबें और पांडुलिपियाँ—सब समेटकर हर बार ले आती हैं और जब तक रहती हैं सिर झुकाकर कुछ न कुछ करती जाती हैं.....क्या मैं बन पाऊँगी कभी ऐसी माँ?''[44]

अनामिका की संवेदना के अनेक आयामों में सर्वाधिक सशक्त संवेद्य आयाम है माँ का। दुनिया के सारे सम्बन्धों में सबसे ऊपर यही एक सम्बन्ध है। बच्चों से बढ़कर माँ की सम्पत्ति दूसरी नहीं। वात्सल्य के इस रंग को अनामिका शब्दों में

कुछ इस प्रकार भरती हैं–

माँ हूँ मैं, मेरे भरोसे ही
बीमार पड़ता है चाँद!
जाओ अब दूध पिलाऊँगी मैं
सोओ कि इसे सुलाऊँगी मैं।''[45]

माँ के रूप में स्त्री अपने असीम त्याग, प्रेम, दुलार, स्नेह एवं ममता की सरिता प्रवाहित करती हुई सन्तान पर अपना सर्वस्व न्यौछावर करने को तत्पर रहती है। बच्चे के पुकारने भर की देर है कि–

''दुनिया के सब बन्द दरवाजे
धड़ से खुलेंगे,
गूँजेंगी गिरजे की घंटियाँ।''[46]

माँ शब्द की पवित्रता और शक्ति की द्योतक हैं ये पंक्तियाँ।

एक यहूदी कहावत है–भगवान हर जगह नहीं हो सकता, इसलिए उसने माँ को बनाया। बच्चे की प्रथम पाठशाला माँ कहलाती है। यह वाक्य माँ की महत्ता, गुरुता बताने के लिए पर्याप्त है। शाश्वत सत्य है कि बच्चा यदि भूखा या बीमार हो तो माँ बेचैन हो उठती है। प्रेम की इस पवित्र भावना का यथार्थ चित्रण अनामिका की कविताओं में यूँ चित्रित होता है–

''माँ भूख लगी है!
इस सनातन वाक्य में
एक स्प्रिंग है लगा,
कितनी भी हो आलसी माँ,
वह उठ बैठती है और
फिर कनस्तर खड़कते हैं।''[47]

माँ बच्चे के पोषण, रक्षण, विकास की तमाम क्रियाओं के लिए दूसरी सारी प्राथमिकताओं को गौण स्थान पर रखती चलती है। अनामिका का मानना है कि परिवार और बच्चों के बारे में गम्भीरता से विचार किये बिना स्त्री-विमर्श अधूरा है। इसीलिए इनके यहाँ परिवार में स्त्री की पहचान के लिए जो जद्दोजहद है, उसमें बच्चों की भूमिका अहं है। यही कारण है उनके सभी काव्य संग्रहों में मातृत्व, वत्सलता से ओतप्रोत कविताएँ मिल जाती हैं। आत्मीय वत्सलता यहाँ सर्वत्र व्याप्त है–चाहे असफलता से खिन्न अपना सत्रह वर्षीय बेटा हो या फिर लैम्पपोस्ट के नीचे सेकेण्ड हेंड सीबीएसई की किताब से धड़ाधड़ सवाल निकालता धनुर्धर हो या पड़ोसी का बच्चा। हिन्दी के स्त्री-विमर्श में परिवार में बच्चों की स्थिति और प्रश्नों पर जहाँ ध्यान नहीं दिया गया, अनामिका बड़ी आत्मीयता से इस नये अनुभव जगत

से परिचय कराती हैं। उनकी कविताओं में माँ का ब्लाउज बच्चे की गुल्लक है–

मेरा ब्लाउज़
मेरे बच्चे का
गुल्लक है।'[48]

जहाँ वह निश्चिन्त भाव से चकमक पत्थर, सीपी, सिगरेट की पन्नियाँ, खिलौनों के नट बोल्ट पोस्ट कर जाता है।

अनामिका की बच्चों पर लिखी कविताओं में लड़के ही संबोध्य हैं लड़कियाँ नहीं। शायद सांस्कृतिक संस्कारों से मुक्त होना इतना आसान नहीं कि–बेटा, पति, पिता या भाई ही स्त्री की रक्षा के लिए आगे बढ़ेगा–

''भगदड़ का क्या है माँ।
वे तो मचती ही रहती है
क्या पता–मैं कभी स्कूल में होऊँ
और मच जाये भगदड़
तो कौन तुमको बचायेगा।'[49]

इस कविता में एक बेटा अपनी माँ को सम्बोधित कर रहा है।

'होमवर्क', 'सत्रह बरस का प्रतियोगी', 'परीक्षणार्थी' भी माँ-बेटे संवाद पर आधारित कविताएँ हैं।

वर्तमान समय में भले ही स्त्री-विमर्श सिर्फ मातृत्व को ही स्त्री जीवन की उपलब्धि मानने से इनकार करता है, लेकिन अनामिका की कविताओं में मातृत्व स्त्री की एक विशेष उपलब्धि के रूप में उभर कर आया है और माँ से बच्चे का सम्बन्ध शाश्वत और निःस्वार्थ प्रेम का प्रतीक बनकर।

मातृत्व स्त्री के लिए प्राकृतिक रूप से उपलब्ध सार्थकता का एक सहज अवसर है, पर स्वाधीन स्त्री के लिए वह न केवल कैरियर में बाधक आवश्यक सिरदर्द, बल्कि पराधीनता की कुंजी भी है। आर्थिक रूप से स्वयं पूर्ण होने के कारण अब वह अपनी जिन्दगी की सार्थकता केवल बच्चे पैदा करने में नहीं मानती, स्त्री इस सन्दर्भ में निर्णायक की भूमिका में भी नज़र आने लगी है। परन्तु विचित्र विडम्बना है कि सम्बन्धों में स्वाधीनता का अहसास बाधित होता है और एकान्त में सार्थकता का एहसास नष्ट हो जाता है, दिग्भ्रम की स्थिति है।

निष्कर्ष : अनामिका की कविताओं में कविता के सरोकार, स्त्री दृष्टि एवं रचना संसार का विस्तार उन्हें अपने समय की सजग संवेदनशील कवयित्री के रूप में प्रतिष्ठित करता है। वे जुझारू नारीवादी नहीं हैं। लेकिन भारतीय नारी के दुखों, यातनाओं और संघर्ष को सही परिप्रेक्ष्य में समझने-समझाने वाली स्त्री-विमर्शकार अवश्य हैं। वे अपने समाज और संस्कृति की आलोचनात्मक ढंग से जाँच पड़ताल कर उसके सकारात्मक पक्षों और स्त्री भूमिका की पहचान के लिए स्पेस बनाने के

लिए संघर्षशील है। अनामिका के लिए नारी मुक्ति कभी परिवार से मुक्ति नहीं रही है। बदलते सामाजिक परिवेश, टूटते मूल्य और विखंडित होते संयुक्त परिवार, अकेलेपन का संत्रास, स्त्री-पुरुष के सम्बन्धों में आयी ठंडक को अनामिका ने अपनी कविताओं में बखूबी चित्रित किया है।

स्त्री-विमर्श के सन्दर्भ में भारतीय समाज की सबसे सुदृढ़ इकाई है—परिवार और उसमें निहित सम्बन्धों को जिस खूबसूरती, संवेदनशीलता और विचारपूर्ण सहजता से अनामिका ने विश्लेषित किया है या समझा है, वह दूसरे रचनाकारों ने नहीं।

अनामिका की कविताएँ भारतीय परिवार के बीच अनछुए प्रसंगों द्वारा स्त्री पीड़ा और यातना को मूर्त रूप देती हैं। परिवार की महत्ता को रेखांकित करते हुए कहती हैं—"स्त्री और पुरुष की लड़ाई का व्याकरण सामन्तों, पूँजीपतियों, मजदूरों, औपनिवेशिक ताकतों और शोषितों के बीच की लड़ाई के व्याकरण से अलग है।. ....स्त्री और पुरुष के बीच की लड़ाई में दो पीढ़ियों के बीच की लड़ाई की तरह हित निकाय अलग नहीं होते। दोनों का हित निकाय एक ही होता है—परिवार। यह अच्छा है या बुरा—मैं नहीं जानती, मानवता की इतनी लम्बी यात्रा के बावजूद, कम से कम तीसरी दुनिया के देशों में सामाजिक व्यवस्था की मूल इकाई अभी तक स्त्री और पुरुष दोनों के लिए उनका परिवार ही है, जिसमें कम से कम उनके बच्चे तो शामिल हैं ही। उनके हित निकाय से बिल्कुल अलग उनका कोई स्वतन्त्र हित निकाय हो, ऐसा प्रायः नहीं देखा जाता। औरतों के जीवन सन्दर्भों का चालीसा है उनकी कविताएँ जिनसे शायद ही स्त्री जीवन का कोई कोना छूटा हो।

सन्दर्भ

1. अनामिका, यक्ष प्रश्न, खुरदुरी हथेलियाँ, पृ. 35
2. एंगेल्स, परिवार, व्यक्तिगत सम्पत्ति और राजसत्ता की उत्पत्ति, पृ. 192
3. अनामिका, फर्नीचर, खुरदुरी हथेलियाँ, पृ. 19
4. वही, पृ. 19
5. अनामिका, कविता में औरत, पृ. 11
6. अनामिका, तीसरी दुनिया : एक स्त्री का अन्तर्जगत बनाम बहिर्जगत कविता में औरत, पृ. 50
7. उमा चक्रवर्ती, स्त्री मुक्ति समूची व्यवस्था को बदलने का मामला है
8. केट मिलेट, सेक्सुअल पॉलिटिक्स, मानुषी, अंक-3, मई-जून, 1979, पृ. 51
9. अनामिका, टूटी-बिखरी और पिटी हुई, खुरदुरी हथेलियाँ, पृ. 46
10. अनामिका, पत्नी, खुरदुरी हथेलियाँ, पृ. 133
11. तसलीमा नसरीन, हंस, नवम्बर-दिसम्बर, 1994, पृ. 75
12. सम्बोधन (स्त्री-विमर्श), वर्ष: 40, अंक-1, अक्तूबर 2005, पृ. 7
13. अनामिका, लेडीज़ संगीत, दूब धान, पृ. 48
14. अनामिका, पतिव्रता, खुरदुरी हथेलियाँ, पृ. 27

15. अनामिका, गृहलक्ष्मी-9, दूब धान, पृ. 93
16. अनामिका, हाथ का प्लास्टर, खुरदुरी हथेलियाँ, पृ. 64
17. अनामिका, अभ्यागत, दूब धान, पृ. 53
18. वही, पृ. 53
19. अनामिका, बेजगह, खुरदुरी हथेलियाँ, प. 15
20. अनामिका, पतिव्रता, खुरदुरी हथेलियाँ, पृ. 29
21. प्रभा खेतान, स्त्री : उपेक्षिता, पृ. 24
22. अनामिका, गृहलक्ष्मी, खुरदुरी हथेलियाँ, पृ. 42
23. क्षमा शर्मा, स्त्रीत्ववादी विमर्श—समाज और साहित्य।
24. अनामिका, गृहलक्ष्मी-6, दूब धान, पृ. 89
25. अनामिका, जादू, खुरदुरी हथेलियाँ, पृ. 20
26. अनामिका, एक हो शहर एक हो लड़की, पृ. 153
27. अनामिका, हमबिस्तर, दूब धान, पृ. 139
28. अनामिका, सद्‌गृहस्थ, दूब धान, पृ. 64
29. डॉ. सुरेश सिन्हा, हिन्दी उपन्यास, पृ. 357
30. मानुषी, अंक-4, पृ. 65-66 से उद्‌धृत।
31. अरविन्द जैन, औरत, अस्तित्व और अस्मिता, महिला लेखन का समाजशास्त्रीय अध्ययन।
32. अनामिका, गालियाँ सुन लेने का शील, दूब धान, पृ. 76
33. कृष्ण किशोर, स्त्री मुक्ति और कविता, पृ. 21
34. हंस, 1994, पृ. 29
35. अनामिका, महिला कलाकार, खुरदुरी हथेलियाँ, पृ. 40
36. अनामिका, बंगला, पूँजी, परिवारवाद के लफड़े और स्त्री, अनभै साँचा, मार्च-जून, 2006, पृ. 107-108
37. अनामिका, खंडिता, दूब धान, पृ. 50
38. अनामिका, स्त्री, बीजाक्षर, पृ. 26
39. अनामिका, औरतें, समय के शहर में, पृ. 125
40. अनामिका, पहल-76, पृ. 119
41. अनामिका, एक औरत का राजकीय प्रवास, अनुष्टुप, पृ. 53
42. वही, अनुष्टुप,पृ. 53
43. अनामिका, मनीषा, हम सभ्य औरतें, पृ. 195
44. अनामिका, अस्तर की कतरनें, तद्‌भव, पृ. 197
45. अनामिका, ऋषिका, दूब-धान, पृ. 137
46. अनामिका, खिदमत, खुरदुरी हथेलियाँ, पृ. 55
47. अनामिका, सत्रह बरस की प्रतियोगी परीक्षार्थी, खुरदुरी हथेलियाँ, पृ. 56
48. अनामिका, ब्लाउज़, अनुष्टुप, पृ. 19
49. अनामिका, पत्ता-पत्ता, बूटा-बूटा, खुरदुरी हथेलियाँ, पृ. 127

सामाजिक परिप्रेक्ष्य में स्त्री

विषय प्रवेश : नारी विमर्श वर्तमान साहित्य-चिन्तन का एक सुचिन्तित आयाम है। भारतीय सामाजिक चिन्तन और साहित्य में नारी-विमर्श की एक अविच्छिन्न शृंखला है, जिसके आधारभूत तत्त्व नारी देह की प्राकृतिक संरचना, नारी मनोविज्ञान और नारी जीवन के सामाजिक सन्दर्भ रहे हैं। आज की नारी-विमर्श सम्बन्धी धारा भी इन्हीं आधारभूत तत्त्वों से किसी न किसी रूप में जुड़ी हुई है।

सृष्टि में नारी तथा पुरुष की उत्पत्ति का केन्द्र एक ही है। बृहदारण्यक उपनिषद् कहता है कि "ब्रह्मा ने एकाकी न रहकर अपने आपको दो भागों में विभक्त कर लिया, जिसके दक्षिण अंशक को पुरुष और वाम को नारी की संज्ञा दी गयी।"[1] इस मान्यता के अनुसार दोनों की स्थिति समान है। शिव के अर्द्धनारीश्वर रूप में भी यही अवधारणा प्रतिष्ठित होती है।

सार्वभौमिक भगिनीवाद : मनुष्य की यह स्वाभाविक प्रवृत्ति होती है कि वह गैरों के सुख में इतनी शीघ्रता से नहीं जुड़ता जितना कि उनके दुख में और स्त्रियों में यह करुणा भाव अधिक दिखायी देता है। शायद औरत के मातृत्व रूप के कारण ही ऐसा है। स्त्री-विमर्श में यह करुणा भाव बहनापे (बहनत्व) के रूप में आता है। अनामिका इसी बहनापे के सखीभाव को स्त्री-विमर्श की सीढ़ी मानती हैं। उन्हीं के शब्दों में—"घर-गृहस्थी, नौकरी और बच्चों की तिहरी जिम्मेदारी और अधूरे, अतृप्त प्रेम के तनावों के बीच एक स्त्री जब दूसरी स्त्री का सम्बोधन बनती है—एक नये रस का परिपाक होता है—वात्सल्य, करुणा और शान्त—सब जिसमें अपने उदात्ततम रूप में समाविष्ट दिखते हैं। बच्चों में और दूसरी औरत में (माँ / मौसी/बुआ/ पड़ोसी/सहयात्रिणी एक परचून की दुकान से राशन खरीदने वाली सहक्रेता के रूप में) एक औरत विश्वास, निष्ठा और सहानुभूति का परिविस्तार सहज ढूँढ़ लेती है। ये स्पंदन कुछ ऐसे हैं, जो उसे पुरुष के संसर्ग में बहुधा नहीं मिलते तो वह मीरा, महादेवी की सी मनःस्थिति में आकाशतत्त्व की ओर मुड़ जाती है या फिर लेस्बियन रचनाकारों की तरह आत्मनिर्भर घेरों में, संधान में। इतिहास, मिथक और आत्मकथा के सम्मिश्रण से मातृसत्तात्मक विस्मृत स्पेस पुनःसृजित करने का जो मूलमन्त्र स्त्री रचनाकारों ने इधर साधा है, उसी के आश्रय अलग-अलग सांस्कृति अस्मिताओं के बावजूद विश्व-भर की स्त्रियाँ भगिनी-भाव से जुड़ी हैं।"[2]

अनामिका स्त्री के इसी अपनत्व भाव और अव्यवस्थित को व्यवस्थित करने के

गुण तथा किसी अनजान स्त्री के दुख या अवसाद को भी साझा करने की क्षमता को अपनी इस कविता के माध्यम से व्यक्त करती हैं—

"वह बिल्कुल अनजान थी

....

थकी दिखती थी वह,
फिर भी वह हँसी।
उस हँसी का न तर्क था, न व्याकरण,
न सूत्र, न अभिप्राय!
उसने फिर हाथ भी बढ़ाया,
और मेरी शॉल का सिरा उठाकर
उसके सूत किये सीधे

....

उसके उन झुके हुए कन्धों से
मेरे भन्नाए हुए सिर का
बेहद पुराना है बहनापा!"[13]

प्रत्येक सामाजिक व्यवस्था के अन्तर्विरोध होते हैं, जिनका प्रतिबिम्ब हमें उस समय के सांस्कृतिक जीवन में दिखायी देता है। भारतीय सन्दर्भ की बात करें तो समाज में स्त्री परतन्त्रता का यथार्थ और स्वातन्त्र्य हासिल करने की इच्छा-आकांक्षा और संघर्षजन्य अन्तर्विरोधों के मूल में सांस्कृतिक संरचनागत स्थितियाँ ही रही हैं। संस्कृति, नैतिकता, परम्परा और मर्यादा की सुरक्षा के नाम पर सदियों से नारी, उत्पीड़ित और दमित हो रही है। धार्मिक, सांस्कृतिक, मिथकों और आख्यानों में अवस्थित ईश्वरीय विधि-विधानों का वास्ता देकर स्त्रियों को नियतिवादी, अन्धविश्वासी, रूढ़िग्रस्त बना दिया गया। पितृसत्तात्मक मूल्य-व्यवस्था में घर और बाहर दोनों जगह पुरुष-संरक्षण के बीच आँकी जाती रहने के कारण उसे दोयम दर्जा ही हासिल हुआ। घर के अर्थहीन मूल्यहीन कामों में बँधी वह स्वयं को 'कमतर' देखने की आदी होती गयी। विडम्बना ही है कि उसने अपने जीवन का सारा 'तत्' अपने भीतर बैठाये गये 'सत्' से जुड़ा हुआ महसूस किया। उसकी अपनी स्वतन्त्र न तो गति थी, न ही दिशा। पातिव्रत्य, यौन-शुचिता, सतीत्व, उसकी जीवन प्रक्रिया के नियामक तत्त्व बन गये और आज तक ये शब्द सामाजिक, सांस्कृतिक अन्तर्विरोधों को दबाने में अहं भूमिका निभाते आ रहे हैं।

शोषित स्त्री : दोयम दर्जे में रह जाने की पीड़ा तथा समाज का स्त्री के प्रति उपेक्षित व्यवहार स्त्री मन को व्यथित करता है। वह अपनी स्थिति से अनभिज्ञ नहीं है और इसी की अभिव्यक्ति अनामिका की कविता में स्पष्ट नजर आती है—

"पढ़ा गया हमको

जैसा पढ़ा जाता है कागज
बच्चों की फटी कॉपियों का
चनाज़ोरगरम के लिफाफे बनाने के पहले!
देखा गया हमको
जैसे कि कोफ्त हो उनींदे
देखी जाती है कलाई घड़ी
अलस्सुबह अलार्म बजने के बाद।"[4]

इन पंक्तियों के बारे में समीक्षक हरदयाल कहते हैं–"स्त्री जीवन के उन अनुभवों, भावों और विचारों को व्यक्त किया गया है, जो पुरुष सत्तात्मक समाज में पुरुषाधीन स्त्री अनुभव करती है। जैसे स्त्री उपेक्षित है और उसमें अपनी स्थिति को लेकर विद्रोह का भाव है, लड़कियों की अपनी कोई जगह नहीं है, स्त्री में साहचर्य की निरन्तर आकांक्षा होती है, जिसकी कीमत उसे चुकानी होती है, बच्चे और पति के बीच उसका व्यक्तित्व विभक्त होने के कारण वह आत्महत्या भी नहीं कर सकती इत्यादि।"[5]

समाज में अपनी 'जगह' की खोज और समाज द्वारा परिष्करण की प्रक्रिया–इसी द्वन्द्व में स्त्री का अन्तर्जगत से उसका सम्बन्ध भी परिभाषित होता है। 'बेजगह' कविता में अनामिका कहती हैं–

"अपनी जगह से गिरकर
कहीं के नहीं रहते
केश, औरतें और नाखून।"[6]

निरन्तर पुरुष वर्ग की उपेक्षा सहकर समाज में अपनी स्थिति को वह इस प्रकार परिभाषित करती हैं–

"सुना गया हमको
यों ही उड़ते मन से
जैसे सुने जाते हैं फिल्मी गाने
सस्ते कैसेटों पर
ठस्साठस्स भरी हुई बस में!
भोगा गया हमको
बहुत दूर के रिश्तेदारों के
दुख की तरह!"[7]

स्त्री मन की पीड़ा के साथ-साथ उसके मन में उठने वाले सवालों से भी अनामिका अनजान नहीं हैं, वह जानती हैं–

"सिर पर जितने बाल,
उससे कुछ ज्यादा सवाल।"[8]

लेकिन इस सामाजिक व्यवस्था में उपेक्षिता के प्रश्न भी उपेक्षित ही रह जाते हैं, फिर भी यदा-कदा प्रश्न उठते ही हैं–

''तारों से जड़ी हुई कंघी से
झाड़ दिया जाता था उनको
जब वे उलझते थे!
न उनको खुलने की आजादी थी,
न उलझने की–
फिर भी वे खुलते-उलझते थे।''[9]

विडम्बना यह है कि उत्तर कहीं नहीं मिलता। अनवरत संघर्ष के बाद भी आशातीत सफलता न पाने की वेदना इन पंक्तियों में व्यक्त होती है–

''एक उत्तरातीत मुद्रा में
ठहर गया है जीवन।''[10]

शिक्षा और परिवार ने यानी सारी सामाजिक बौद्धिक परम्पराओं ने विषमता के मूल्यों को ही स्थापित किया है। प्रचलित आदर्शों और विचारों की इसी व्यवस्था की निरन्तरता से वह संस्कार बनता है, जो स्त्री को एक 'छिटकी हुई ईंट' बना देता है। अनामिका मानती हैं कि ईंट के छिटक जाने से दीवार नहीं गिरती, परन्तु वह ईंट अपनी एक अलग पहचान जरूर निर्मित कर लेती है–

''हम जैसे लोगों का फिर वह
बन जाती है एक उपमान।''[11]

पंक्तियों में स्पष्ट लक्षित होता है कि भीतर छिपी पीड़ा को चेतना में बदलने का संघर्ष, निजी अनुभूति को सामाजिक, ऐतिहासिक बोध बनाने का प्रयत्न है। परिवार या समाज की दीवार से 'छिटकी हुई ईंट' उस व्यवस्था में स्त्री की जगह ही है–वैसी ही बहिष्कृत। यह संयोग की बात नहीं कि छिटकी हुई ईंट सभी बहिष्कृतों का पर्याय बन जाती है–

''वापिस नहीं मिलती/इनको इनकी छूटी जगह मगर
छिटकी हुई ईंटें/किसी-किसी तरह फुटपाथ पर
कर ही लेती हैं/काम का जुगाड़/
दो चार छिटकी हुई ईंटें/सटकर बन जाती हैं चूल्हा।''[12]

अस्तित्व के प्रति सजग : व्यवस्था से दमित समाज की आधी आबादी का आक्रोश तथा आग्रह भरा स्वर भी अनामिका की कविताओं में सुनायी देता है। इन पंक्तियों में महज अस्मिता का दावा ही नहीं, सम्बन्ध का विवेक भी परिलक्षित होता है–

''हम भी इनसान हैं
हमें भी क़ायदे से पढ़ो एक-एक अक्षर
जैसे पढ़ा होगा बीए के बाद

नौकरी का पहला विज्ञापन।"[13]

लेकिन जैसे ही स्त्री अपने वजूद का एहसास दिलाती है और नये ढंग से देखे सुने, समझे जाने की माँग करती है तो उसे भिन्न-भिन्न लांछनों से सुशोभित किया जाता है—

"दुश्चरित्र महिलाएँ दुश्चरित्र
महिलाएँ—
किन्हीं सरपरस्तों के दम पर फूली-फैली
अगरधत्त जंगली लताएँ!
खाती-पीती, सुख से ऊबी
और बेकार बेचैन, आवारा महिलाओं
का ही
शग़ल हैं ये कहानियाँ और कविताएँ...।
फिर ये उन्होंने थोड़े ही लिखी हैं
(कनखियाँ, इशारे, फिर कनखी)।"[14]

अपनी पहचान के प्रति भले ही आज स्त्री जाग्रत है, लेकिन देश की अधिकांशतः आबादी आज भी स्त्री-पुरुष सन्दर्भ के उसी प्राच्य समीकरण को ढो रही है, स्थिति आज भी नहीं बदली है—

"वो एक उठी हुई उँगली है,
मैं एक झुका हुआ माथा हूँ।"[15]

समाजीकृत स्त्री: स्त्री-विमर्श के परिप्रेक्ष्य में बात करें तो अनामिका मानती हैं कि लड़कियों का समाजीकरण ही इन परिस्थितियों का मुख्य कारण है, क्योंकि लड़कियों की परवरिश इस प्रकार की जाती है कि वे प्रारम्भ से ही अपनी सीमाओं को पहचानना शुरू कर देती हैं। कवयित्री इनकी तुलना प्राचीन समय में खेले जाने वाले एक खेल 'कितकित' से करती है कि 'चप्पू' गोटी ने आयत की रेखा लाँघी नहीं कि बाहर-जाति-बहिष्कृत। खेलते-खेलते कब यह खेल स्त्रियों के जीवन का हिस्सा बन जाता है या हमारे अन्दर समाहित हो जाता है कि पता ही नहीं चलता और घेराबन्दी ही हमारा जीवन बन जाती है। वह कहती हैं—

"घर का ये जो है—
इक्कट-दुक्कट का बाड़ा ही है
उससे ज्यादा इसकी क्या होगी सरहद?
खेल रही हूँ जब तक इक्कट-दुक्कट—
नाच रही हूँ
चप्पू गोटी की ही लय में
सरहद के भीतर।"[16]

अफसोस तो इस बात का है कि लड़के और लड़की के बीच यह अलगाव उसके जन्म से ही प्रारम्भ हो जाता है—घर-परिवार से ही और समाज इसे विभिन्न स्तरों पर जाने अनजाने प्रदर्शित भी करता है। अनामिका प्राथमिक शालाओं में पढ़ाये जाने वाले गैर जनतान्त्रिक पाठों को केन्द्र में रखकर समाज में हो रहे इस लिंगभेद के सत्य को उद्घाटित करती हैं—

"राम पाठशाला जा!
राधा खाना पका!
राम, आ बताशा खा!
राधा, झाड़ू लगा!
भैया, अब सोयेगा, जाकर बिस्तर बिछा!
अहा! नया घर है।
राम देख, यह तेरा कमरा है।
और मेरा?
ओ पगली!
लड़कियाँ—हवा, धूप, मिट्टी होती हैं
उनका कोई घर नहीं होता।"[17]

सत्य यही है पितृव्यवस्था में लड़कियों को इस प्रकार के विशेष साँचे में ढालने का तात्पर्य यही है कि वह बिना किसी विरोध के इन साँचों में गलती-ढलती रहें और पुरुष को अपने उपयुक्त स्त्री (सेविका, साँचे में ढली निर्जीव मांसल वस्तु) मिलती रहे और वह अपना प्रभुत्व कायम रख सके।

स्त्री-विमर्श समाज में स्त्री की स्थिति को आँकने का ही एक संगठित प्रयास है। अनामिका की कविताएँ समाज में स्थापित पुरुष वर्ग की उस विकृत मानसिकता का परिचय कराती हैं, जो आज भी यह मानता है कि स्त्री की सफलता उसकी योग्यता के दम पर नहीं, बल्कि उसकी देह और सुन्दरता की देन होती है। 'भिन्न' कविता में वह औरत की बौद्धिकता पर उठने वाले प्रश्नों की पड़ताल करते हुए कहती हैं कि 'भिन्न' अर्थात् फ्रैक्शन—बँटी हुई, आज भी मैं पूर्ण इकाई नहीं—

"अगर कहीं गलती से
मेरा माथा
मेरे अधोभाग से भारी पड़ जाता है—
लोगों के गले यह नहीं उतरता
और मेरे माथे पर बट्टा लग जाता है—
'इम्प्रॉपर फ्रैक्शन' का।"[18]

मर्दानगी के दम्भ का मारा पुरुष आज भी यही समझता है कि औरते आगे बढ़ने के लिए देह की राजनीति करती हैं, अर्थात् बुद्धि के बल पर नहीं; वे केवल

सौन्दर्य के बल पर ही किसी ऊँचे पद तक पहुँचती हैं।

जबकि वास्तविकता यह है कि हमारी संस्कृति औरत की बेपर्दगी से डरती है। समाज का दृष्टिकोण आज भी स्त्री के प्रति मलिन है। अनामिका इसी बात पर चोट करती हैं, अपनी कविता 'चादर' में कि एक माँ अपनी बेटी को बार-बार ढकती है; क्योंकि वह समाज का व्यवहार जानती है–

"मेरी माँ
अक्सर ही सोते में
मुझको उढ़ा देती है चादर!
डर लगता है उसको मेरी
बेपर्दगी से।"[19]

स्त्री पर होने वाले हर आक्रमण के लिए समाज स्त्री को ही दोषी ठहराता है। समाज के लिए यह शर्म की बात है कि छः महीने की बच्ची से लेकर पचहत्तर वर्ष की वृद्धा तक भी आज सुरक्षित नहीं है। स्त्री उसके लिए मात्र देह है, भोग्या है। नैतिकता, पवित्रता, मर्यादा, शील ये सभी मुद्दे पुरुष सन्दर्भ में कोई अर्थ नहीं रखते, वह जब चाहे तब किसी से भी सन्दर्भ जोड़ सकतां है या अपना एकाधिकार स्थापित कर सकता है स्त्री मात्र स्त्री होने के कारण ही दयनीय स्थिति में है, असुरक्षित है इसी असुरक्षा को अनामिका ने अपनी कविताओं में भी उद्घाटित किया है–

"जब तेल में अपनी परछाईं देखकर
बाल-विधवा रूपसी तेलिन बोली–
तो...बाल पकने को आये
चलो जिन्दगी कट गयी
इज्जत से आखिर।
और बात पूरी होने के पहले ही
धड़-धड़-धड़क-धम-धम आ पहुँचे
राजा के घुड़सवार
उसे उठा कर ले गये
जंगल के उस पार।"[20]

अनामिका मानती हैं कि स्त्री की शारीरिक संरचना उसे समाज में शोषितों की श्रेणी में खड़ा कर देती है। स्त्री का स्त्री होना ही उसके प्रति होने वाले यौन अपराधों का कारण बनता है। सामाजिक ताने-बाने में स्त्री की असुरक्षा को अनामिका इस प्रकार व्यक्त करती हैं–

बेथलेहम और यरूज़लम के बीच
कठिन सफर में उनके
हो जाते कई बलात्कार।"[21]

एकाकीपन की स्थिति : अनामिका की कई कविताओं में समाज में उपेक्षित स्त्री भी विषय वस्तु बनी है। कवयित्री का चिन्तन इस ओर भी दिखाई देता है–

"बाज लोग जिनका कोई नहीं होता,
और जो कोई नहीं होते
कहीं के नहीं होते।"[22]

बचपन में पढ़ाये गणित के पाठ को स्त्री की स्थिति या दशा से जोड़कर अभिव्यक्ति देती हैं–

"त्रिभुज की दो भुजाएँ मिलकर
तीसरी से बड़ी होती हैं।"[23]

यहाँ वह तीसरी भुजा के अकेले पड़ जाने तथा छोटी रह जाने पर माँ से प्रश्न करती हैं–

"क्या अकेला पड़ना
छोटा हो जाना है? एक दिन मैंने माँ से पूछा!
इस पर माँ
कुछ भी बोली नहीं।
धीरे-से मुझको बस
सटा लिया।"[24]

उपरोक्त पंक्तियाँ समाज में रहकर भी स्त्री' के अकेलेपन के अहसास, पीड़ा या वेदना को वाणी देने का प्रयास ही है।

उपेक्षित स्त्री वर्ग : अनामिका की कविता 'जलेबा बुआ' इसी ओर संकेत करती है। रिश्तेदार, पति सबके रहते हुए भी जलेबा बुआ का अकेलापन उनकी कविता में इस प्रकार व्यक्त होता है–

"कोई उसे जानता नहीं
पूरे शहर में कि घर में।
किसी की वो कोई नहीं है
कोई नहीं उसका
कोई नहीं होता है जैसे डाली का पत्ता।"[25]

डाली से पत्ते का सम्बन्ध तो है पर नहीं के बराबर यदि पत्ता टूटकर गिर भी जाता है तो डाली को कोई फर्क नहीं पड़ता है।

'आखिरी हिचकी' कविता में अनामिका उस स्त्री को केन्द्र में रखती है; जो कैंसर की मरीज है और परिवार के लोग अपने उस बोझ को अपने कन्धे से उतारकर अनाथाश्रम के अहाते में छोड़ आते हैं। लेकिन वह स्त्री शेष जीवन रोने-धोने में व्यतीत न कर दूसरे साथी मरीजों की देख-रेख और सेवा-शुश्रूषा में ही व्यतीत करती है। स्त्रियों के भीतर का वात्सल्य और करुणा भाव ही है, जो मृत्यु जैसे गम्भीर

विषय को बड़ी सहजता और सरलता से लेता है। इसी को 'सुनीता' के माध्यम से अनामिका यूँ अभिव्यक्ति देती हैं–

''बचपन में हम खेला करते थे 'स्टैचू'
यह होती थी मरने की एक्टिंग ही शायद
पत्थर का बुत बनकर खड़ा रहना।.....
तो क्या चौकीदार से
'स्टैचू' खेल रही थी
जाड़े की पक्की खिलंदड़ी हवा और ये अपनी सुनीता।''[26]

आर्थिक स्वावलम्बन के अभाव में पति की मृत्यु हो जाने के बाद स्त्री किस तरह ममता का गला घोंटने पर विवश हो जाती है, सिर्फ इसलिए कि उसके बच्चे को दो वक्त की रोटी मिलती रहे। ममत्व पर सबसे बड़ा आघात होता है–माँ का अपने बच्चे से अलग होना। अनामिका की कविता में विवश माँ के मन के मौन उद्गार भी स्वर पाते हैं कि बच्चे की खुशहाली के लिए माँ उसे एक धर्म सम्प्रदाय को सौंप देती है–

''मठ के लिए विदा करते हुए माँ ने कहा–
मिलता है दोनों पहर खाना वहाँ जा।''[27]

और विरह की इस पीड़ा को

''दाँतों से ओंठ दाब
कच्चे खाँव बनकर
वह रोका करती थी
अपनी रुलाई।''[28]

बच्चों को किस प्रकार कभी मजबूरीवश या कभी स्वार्थवश गरीबी के कारण बेचा जा रहा है। अनामिका की कविताएँ इस सच्चाई से भी पाठकों का साक्षात्कार कराती चलती हैं।

वृद्धाजन : समाज और अपने लोगों से उपेक्षित रहनेवाला एक और वर्ग है–वृद्ध जन। अनामिका कहती हैं–''वृद्धाएँ, वृद्धों से ज्यादा सुखी होती हैं। मनोविज्ञान का एक पारिभाषिक शब्द है 'ईगो इंटेग्रिटी'। हिन्दी में इसे अहं तोष या आत्म गौरव कह सकते हैं। हमारा जीवन दूसरों के लिए कितना उपयोगी है, आस-पास के लोगों के बीच अपनी उपयोगिता हम किस हद तक सिद्ध कर सकते हैं, दूसरों की आँखों में देखकर चमक उभरती है कि नहीं–हमारे अन्तर्जगत की समृद्धि, हमारी जिजीविषा और मानसिक शान्ति मुख्यतः इसी पर निर्भर है। एक तरह से ईगो इंटेग्रिटी का ही खेल है सारा जीवन-जगत। इसी का संकेत बाबा तुलसीदास के इस परम व्यावहारिक दोहे में भी मिलता है, जिसे कबीर और रहीम के दोहों के साथ अपने जीवन के मूल स्रोतों में शामिल कर लेना चाहिए।

आवत ही हरषे नहीं, नैन न उमगे नेह,
तुलसी वहाँ न जाइये, कंचन बरसे मेह।

भक्त कवियों की खुद को सम्बोधित करने की यह शैली मुझे बहुत ही मजेदार और अर्थपूर्ण लगती है। और कोई सुने न सुने (सुने, इसकी क्या गारण्टी!) इसलिए खुद को ही सम्बोधित कर लो।''[29]

वृद्धजन सदैव ही उनकी रचनाओं में कहीं-न-कहीं, किसी-न-किसी रूप में शामिल रहे हैं। उनके प्रति उनकी अगाध श्रद्धा तथा उनकी यथास्थिति का चित्रण उनके उपन्यासों और कविताओं में हमेशा ही चित्रित हुआ है। परिवार में उनकी उपयोगिता को वह अपनी कविता 'वृद्धाएँ धरती का नमक हैं' में इस प्रकार रेखांकित करती हैं—

''वृद्धाएँ धरती का नमक हैं,
किसी ने कहा था!
जो घर में हो कोई वृद्धा—
खाना ज्यादा अच्छा पकता है,
पर्दे, पेटीकोट और पाजामे भी
दर्जी और रफूगरों के
मोहताज नहीं रहते,
सजा धजा रहता है घर का हर कमरा,
बच्चे ज्यादा अच्छे पलते हैं।''[30]

आजकल एकल परिवार व्यवस्था के कारण वृद्ध लोगों में बढ़ता अकेलापन और उपेक्षित होने की त्रासदी अत्यन्त दुखद स्थिति बन गयी है। उनकी कुछ कविताएँ वृद्धावस्था के उसी दर्द को उकेरने का प्रयास हैं—

''रहती हैं वृद्धाएँ, घर में रहती हैं
लेकिन ऐसे जैसे अपने होने की खातिर हों क्षमाप्रार्थी
लोगों के आते ही बैठक से उठ जाती
छुप-छुपकर रहती हैं छाया-सी, माया-सी।''[31]

इसी कविता में आगे की पंक्तियों में बुजुर्गों की अहमियत को रेखांकित करते हुए कहती हैं—

''भाषा में बच्चों की
आ जाती है एक अजब कौंध
मुहावरों, मिथकों, लोकोक्तियों,
लोकगीतों, लोकगाथाओं और कथा समयकों की।
उनके ही दम से
अतल कूप खुद जाते हैं बच्चों के मन में

आदिम स्मृतियों के।''[132]

अनामिका बताना चाहती हैं कि नये मूल्यों और पुराने मूल्यों के मध्य एक सेतु हैं ये वृद्धजन। संस्कृति इनके ही माध्यम से घरों में आज भी विद्यमान है। आयु के इस अन्तिम पड़ाव की तुलना वह कपड़े के रूप में प्रतिबिम्बित करते हुए कहती हैं–

''कपड़ों की छाती जब फटती है–
बढ़ जाती है उनकी उपयोगिता।''[133]

'वृद्धाएँ धरती का नमक हैं' कविता आज की पारिवारिक व्यवस्था पर व्यंग्य है। बुजुर्ग यूँ तो घर में उपेक्षित हैं, लेकिन बच्चों की, घर की देखभाल के लिए एक बोझिल अनिवार्यता के रूप में बच्चे उन्हें घर में रखने को विवश भी हैं–'पति-पत्नी जब भी लड़ते हैं उनको लेकर कि तुम्हारी माँ ने क्या दिया, किया क्या–

''कुछ देर तो करती हैं अनसुना
कोशिश करती हैं कुछ पढ़ने की,
और सोचती हैं बेचैनी से–
गाँव गये बहुत दिन हुए।
उनके बस सोचने भर से
जादू से घर में सब हो जाता है ठीक-ठाक,
सब कहते हैं, 'अरे अभी कहाँ जाओगी।
अभी तो हमें जाना है बाहर
बच्चों को रखेगा कौन?''[134]

अनामिका इस संवेदनहीनता से त्रस्त हैं कि संयुक्त परिवारों के विघटन और एकल परिवारों के स्थापन्न ने वृद्धजनों को हाशिए पर ला पटका है। जो हाथ अपने बच्चों को समाज में ऊँचाइयों तक पहुँचाते हैं, वही बच्चे उनके अशक्त होते ही उनका साथ छोड़ देते हैं और फिर कटती है शेष जिन्दगी वृद्धाश्रमों में और तब–

''अनजाने लगते हैं चिरपरिचित,
चिरपरिचित लगते हैं अनजाने!
हँसकर उसने अपनी
परछाइयाँ समेटीं
और चटाई पर देर तलक सोई
दीवार से सटकर।''[135]

जीवन भर के अनुभव उन्हें बृहत्तर व्यापक जगत से एक अलग ही सम्बन्ध में जोड़ते हैं। साँझ की वेला की ये परिपक्वता भी अनामिका की कविताओं में झलकती है–

''उम्र के पचास बरस
उसने देखा आईना।

उसे पता था
अब नहीं ठिठकेंगे जहाजों के दस्ते
यह चेहरा देखकर!
फिर भी वह हँसी
कि हँसने का माकूल समय
तभी होता है
जब धीरे-धीरे उतर जाते हैं
चेहरों से चेहरे।''[36]

जीवन के गहन अनुभव जब शब्दों का जामा पहनकर अभिव्यक्त होते हैं तो एक अलग अर्थ ही गढ़ते हैं, जिनमें यथार्थ-गाम्भीर्य के दर्शन होते हैं। अनामिका की कविताएँ भी कुछ ऐसी ही अभिव्यक्तियाँ हैं। सच को उद्‌घाटित करने के साथ-साथ भावी पीढ़ी के लिए एक सन्देश भी देती हैं।

सेक्स वर्कर्स : पुरुषों की पाशविकता का दंश सहता तथा समाज की उपेक्षा का शिकार एक अन्य वर्ग है—वेश्याओं का। अनामिका की कलम इस विषय पर भी बड़ी बेबाकी से चली है। हिन्दुस्तान में वेश्यावृत्ति की परम्परा बहुत प्राचीन रही है। भारत में मन्दिरों की देवदासियाँ—इतिहास की पहली वेश्याएँ रहीं। कुर्बानी के रूप में यह आत्मसमर्पण पहले सभी स्त्रियों के लिए करना जरूरी था। बाद में मन्दिरों की ये पुजारिनें ही दूसरी स्त्रियों की तरफ से आत्मसमर्पण करने लगीं। यही आत्मसमर्पण कालान्तर में वेश्यावृत्ति के रूप में फैल गया, जो सभ्यता के विकास के क्रम में समाज के साथ एक काली छाया के रूप में अब भी मानवता के पीछे-पीछे चला आ रहा है।

हमारे देश के कई शहर 'जिस्मों की मण्डियाँ' बन गये हैं। मुम्बई का 'कमाठीपुरा' और आगरा में वेश्याओं द्वारा बसाया गया 'ताज नगर' इसके उदाहरण हैं। ऐसा कोई प्रदेश नहीं, जहाँ इस प्रकार के अलग से नगर न हों।

यौन दासियों की मनःस्थिति का वर्णन अनामिका ने इस भाव प्रवणता से किया है कि हिन्दी काव्य संसार में अन्यत्र ही ऐसा उदाहरण मिलना दुर्लभ है—

''एक गुफा है
मेरी नाभि के नीचे!
अपनी ही खूँखारिता से थके
शेर-चीते-अजगर
आते हैं कुछ देर सोने यहाँ पर!
एक नये आखेट की खातिर
जाते हैं जब अगले दिन बाहर,
उनके वे टूटे नाखून

राल, केंचुल
एक अजब बहनापे से देखते हैं मुझे!!"[37]

समाज में फैले इस वैध व्यभिचार का चित्रण भी अनामिका की कविताओं में परिलक्षित होता है। अधिकांशतः स्त्रियाँ वेश्यावृत्ति के इस व्यापार में किसी न किसी मजबूरीवश ही लिप्त होती हैं, परन्तु आज नाबालिग लड़कियों का अपहरण कर उन्हें इस व्यवसाय में धकेला जा रहा है, और देह की इस मंडी का हिस्सा बनने पर मजबूर किया जा रहा है।

अनामिका ने 'चौदह बरस की कुछ सेक्स वर्कर्स' कविता में इन मासूमों की व्यथा को केन्द्र में रखा है, जो इन विषम परिस्थितियों में भी हमेशा हँसती ही रहती हैं—

"हाँ, हम हमेशा खुश रहती हैं!
हँसती हुई दिखती हैं हम हर ओर—
टी.वी. में, सारे मुखपृष्ठों/चौराहों पर।
पिटकर या खटकर या छँटकर भी
निकली हों कहीं किसी घर से तो
ज़ाहिर नहीं होने देतीं।"[38]

पुरुष द्वारा अपमानित और प्रताड़ित होने की तीव्र वेदना इन प्रश्नों को जन्म देती है, जो वो पूछ बैठती हैं अपने से तिगुनी उम्र के पुरुषों से—प्रश्न जो सरल तो हैं परन्तु धारदार और तीखा प्रहार करते हैं—

"अंकल तुम्हारे भी बेटी है?
अच्छा, बोलो उसका क्या नाम?
वह भी मेरे-जैसी मजेदार है क्या—बोलो तो।"[39]

कई नाबालिग लड़कियाँ पारिवारिक बोझ को ढोने के कारण भी अपनी देह को कमाई का साधन बनाती हैं और इस सच्चाई को अब निडरता से अभिव्यक्त भी करने लगी हैं।

अगर देखा जाय तो संगठित क्षेत्रों की अपेक्षा असंगठित क्षेत्रों में महिलाओं का यौन उत्पीड़न अधिक होता है। यही नहीं, पर्यटन बढ़ने के साथ-साथ हमारे यहाँ तटवर्ती क्षेत्रों में बाल वेश्यावृत्ति भी बढ़ रही है। 'सेंटर ऑफ कंसर्न फॉर चाइल्ड लेबर' द्वारा सन् 1995 में बाल वेश्यावृत्ति के सन्दर्भ में तैयार रिपोर्ट के अनुसार भारत में वेश्यावृत्ति सम्बन्धी कानून बहुत ढीले हैं। लोग इन्हें आसानी से तोड़ते हैं और सजा भी नहीं मिलती। इस धन्धे में लगी तीस प्रतिशत लड़कियों की उम्र पन्द्रह वर्ष से भी कम है। अभी हाल ही में घटी कुछ घटनाओं ने भी जनता का ध्यान इस ओर आकर्षित किया है कि लड़कियों के छात्रावास भी सुरक्षित नहीं हैं, जहाँ डरा-धमकाकर या मारपीट से कम उम्र की लड़कियों को इस देह व्यापार में

घसीटा जा रहा है। यूनिसेफ का कहना है कि यदि लड़कियों को इसी तरह देह व्यापार में झोंका जाता रहा तो वह समय दूर नहीं, जब भारतीय बच्चों में सबसे अधिक रोगी एड्स के होंगे।

विश्व में इस समय सबसे ज्यादा खतरे में महिलाएँ हैं। 'पालने' से लेकर 'कब्र' तक वैयक्तिक असुरक्षा की काली परछाई उसका पीछा करती है। बचपन से बुढ़ापे तक उसका शोषण केवल इसलिए किया जाता है कि वे मादा हैं। स्नेहमयी चौधरी कहती हैं– *''बाहर आने पर भी तो/उतना ही लहूलुहान होती है/जितनी अन्दर रहने पर/जान नहीं पा रही–कहाँ कम कहाँ ज्यादा?*

नारी जिसने पुरुष को सिर्फ दिया ही है और बदले में अपेक्षा की है प्रेम की लेकिन उसे प्रतिकार में मिला है दहशत का सिलसिला। पुरुष को अपने गर्भ से पैदाकर अपनी शक्ति से उसमें शक्ति संचरण कर उसमें पौरुष जगाया और पुरुष ने इस पौरुष को आजमाया नारी पर बलात्कार करके।

प्रारम्भ से ही नारी पुरुष की भोग्या बनी, पर अविश्वसनीय है कि अश्वमेध के अश्व के साथ नारी का सम्भोग कराया है हमारे पुरखों ने।[40]

महर्षि दयानन्द सरस्वती लिखते हैं, ''सुनते हैं कि इसी देश में गोरखपुर का एक राजा था। उससे पोपों ने यज्ञ कराया। उसकी प्रिय रानी का समागम घोड़े से कराने से उसके मर जाने के पश्चात् वैराग्यवान होकर अपने पुत्र को राज्य दे, साधु हो, पोपों की पोल निकालने लगा।''[40]

हमारा भारतीय समाज औरतों के गौरवमय अतीत का गुणगान करते नहीं थकता, जबकि वैदिक साहित्य एवं अन्य स्रोतों का विश्लेषण करने पर वस्तुस्थिति कुछ और ही दिखायी देती है–दोहरी मानसिकता के दर्शन होते हैं। स्त्रियों से पतिव्रता और निष्ठा की माँग और पुरुषों को रंगरलियों के अवसर प्रदान। यह महज एक संयोग नहीं है कि अस्मिता से जुड़े अधिकांश शब्द स्त्रीलिंग हैं–मर्यादा, प्रतिष्ठा, गरिमा, महिमा, व्यथा-पीड़ा, इज्जत-आबरू, हया-लज्जा, शर्म, यातना आदि-आदि....क्योंकि लाज रखने की पूरी जिम्मेदारी औरत के खाते में ही आती है।

पुरुष तर्कशास्त्र का कोई ओर-छोर नहीं है अपनी पत्नियों से दूर होने के कारण मर्दों की दैहिक जरूरत पूरी करने के लिए वेश्याएँ बनाये रखने का तर्क तो वे देते हैं, लेकिन इनकी अकेली पड़ चुकी पत्नियों के लिए यौन तृप्ति के लिए किसी वैकल्पिक स्रोत का विचार इनको नहीं आता; बल्कि वेश्यावृत्ति को कानूनी दर्जा देने के पैरोकार भी उभर आते हैं। वे वेश्याओं का चौतरफा शोषण बचाने हेतु उन्हें स्वेच्छा से जिस्म बेचने वाली 'कामगार' स्त्रियों के रूप में सम्मानित श्रेणी देना चाहते हैं। 'सेक्स वर्कर' नाम तो यौन दासियों को पहले ही दिया जा चुका है–अब वे तर्कशास्त्री उसकी वास्तविक प्रतिष्ठा चाहते हैं। ऐसा करके वे पितृसत्तात्मक समाज के लिए स्त्री की वेश्यावृत्ति की अनिवार्य आवश्यकता मान लेने का ही आग्रह कर रहे हैं। हर साल

बड़ी संख्या में अन्तर्राष्ट्रीय सीमा पार कराके अबोध बच्चियों को देह मंडी में ठूँस देने वालों को वैधता का सर्टिफिकेट दे देना चाहते हैं।

वेश्यावृत्ति के सन्दर्भ में मैसाचुसेट्स इंस्टिट्यूट की एक रपट के अनुसार दो तरह की स्त्रियाँ ही वेश्यावृत्ति स्वीकार कर लेती हैं—एक तो वे जिनकी यौनिकता काबू के बाहर होती है और दूसरी वे जिनकी संकल्पशक्ति और प्रतिकार क्षमता अत्यधिक न्यून होती है। कुल मिलाकर यह पालन-पोषण और समाजीकरण का दोष है—अर्थात् सारा दोष सिर्फ स्त्रियों का ही है।

मजे की बात तो यह है कि 'कौमार्य', 'शील' और 'यौन शुचिता' के मिथ समाज में इस बारीकी से हमला करते हैं कि बलात्कार की शिकार लड़की या महिला को ही अपराधी करार दिया जाता है। बलात्कृत स्त्री न केवल मानसिक यातना ही झेलती है बल्कि समाज से बहिष्कृत भी हो जाती है। सूजन ब्राउन मिलर के अनुसार—"पुरुष द्वारा यह पता लगाना कि उसका लिंग भय पैदा करने वाला हथियार बन सकता है—पूर्व ऐतिहासिक युग की उतनी ही महत्त्वपूर्ण खोज थी, जितनी कि आग या पत्थर की कुल्हाड़ी के प्रयोग की। पूर्व ऐतिहासिक काल से लेकर आज तक इतिहास में बलात्कार की केन्द्रीय भूमिका रही है। यह भयभीत करने की एक सचेत गतिविधि है, जिसके द्वारा सभी पुरुष सभी औरतों को आतंक की स्थिति में रखते हैं।"[42]

आम प्रचलित धारणा है कि औरतें ही लुभावने पहनावे से पुरुष (बलात्कारी) को उकसाती हैं और पुरुष शारीरिक उत्तेजनावश बलात्कार करते हैं। क्या कोई उत्तर दे सकता है कि तीन वर्ष से दस वर्ष तक की बच्ची, जिसका पूर्ण रूप से शारीरिक विकास तक भी नहीं हुआ हो, उनके बलात्कृत होने के पीछे क्या कारण है? अबोध बच्चियाँ, जिन्हें यह तक पता नहीं होता कि आखिर बलात्कार होता क्या है या उनके साथ ऐसा क्या हो गया है, जो माँ रोये ही जा रही है। ऐसी ही एक घटना अनामिका की कविता में मार्मिक अभिव्यक्ति पाती है, जिसमें एक अबोध बच्ची अपने साथ हुए दुष्कर्म से अनभिज्ञ अपनी माँ को समझाती है—

"ओ अम्मा, ओ अम्मा—
मत रोओ लेकिन कि
एक छपाका खून ही तो था,
वो फिर से बन जाएगा

....

तुमको तकलीफ नहीं दूँगी
कि मिट्टी से सारे दाग छुड़ा लूँगी
मैं लहँगे का....... ।"[43]

यहाँ समाज किसको दोष देगा—पालन-पोषण को या समाजीकरण को? सच्चाई तो यह है कि अधिकांश बलात्कार की घटनाएँ या तो पूर्व नियोजित होती हैं या

फिर पुरुष द्वारा अपनी यौन तृष्णा को तुष्ट करने की या स्त्री को नीचा दिखाने की प्रवृत्ति इनके पीछे कार्य करती है।

निष्कर्ष : अनामिका की कविता के कैनवास के केन्द्र में स्त्री अपने अनेक रूप और रंग में विद्यमान है। महानगर और जनपद, बुद्धिजीवी और श्रमजीवी, बालक और वृद्धपरिवार और समाज तक उसकी संवेदना का विस्तार है। भद्रसमाज और लोक संस्कृति तक फैली हुई संवेदना उन विसंगतियों को भी देख लेती है, जिसे मोहवश नजरअन्दाज कर दिया जाता है। प्रखर इतिहास बोध के कारण अपने समय पर उनकी सजग दृष्टि है। उपेक्षित मानवीयता और उसकी विवशता भी उनकी कविताओं में प्रकट होती है।

अनामिका की विशिष्टता यही है कि वह खुली आँख से सामाजिक दृश्यों का सामना करती हैं लेकिन वे दृश्य उनके निजी आभ्यंतर सन्दर्भ में ढलकर आते हैं। जिस अर्थ में 'व्यक्तिगत ही राजनीतिक' होता है, उसी अर्थ में अनामिका का काव्य संसार 'व्यक्तिगत ही सामाजिक' है। यह एक संयोग नहीं परिघटना है। उनकी कविताएँ समाज में स्त्री की दशा का साक्षात्कार कराती हैं। वे सामाजिक सत्य का आभास भी कराती हैं और कवयित्री के व्यक्तिगत सत्य का अहसास भी कराती हैं।

सन्दर्भ

1. महादेवी वर्मा, सम्भाषण, पृ. 106
2. अनामिका, कहती हैं औरतें, पृ. 26
3. वही, पृ. 47
4. अनामिका, स्त्रियाँ, खुरदुरी हथेलियाँ, पृ. 13
5. हरदयाल , स्त्री का काव्य-जगत, समीक्षा, अप्रैल-जून, 2006, पृ. 27
6. अनामिका, बेजगह, खुरदुरी हथेलियाँ, पृ. 15
7. वही, पृ. 13
8. अनामिका, आदिप्रश्न, अनुष्टुप, पृ. 57
9. वही, पृ. 57
10. वही, पृ. 58
11. अनामिका, छिटकी हुई ईंटें, खुरदुरी हथेलियाँ, पृ. 138
12. वही, पृ. 137-138
13. अनामिका, स्त्रियाँ, खुरदुरी हथेलियाँ, पृ. 13
14. वही, पृ. 13
15. अनामिका, गृहलक्ष्मी-4, दूब धान, पृ. 87
16. अनामिका, अभ्यागत, दूब धान, पृ. 53
17. अनामिका, बेजगह, खुरदुरी हथेलियाँ, पृ. 15
18. अनामिका, भिन्न अनुष्टुप, पृ. 51
19. अनामिका, चादर, खुरदुरी हथेलियाँ, पृ. 39

20. अनामिका, हँसी, खुरदुरी हथेलियाँ, पृ. 103
21. अनामिका, मरने की फुर्सत, दूब धान, पृ. 28
22. अनामिका, बाज लोग, अनुष्टुप, पृ. 114
23. अनामिका, साध्य, अनुष्टुप, पृ. 115
24. वही, पृ. 115
25. अनामिका, जलेबा बुआ, बीजाक्षर, पृ. 32
26. अनामिका, कविता में औरत, पृ. 68
27. अनामिका, अजन्ता गुफा में एक बालभिक्षु, दूब धान, पृ. 132
28. वही, पृ. 132
29. अनामिका, पानी जो पत्थर पीता है, पृ. 86
30. अनामिका, वृद्धाएँ धरती का नमक हैं, खुरदुरी हथेलियाँ, पृ. 48
31. वही, पृ. 48
32. वही, पृ. 48
33. वही, पृ. 48
34. वही, पृ. 48
35. अनामिका, पचास बरस, अनुष्टुप, पृ. 65
36. वही, पृ. 65
37. अनामिका, यौन दासी, दूब धान, पृ. 66
38. अनामिका, चौदह बरस की सेक्स वर्कर्स, दूब धान, पृ. 69
39. वही, पृ. 70
40. अश्वयात्र ही शिश्नन्तु पत्नीग्राहं प्रकीर्तितम्। भण्डैस्तद्वत्परं चैव ग्राहजातं प्रकीर्तितम्।।
    महर्षि दयानन्द सरस्वती, सत्यार्थ प्रकाश, पृ. 277 से उद्धृत
41. दयानन्द सरस्वती, सत्यार्थ प्रकाश, पृ. 195
42. अगेनस्ट आवर विल, सूजन ब्राउन मिलर, प्रस्तुति मानुषी, अंक-4, पृ. 65
43. केरल की एक लोकधुन पर आधारित कविता में औरत, पृ. 101

परम्परागत और आधुनिकता के परिप्रेक्ष्य में स्त्री

विषय प्रवेश: प्राचीन साहित्य तथा हमारे सारे धार्मिक पुराण, वेद, संहिताएँ सभी मर्दवादी वर्चस्व से भरे पड़े हैं, क्योंकि सारे विधान, सारी संहिताएँ, सारे नियम धर्म, कानून पुरुषों ने रचे हैं, इसलिए हर कानून, हर रीति-रिवाज और परम्परा का पलड़ा उनके पक्ष में ही झुका हुआ है। साहित्य भी इससे अछूता नहीं है। भारतीय नारी की जो तस्वीर अब तक साहित्य में चित्रित है, वह त्यागमयी है। सती-सावित्री है, जिसके मुँह में जुबान नहीं है, जो सबसे पहले उठती है, दिन भर घर की चक्की में पिसती है, सबसे बाद में सोती है और कभी शिकायत नहीं करती है।

यहाँ तक कि सारे व्रत, त्योहार औरत के लिए हैं। कभी घर की सुख-समृद्धि, कभी बच्चों की खुशहाली के लिए, पर कहीं भी स्त्री की दीर्घायु के लिए व्रत का कोई विधान नहीं। परिवार की हर समस्या-निदान के लिए व्रत अनिवार्य है। पारिवारिक ढाँचे में स्त्री चाहे सबसे अन्तिम सीढ़ी पर खड़ी है, पर व्रत करने-कराने में उसे सबसे पहली पंक्ति में रखा गया है। परोक्ष रूप में अपनी इच्छाओं को मारने का अभ्यास स्वरूप ही हैं ये व्रत-उपवास।

हम चाहें कितना ही गार्गी, ओपाला, घोषा आदि का उदाहरण दे लें, पर यह सत्य है कि नारी कभी पुरुष का स्थान नहीं पा सकी है, क्योंकि धार्मिक आचार-विचार और नियमन पर पुरुष का ही नियन्त्रण रहा है इसलिए उन्होंने सारे अधिकार और स्वतन्त्रता अपने पास रखी है जबकि सारी जिम्मेदारी स्त्री को सौंप दी। लेकिन अब यह भ्रमजाल टूटने लगा है और स्त्री अपनी सत्ता को पहचानने लगी है—वह जानती है कि पुरुष भी नारी के बिना वैसे ही अधूरा है, जैसे नारी पुरुष के बिना।

अनामिका परम्परागत रूढ़ियों, मान्यताओं, आस्थाओं में न केवल स्त्री की उपस्थिति को विश्लेषित करती हैं, बल्कि आधुनिक परिवेश में उसकी महत्ता और उसकी भूमिका को भी।

परम्परागत परिप्रेक्ष्य: स्त्री: परम्परागत परिप्रेक्ष्य में स्त्री-विमर्श की बात करें तो अनामिका परम्परा को नया अर्थ देती हैं और कई बार परम्परा से नया अर्थ ग्रहण भी करती हैं। इनमें केवल अश्रुविगलित विलाप नहीं है, न ही जीवनगत विद्रूपताओं से असन्तुष्ट होकर आत्मदया या अवसादग्रस्त पलायन; अपितु जीवन संघर्षों के बीच से गुजर कर अपने समय की असंगतियों और विसंगतियों को रेखांकित करने की सहज साधना दिखाई देती है।

परम्परा ने स्त्री को परिभाषित करने की चेष्टा की, रीतिकाल ने स्त्री के रूप की परिभाषा दी, तो भक्तियुग में स्त्री भाव को परिभाषित किया गया, किन्तु विडम्बना यह है कि स्त्री की देह और उसका मानस अर्थहीन रहा, 'अन्या' की हैसियत में स्त्री की अपनी आवाज नहीं सुनी गयी।

आखिर क्या हैं परम्पराएँ? समय की छलनी से छनकर जो जीवन मूल्य बचे रहते हैं, वही परम्परा हैं। सभ्य-असभ्य, शिक्षित-अशिक्षित सभी इससे निर्देशित एवं संचालित होते हैं। किसी समय विशेष में निर्धारित व स्वीकृत मूल्य कालान्तर में परम्परा का रूप ले लेते हैं। परम्परा व मूल्य दोनों युग सापेक्ष और समय सापेक्ष हैं, इसलिए परिवर्तनशील हैं। लेकिन स्त्री के सन्दर्भ में बात करें तो पुरुष ने परम्पराएँ बनाईं, स्त्री सिर्फ उसमें शामिल हुई; उसकी अपनी कोई परम्परा नहीं, अपने कोई नियम नहीं। पुरुष अपने समान जीवन धारी सुख और दुखों को बराबर से अनुभव करने वाली स्त्री जाति को कैसे अवांछित कोटि में रखकर लगातार जीवन भर उसकी अवांछितता को प्रमाणित करने में ही अपनी सिद्धि मानता रहा है। ये सर्द कर देने वाली प्रामाणिकताएँ उसके द्वारा चलन में लाकर स्त्री के विरुद्ध परम्परा का रूप दे दिया गया।

परन्तु चेतनासम्पन्न होते ही नारी ने अपनी परम्परागत छवि के प्रति असहमति प्रकट करना प्रारम्भ कर दिया है। वह इन परम्पराओं का पुनर्मूल्यांकन कर इन्हें परिवर्तित एवं संशोधित करने का साहस कर रही है, उन अस्वस्थ परम्पराओं और मूल्यों की जकड़बन्दियों के प्रति विद्रोह का स्वर मुखर कर रही है, जो उसे असहाय बनाती हैं या शोषित करती हैं। वह स्त्री-पुरुष के लिए सभी मूल्य समान चाहती है और एक ही निकष का निर्माण भी।

स्वतन्त्रता प्राप्ति के उपरान्त भारतीय स्त्री ने पारम्परिक पारिवारिक व्यवस्था को चुनौती देते हुए पुरुष के कार्यक्षेत्र में कन्धे से कन्धा मिलाकर कार्य करना शुरू कर दिया है, लेकिन यह अलग बात है कि पुरुष के लिए समानता का यह भाव पुरुष के अहं को चोटिल कर रहा है। फलस्वरूप घर और बाहर के बीच फँसी नारियाँ आज भी शारीरिक और मानसिक यातनाएँ भोग रही हैं। स्त्री मुक्ति के सन्दर्भ में 'त्रिशंकु' में अज्ञेय का यह कथन बहुत सटीक बैठता है वह लिखते हैं—''एक विशेष सीमा तक व्यक्ति समाज के अनुकूल अपने को गढ़ता है, स्वीकृति पाने का यह मूल्य वह चुकाता है। उसके बाद जब उसका मर्म घायल हुआ जाता है, तब वह आहत होकर विद्रोह या चीत्कार कर उठता है।''[1]

परिणामतः आज आस्था और विश्वास के पुराने जर्जर मूल्यों का स्थान तर्क और विवेचना ने ले लिया है। आज की शिक्षित नारी को यह अहसास होने लगा है कि कुछ स्थापित मान्यताएँ, परम्पराएँ, व्यवस्था के ढाँचे निरर्थक हैं, उन्हें सीमा में बाँध रहे हैं तो वह उन्हें पुनर्व्याख्यायित कर अपने जीवन के अनुसार ढाल रही है।

कामू के अनुसार—"हम विद्रोह करते हैं, इसलिए हम अस्तित्व रखते हैं।"[2] विद्रोह की प्रक्रिया व्यक्ति से होती हुई सामूहिक रूप धारण कर लेती है। स्त्री मुक्ति आन्दोलन इसी का प्रतिरूप है। यह एक क्रान्तिकारी परिवर्तन है। स्त्री की चुप्पी ऐतिहासिक विकास का परिमाण है। अपने जीवन की इस बेड़ी को उसने प्रतिरोध के अस्त्र में परिवर्तित कर दिया है। रोहिणी अग्रवाल का कथन इस सन्दर्भ में द्रष्टव्य है—"कोई भी नयी परिभाषा गढ़ने के लिए पुरानी कसौटियों और लकीरों को त्यागना तो पड़ता ही है न।"[3]

घर : स्त्री का यह संघर्ष बहुस्तरीय है—घर के अन्दर एवं बाहर तथा मन के अन्दर एवं बाहर भी। अपने जीवन की प्राथमिकताएँ तय करना उसके लिए कठिन कार्य होता है। भारतीय मर्यादा गलबहियाँ डाल उसे बार-बार व्यवस्था के सम्मोहन की ओर धकेलती हैं और वह अपनी खुद की पीड़ा को देखने-परखने की बजाय पुरुष प्रदत्त पीड़ा के रस में ही पगी रहती है। उसके भीतर का डर उसे डराता रहता है—

"डरती है स्त्री
बचपन को नकारते अपने मन से
उत्तेजना में आतुर होती देह से
सोचने वाले दिमाग की क्षमता से
डरती है स्त्री
अन्त तक अपने से डरती है।"[4]

संस्कृति और सामाजिक मूल्य : अनामिका की कविताओं में परम्परा को लेकर एक संवेदनशील आलोचनात्मक रवैया दिखाई देता है। उनमें वह सच्ची वयस्क वैचारिकता है, जो परम्परा की खोजबीन कर उसी में से रचनात्मक प्रतिरोध के सौन्दर्य-बोधात्मक बिन्दु ढूँढ़ती हुई पाठक के साथ किसी तात्कालिक प्रभाव के बजाय बोध का रिश्ता क़ायम करती है।

हमारी संस्कृति, रीति-रिवाज और परम्पराओं को जीवित रखने में औरत का बहुत बड़ा योगदान है—चाहे लोक संगीत हो या नृत्य कला, वेश-भूषा हो या भोजन बनाने की कला, यहाँ तक कि पूजा-पाठ करने का ढंग भी—इन सभी रिवाजों को भावी पीढ़ी को हस्तान्तरित करने का कार्य औरत ही करती है। अनामिका मानती हैं—

"उनके ही दम से
अतल कूप खुद जाते हैं बच्चों के मन में
आदिम स्मृतियों के।"[5]

सामाजिक मूल्यों को आगे बढ़ाकर परिवार और समाज को जोड़े रखने का कार्य स्त्री करती है। वही समाज की रीढ़ की हड्डी है, लेकिन वह मात्र संवाहक है, निर्देशक और नियन्त्रक तो कोई और है। संस्कृति के इस दोगलेपन पर अनामिका व्यंग्य करती हैं—

"दीदी कहती हैं—क्या? परम्परा?
परम्परा खुद ही तो टोपी है।
बड़े मजे में इसे सिर धारो
जब धूप हो, वरना इसमें खाओ खाजा,
चटपट भाजा
कोई नहीं आयेगा रोकने को।"[6]

लेकिन स्त्री का आत्मसंघर्ष अपनी निरन्तरता में प्रत्येक युग में विद्यमान रहा है। परम्परागत दृष्टि से स्त्री के प्रति व्यवस्था का रवैया निश्चित मानदंडों से संचालित होता रहा है। स्त्री को उसी निर्धारित आचरण संहिता के अनुसार जीना है। इन आदर्शों को निर्धारित करने का अधिकार नर के पास सुरक्षित है। प्रभा खेतान के अनुसार, "पितृसत्तात्मक समाज की स्त्री विरोधी परम्पराओं का आयाम पूरी तरह विशिष्ट है। ये परम्पराएँ स्त्री को घर सौंपती हैं। बच्चों का भरण-पोषण सौंपती हैं। मानवता के नाम पर वृद्ध और बीमारों के लिए उससे निःशुल्क सेवा लेती हैं और बदले में उसके द्वारा की गयी सेवाओं का महिमामंडन कर अपने कर्त्तव्यों की इतिश्री कर लेती हैं।"[7]

पुरुष के अत्याचार और अन्याय सहन करना स्त्री ने अपनी नियति मान ली है। बचपन में पिता की, युवावस्था में पति की और बुढ़ापे में बेटों की अधीनता से उत्पन्न भौतिक, आर्थिक, भावात्मक परावलम्बन स्त्री जीवन का केन्द्रीय सत्य रहा है।

रूढ़ियों की जकड़न : परिवार में पुरातन विश्वास, रूढ़ियों, परम्पराओं की महानता को प्रचारित करने का उद्देश्य यही होता है कि—कारण पूछने वाली चेतना को विकसित न होने देना। स्त्री का जीवन तो केवल पूजा-पाठ, दान-पुण्य, चौका-चूल्हा, बर्तन, बच्चों का लालन-पालन, पति के लिए न्यौछावर होना और बुजुर्गों की सेवा में कुर्बान हो जाता है। पुरुष की इस राजनीति से वे अनभिज्ञ रहती हैं कि वे उन्हें त्याग, दया, सहनशीलता, धैर्य, ममता, क्षमा आदि गुणों की प्रतिमूर्ति बनाकर घर की सरहद में ही रखना चाहता है। आर्थिक रूप से भी वे पुरुष (पति) पर ही निर्भर रहती हैं और इस घर को ही अपनी दुनिया समझने लगती हैं और पति को इस दुनिया का नियन्ता।

वास्तव में स्त्री का स्त्री होना ही उसके दुख-पीड़ा, संत्रास, उत्पीड़न का भी कारण बना है। उसका यह होना एक परम्परा बन चुका है और जब कोई एहसास परम्परा बन चुकी होती है तो उसका टूटना आसान नहीं होता है। जब वह टूटती है तो उसको अवरुद्ध करने वाला जीवन भी टूटता है, क्योंकि वह उसका आदी हो चुका होता है और इस टूटने का असर परिवार, समाज और स्वयं पर भी पड़ता है। अनामिका के काव्य में टूटन की यह गूँज ध्वनित होती है—

"जंजीरें छूमछनन उसके पैरों की

जिस दिन भी टूटेंगी—देखना—
बिन घुँघरू नाच उठेगा जंगल।''[18]

यही कारण है कि पुरुष समाज में हाहाकार है। स्त्री पारम्परिक सामाजिक व्यवस्था में परिवर्तन चाहती है। वह परम्पराओं को इन अर्थों में दोषी मानती है कि उसने स्त्री के स्वास्थ्य, शिक्षा, राजनीतिक, स्वतन्त्रता और राजनीतिक भागीदारी यहाँ तक कि व्यक्तिबोध जैसे मौलिक अधिकारों से उसे वंचित रखा। आज मोहभंग की स्थिति है—

''अश्लील लगते हैं धार्मिक प्रपंच
उतने ही जितने कि हीरे
बाढ़ पीड़ित क्षेत्र में रसद टपकाते
महापौर की उँगलियों के।''[19]

देह, देहरी, देवी की परिधि से निकलकर जब स्त्री दिल, दिमाग और दृष्टि की ओर बढ़ रही है तो सभ्यता और संस्कृति थराथरा रही है। परम्परा, रीति-रिवाज ही हैं, जिन्होंने नारी को इस अमानवीय दशा में पहुँचाने के लिए एक महत्त्वपूर्ण घटक के रूप में कार्य किया है। क्योंकि 'यत्र नार्यस्तु पूज्यन्ते रमन्ते तत्र देवता' की इस संस्कृति में 'इस सभ्यता के पास, स्त्री को कोख में मार देने की पूर्ण गांरटी है।'—सन्ध्या गुप्ता की यह पंक्ति इस सत्य को उद्घाटित करने के लिए पर्याप्त है।

परम्परागत स्त्री छवियाँ : भारतीय समाज सदियों से परम्परा का वहन करता आ रहा है। कुछ परम्पराएँ व्यक्तिगत और सामाजिक स्वास्थ्य के लिए बेशक लाभप्रद हैं, लेकिन अनेक परम्पराएँ ऐसी हैं, जो कालबाह्य हैं और हानिकारक भी। सामन्ती परिवारों में आज भी एक बड़ी थाल में मालिक को खाना परोसा जाता है—इतना ज्यादा परोसा जाता है कि उसकी जूठन पर पल जाये पत्नी और कामगार दलित—प्राचीन दास प्रथा का साक्षात् उदाहरण।

भोग्या : दूसरी प्रथा देवदासी प्रथा—स्त्री को मात्र भोग्य के रूप में परिणत कर उसका निरन्तर शोषण करते रहना। धार्मिक पाखंड के नाम पर स्त्रियों को शोषित करने का अधिकृत लाइसेंस।

प्राचीन काल में सैकड़ों वर्षों तक नारी पुरुषों के बीच युद्ध का विषय बनी रही, जिसका निर्णय अन्त में यह हुआ कि जिस स्त्री के कारण लोगों में तलवारें खिंच सकती हों, उसे नगरवधू का सम्मान देकर सामूहिक भोग की वस्तु बना दिया जाये। आम्रपाली बौद्धकाल में उसी कारण नगरवधू बनने को मजबूर हुई।

ऐतिहासिक चरित्र : आम्रपाली—नगरवधू अनामिका की कविताओं में एक नये रूप में, नये अर्थ में पहचान पाती है। अनामिका सेवारत आम्रपाली से जीवन जीने की प्रेरणा पाती हैं। नारी में विद्यमान सेवाभाव ही उसे बाकी आधी दुनिया से अलग कर देता है—

"सुनती हूँ मैं गौर से आम्रपाली की बातें
सोचती हूँ कि कमंडल या लौकी या बीजकोष—
जो भी बने जीवन, जीवन तो जीवन है!
हरियाली ही बीज का सपना,
रस ही रसायन है!"[10]

हरियाली बीज का एकमात्र और अन्तिम सत्य होता है, जिसके लिए उत्सर्ग होने की हिचकिचाहट बीज कहीं नहीं दिखाता। शायद यही उत्सर्गेच्छा कहीं न कहीं स्त्री को उसी मानवीय और जीवनगत गरिमा के समक्ष और समकक्ष खड़ा कर देती है। अनामिका की कविताओं में स्त्री चेतना का यही गहरा और व्यापक स्वर उभर कर आता है।

मानसिक गुलामी : हमारा सामाजिक और सांस्कृतिक ढाँचा स्त्री-पुरुष सोच को निर्मित करता है। खासतौर पर स्त्रियों की भूमिका को। उन्हें जो मूल्य दिये जाते हैं, वे हैं—परिवार और वंश, विवाह और धार्मिक संस्कार। यही नहीं, धार्मिक अनुषंग तो स्त्री मुक्ति की राह में बहुत बड़ी बाधा रहे हैं, जो आज तक स्त्री को दबाने में महत्त्वपूर्ण भूमिका निभाते रहे हैं। पारम्परिक साक्ष्य यह है कि पुरुष के वीर्य की स्तुति के सैकड़ों स्रोत हैं, जबकि हिन्दू धर्म में 'करवा चौथ', 'तीज' आदि के व्रत स्त्रियाँ अपने पति की दीर्घायु के लिए करती हैं, जबकि पुरुषों के लिए ऐसा कोई विधान नहीं है। एक पत्नी के होते हुए वह दूसरा विवाह तक करने को स्वतन्त्र है। स्त्रियों को परम्परा और संस्कृति के नाम पर दोयम दर्जे का नागरिक बनाने वाली रूढ़ियाँ हर धर्म में मौजूद हैं, क्योंकि सभी धर्म पितृसत्तात्मक ढाँचे को मज़बूत करने के लिए बने हैं। क़ुरान के अनुसार—"तुम्हारी बीवियाँ तुम्हारे लिए खेतियाँ हैं, बस जाओ जिस तरह चाहो अपने खेत में।"[11] आश्चर्य तो इस बात का है कि आज के वैज्ञानिक युग में भी मानव सातवीं सदी की इस पिछड़ी व्यवस्था को बिना किसी तार्किक परिणति का खयाल किये हृदय से स्वीकार करता है। आज भी यहूदी लोग सुबह की प्रार्थना में कहते हैं—ईश्वर का भला हो कि उसने हमें औरत नहीं बनाया। निस्सन्देह ऐसी स्थिति में औरतों को यह कहना चाहिए कि ईश्वर का बुरा हो कि उसने हमें औरत बनाया, मगर वे अपनी प्रार्थना में कहती हैं—ईश्वर का भला हो कि उसने हमें पुरुषों की इच्छाओं के अनुरूप बनाया। पितृसत्ता में लड़कियों की मानसिक गुलामी का यह ज्वलन्त उदाहरण है। जहाँ वह मानती है कि उसकी सत्ता उसका वजूद सिर्फ पुरुष के कारण और पुरुष के लिए है। अपनी जगह वह घर की चहारदीवादी के अन्तर्गत दासी रूप में ही स्वीकार करती है।

साँझ की वेला में नियति : अच्छा परिवार, विवाह परम्परा आदि ने स्त्री को जो विरासत और अवधारणाएँ सौंपी हैं, उसमें बँधी स्त्री किस पीड़ा को झेलती है तथा विभाजित हो कई हिस्सों में बँट जाती है। स्त्री की इसी नियति का, घुटन का,

अनामिका इस प्रकार आकलन करती हैं—

"सूखे हुए फूल, ठोंगे प्रसाद के,
मालाएँ और ऐसी सारी चीजें जिनपर
झाड़ू लगाना
माना जाता था निषिद्ध

....

देखती हूँ जब भी दादी को—
छप्पर पर एक ओर अटकाकर
छोड़ी गयी फूल मालाएँ
आती हैं याद।"[12]

प्राचीन मान्यताओं के अनुसार पूजा में प्रयुक्त चीजों पर झाड़ू लगाना वर्जित माना जाता है। उन्हें यूँ ही छप्पर पर अटकाकर छोड़ दिया जाता है, ताकि वह वहीं धूप, हवा, बारिश के साथ तत्त्वलीन हो जाएँ। लेकिन अनामिका इसे स्त्री जीवन के साथ जोड़कर एक नया अर्थ ही व्यंजित करती हैं।

पारिवारिक स्थिति में वृद्धों के जीवन का मार्मिक चित्रण यहाँ देखने को मिलता है, लेकिन अनामिका को स्त्री जीवन की यह नियति मान्य नहीं। वह प्रतिरोध का स्वर मुखर करती हैं, वर्जनाओं को तोड़कर अपनी जिन्दगी अपने मनपसन्द ढंग से जीना चाहती हैं।

"सोचती हूँ, जब मेरे आयेंगे—
छप्पर पर सूखने के दिन,
मैं तो उदास नहीं लेटूँगी।

....

पंखों पर उड़ जाऊँगी—
सारी हद-बेहद के पार।"[13]

उम्र के इस पड़ाव पर पारम्परिक खाँचे में बँधी जिन्दगी जीने से नकारना, स्व-निर्णय लेना अनामिका की कविताओं में स्त्री चेतना की आहट दर्ज है। उनकी कविताओं में इन सड़ी गली मान्यताओं के प्रति विद्रोही स्वर भी सुनाई देता है। वह मानती हैं नारी सम्पूर्ण है, वह किसी पुरुष को यह अधिकार नहीं देतीं कि पुराने आरोपित मूल्यों को आधार बना वह स्त्री को उसी रूप में देखे, समझे! स्त्री की अपनी स्वतन्त्र सत्ता है। वह अपनी शर्तों पर जीना सीख गयी है। पूर्वग्रह मंडित छवि को तोड़कर उन्मुक्त उड़ान भरना चाहती है और उसकी यह बेचैनी अनामिका की कविता में भी परिलक्षित होती है—

"बिना स्याही की कलम
लिखती रही, लिखती रही

जिस पेज पर—वो पेज है बेचैन।"[14]

परम्परागत मूल्यों और आस्था से पलायन: पुरानी परम्परा और मूल्य विवाह को सात जन्मों का बन्धन मानते हैं; जोकि ईश्वर द्वारा संयोजित है। लेकिन आज की स्त्री विवाह को दो स्वतन्त्र व्यक्तियों के बीच एक पारस्परिक समझौते से उत्पन्न सम्बन्ध स्वीकारती है और यदि यह सम्बन्ध अपेक्षित सुख नहीं देता तो वह इसे तोड़कर स्वतन्त्र रहना अपेक्षाकृत बेहतर समझती है। अनामिका इस परिवर्तित विचार को अपनी कविता में स्थान देती हैं—

"पर इतना तो है बिल्कुल निश्चित
अब किसी जन्म में मैं उसका
साथ नहीं चाहती।"[15]

व्रत, तीज-त्योहारों के प्रति आस्था से टूटता मोह भी अनामिका की कविताओं में परिलक्षित होता है। स्त्री के जागरण को वह स्वर देती हैं। वर्षों से दाम्पत्य जीवन में होते अत्याचार को सहती स्त्री अपना प्रतिशोध उपवासों के नियम को तोड़कर लेती है और अनामिका इस सच को बहुत सहज ढंग से काव्यानुभूति में परिवर्तित करती हैं—

"जीवन भर जो तुमने तंग किया
उसका बदला मैंने ऐसे लिया
हर करवा चौथ के दिन
छुपकर खाया
मैंने मिरिच का अचार!"[16]

साथी रूप में: स्त्री-विमर्श क्या है? पुरुष-स्त्री की सहभागिता हर क्षेत्र में—पारिवारिक स्तर पर भी और सामाजिक स्तर पर भी। अनामिका ने इस विषय पर गहन चिन्तन किया है, जो उनकी रचनाओं में भी स्पष्टतः परिलक्षित होता है। आधुनिकता के इस युग में भी परम्परागत तरीके से काजल बनाने की प्रक्रिया को वह बड़े विशिष्ट अन्दाज में वर्णित करती हैं—

"दीये की लौ पर उलटकर
ऐसे अन्दाज से टिकाया जाता था कजरौटा
कि दोनों का काम चलता रहे—
न धुआँ छितराए, न दीया बुझे।"[17]

उपरोक्त पंक्तियाँ साक्ष्य हैं कि किसी भी निर्माण प्रक्रिया में दोनों पक्षों का समान सहयोग अनिवार्य है। पारिवारिक संस्था में सम्बन्धों के निर्माण और प्रगाढ़ता के सन्दर्भ में यहाँ 'लौ' और 'कजरौटे' को क्रमशः 'स्त्री', 'पुरुष' का बिम्ब माने तो आशय स्पष्ट लक्षित होता है।

कहना गलत न होगा कि अनुभव की व्यापकता को लेकर अनामिका सबसे धनी

हैं और इसकी प्रामाणिकता उनकी कविताओं में आये स्त्री संवेदना के विविध फलक हैं। स्त्री का जीवन, उसके दुख-सुख, उसकी उल्लासमयता को अपनी सांस्कृतिकमयता के सहारे जीवन की जटिलताओं को, विरोधाभासों को घूँट-बाँधकर पीती औरतों की संवेदनाएँ अनामिका के यहाँ नये अर्थ के साथ सामने आती हैं, जो अब तक के नजरिये के बरअक्स अपने को खड़ा करती हैं।

बेटा-बेटी में विभेद की दृष्टि : पुत्र और पुत्री के बीच जो भयावह अन्तर समाज में प्रचलित रहा है, वह स्त्रियों की दुरवस्था का सर्वप्रमुख कारण है। कन्या के जन्म को ही दुर्भाग्यपूर्ण, अपशकुनसूचक और अमंगलकारी माना जाता रहा है। कुटुम्बों के पितृमूलक और पुरुषात्मक होने के कारण कन्या, बालिका या स्त्री को वह समुचित स्थान हमारे समाज में कभी भी नहीं मिला, निर्विवाद रूप से जिसकी वे अधिकारिणी हैं। ऐतरेय ब्राह्मण पर सायणकृत भाष्य में कहा गया है–

"सम्भवे स्वजन दुःखकारिका, संप्रदानसमयेऽर्थहारिका
यौवनेऽपिबहुदोषकारिका, दारिका हृदयविदारिका पितुः।"[18]

अर्थात् कन्याएँ जन्म के समय स्वजनों को दुख पहुँचाती हैं, विवाह के समय धन ले जाती हैं, युवावस्था में अनेक दोषों से कलंक का कारण बनती हैं, अतः पिता के लिए वे सदैव हृदयविदारिका सिद्ध होती हैं।

पारम्परिक सत्य ही नहीं, अधुनातन सत्य भी यही है कि लड़कियों का जन्म आज भी बहुत से भारतीय परिवारों में स्वीकार्य नहीं। परिवेशगत परिस्थितियों के चलते आज भी वह परिवार के लिए बोझ समझी जाती हैं। या तो कोख में ही उन्हें समाप्त कर दिया जाता है और यदि जीवित भी रहती हैं तो उनका पालन-पोषण सुख-सुविधाओं के अभाव में किया जाता है। बचपन की यही ग्रन्थि ताउम्र लड़की के मन में अधिकारशून्य जीवन जीने की विवशता पैदा कर देती हैं वह परनिर्भरता की सीढ़ियाँ चढ़ते-चढ़ते अपनी ज़मीन पर चलना भूल जाती है। अनामिका इस सामाजिक असमानता के प्रति आवाज उठाती हैं–शब्दों के माध्यम से और इस स्थिति में सामंजस्य बिठाने से इंकार कर देती हैं। सम्पूर्ण स्त्री जाति का प्रतिनिधित्व करते हुए वह कहती हैं–

"नहीं चाहती मैं कि
कोई करने बैठे मेरी व्याख्या सप्रसंग
सारे सन्दर्भों के पार
मुश्किल से उड़कर पहुँची हूँ
ऐसी ही समझी-पढ़ी जाऊँ
जैसे अधूरा
'अभंग'।"[19]

परम्परा बनाम वृद्धाएँ : अनामिका जहाँ कुछ पुरानी जर्जर परम्पराओं से नारी

की मुक्ति चाहती हैं, वहीं कुछ परम्पराओं का, जो मानवीय संवेदनाओं से सम्बद्ध हैं और जिनका सामाजिक सरोकार भी है, छूटते जाना उन्हें उद्वेलित भी करता है। 'मौसियाँ' कविता उसी का उदाहरण है। स्त्री-सम्बन्धों की महीन बुनावट और रिश्तों के गहरे जुड़ाव, उनके कार्य-व्यवहार, अनुभूतियों को शब्द देकर अनामिका जिस प्रकार परिदृश्य उपस्थित कर देती हैं, वह अद्‌भुत है। 'मौसियाँ' कविता एक ऐसे प्रसंग की शब्दबद्ध प्रस्तुति है, जिसमें पुराने जमाने में गर्भधारण करने के समाचार से ही गाँव की मौसियाँ उस गर्भवती स्त्री की सहायता के लिए पहुँच जाती थीं और घर की साज-सँभाल कर देती थीं। उसके उलझे बालों की गाँठें सुलझाते-सुलझाते मन की गांठें भी सुलझा देती थीं–

''मेहनत से सुलझाती हैं भीतर तक के उलझे बाल
कर देती हैं चोटी-पाटी
और डाँटती भी जाती हैं कि
तू किस धुन में रहती है जो
बालों की गाँठे भी तुझसे ठीक से नहीं निकलतीं
बाल के बहाने गाँठें सुलझाती हैं जीवन की।''[20]

अपने अनुभवों के ज्ञान से जीवन जीने के अनेक सूत्र, घरेलू वैद्यक नुस्खे आदि भी बताती जाती थीं, लेकिन अफसोस है कवयित्री को, कि–

''बीसवीं शती की कूड़ागाड़ी
लेती गयी खेत से कोड़कर
जीवन की कुछ जरूरी चीजें–
जैसे मौसीपन, बुआपन,
चाचीपंथी और अम्मागीरी मग्न
सारे भुवन की ।''[21]

शहरी संस्कृति : शहरीकरण ने जहाँ ग्रामीण संस्कृति को आघात पहुँचाया है, वहीं व्यक्ति को व्यक्ति से दूर भी कर दिया है। संयुक्त परिवारों का विघटन, सम्बन्धों में आयी रिक्तता की ही परिणति है। जिन घरों में आज भी बुजुर्ग महिलाएँ हैं, वहाँ परम्पराओं का सही ढंग से निर्वहन हो रहा है; वरना तो इस आधुनिक मशीनी युग में परम्पराओं का वहन मात्र सामाजिक दिखावा ही रह गया है। अनामिका की कविता संयुक्त परिवार में कुछ इसी तरह का उल्लेख मिलता है–

''पितृपक्ष के तर्पण!
नाश्ते से अंडे हटाती हैं बड़ी बुआ–
दस दिन नहीं यह सब
दस दिन तो पूर्वजों की स्मृति में
संयम बरतो।''[22]

कहने का तात्पर्य है कि संयुक्त परिवारों में स्त्रियों ने ही परम्परागत कलात्मक रूपों को स्मृति में सुरक्षित रखा एवं श्रव्यता के आधार पर पीढ़ी दर पीढ़ी इनको वर्तमान समय तक लाने का प्रयास किया। आज जब स्वार्थ का ही बोल हर जगह सुनाई देता है। हमारी बुजुर्ग पीढ़ी के मुँह से दुश्मन के लिए भी आशीष वचन ही सुनाई देते हैं। इन निर्मल भावनाओं की प्रतिकृति अनामिका की कविताओं में झलकती है। पुरानी मान्यताओं का साकार रूप तथा हर छोटी से छोटी समस्या के समाधान स्वरूप हैं ये वृद्ध जन—

''जब किसी दुश्मन के भी छींकने पर
मुँह से निकलता था काकी के—
'शतमजीव, अबे नासपीटे'।

....

किसी को जो आती थी हिचकी
चौंकाने वाले कुछ किस्से सुनाकर
साँस टाँग देती थीं सिकरी पर
और फिर कहती थी हँसकर—
'पानी पी, पानी, भितरघुन्ने।''[23]

ग्राम्य संस्कृति की झलक: वर्तमान में शब्द चाहे परिवर्तित हो गये हों, पर आज भी हमारे जीवन में यह बदले स्वरूप में विद्यमान हैं। बुजुर्ग महिलाओं के कारण ही परिवार में आज भी परम्पराएँ ज़िन्दा हैं, लेकिन कल तर्कों के नीचे दबकर यह अपना दम तोड़ देंगी। जन्म, मरण, विवाह और अनेक पर्वों पर प्रचलिति रस्में अब धीरे-धीरे लुप्तप्राय होती जा रही हैं। अनेक प्राचीन रस्मों का अनामिका की कविताओं में ज़िक्र होता है, जिनमें से एक है 'कोहबर'—इसके विषय में पाठकों को अवगत कराते हुए वह उन्हें परम्परागत स्मृतियों से जोड़ती हैं—

''यहाँ दूल्हा दुल्हन को
देखता है पहली दफा—
तेल-सिंदूर और काजल-पसीना,
सोना-चाँदी-लोहा-गोटा-नगीना,
नींद, भूख-प्यास और अपरिचय के बीच।''[24]

लेकिन बदलते परिवेश के साथ-साथ इन सभी का स्वरूप भी बदलता जा रहा है। केवल ग्रामीण संस्कृति ही आज भी इन्हें जीवित रखे हुए है।

सरस्वती पूजा, वसन्त का आगमन, मनिहारिन, खोमचेवाले, बायस्कोप का गलियों में फेरा लगाना आज भी कई पुरानी स्मृतियाँ अनामिका की कविताओं में गहन संवेदना के साथ उतर आती हैं—

''जब वसन्त, बँटता था गली-गली

कुल्हड़ में, चुकिया और ठोंगों में
बेर-बुंदिया-रसभरी और
रामकेसोर की फाँकों में
कटा हुआ
बंकिम।''[25]

लेकिन आज का परिदृश्य बिल्कुल भिन्न है—

''कामदेव अब भी चलाते हैं तीर
पेज थ्री वाली तस्वीरों से,
पर जाने क्या बात है
कि हूक उठती नहीं,
सूनी अमराई में खाली ही डोल रहा है
हर हिंडोला।''[26]

ये पंक्तियाँ व्यक्त करती हैं मानव हृदय की संवेदन शून्यता। मूल्यों का घटते जाना और सम्बन्धों का छँटना, धीरे-धीरे व्याप्त होती संवेदनहीनता की यह स्थिति ही अनामिका की कविता की चिन्ता है।

नये परिदृश्य में आधुनिक नारी ने पुरानी मान्यताओं, व्याख्याओं के साथ-साथ परम्परागत नैतिकता को भी अस्वीकार कर दिया है, यौन-शुचिता का मिथ अब उसे डराता नहीं है। वह पाप-बोध के संत्रास से मुक्त हो गयी है। नारी की इस स्वतन्त्रता ने पातिव्रत धर्म की मान्यताओं में परिवर्तन किये हैं। उसे कगारों, तटों का बन्धन अमान्य नहीं किन्तु, बहने की स्वाभाविक, स्वच्छन्द धारा भी चाहिए।

स्त्री मुक्ति के सन्दर्भ में अगर मुक्ति की बात करें तो मुक्ति का अर्थ है—नारी की वस्तु रूप से मुक्ति, सड़ी-गली मान्यताओं और धार्मिक रूढ़ियों से मुक्ति। नारी आज परम्परागत रीति-रिवाजों को दरकिनार कर स्वतन्त्र रूप से निर्णय ले रही है—वह आज माता-पिता को आर्थिक रूप से संबल और सुरक्षा प्रदान कर रही है। यहाँ तक कि उनकी मृत्यु के पश्चात् अन्तिम कर्मकाण्ड (जिनपर पहले बेटों का ही अधिकार था) भी स्वयं ही सम्पन्न कर रही हैं। आज के संघर्षपूर्ण युग में नारी अपनी स्थिति पुरुष की स्थिति से कमतर आँकने को बिल्कुल तैयार नहीं है।

लेकिन पुरुषसत्ता परम्परा से प्राप्त सुविधाएँ और विकास के लाभों को पाने के लिए तत्पर अपने विशेषाधिकार छोड़ने के लिए तैयार नहीं। इसी द्वन्द्व से हमारे सामाजिक संस्कारों और सामाजिक टकराहटों का स्वरूप निर्धारित होता है। अनामिका की रचनाओं में यह द्वन्द्व, यह टकराहट ध्वनित होती है।

आधुनिक परिप्रेक्ष्य में: स्त्रियाँ आधुनिकीकरण की रोशनी में स्वयं को पुनः परिभाषित करने की कोशिश कर रही हैं। अब स्त्री के पास अपनी स्वतन्त्र राय है, जो परम्परा से भिन्न है; परन्तु परम्पराओं से पूर्ण मुक्ति कदापि नहीं। भारतीय स्त्री

अनेक अर्थों में अपने को परम्परागत बनाये रखकर आधुनिकीकरण की प्रक्रिया में शिरकत कर रही है।

आधुनिक नारी परिवार और कार्यक्षेत्र दोनों ही स्थानों पर कार्य करने के कारण अतिरिक्त दबाव सहन कर रही है। परम्परावादी स्त्री को पराया धन समझकर उसका कन्यादान करना ही अपना अन्तिम कर्तव्य मान रहे हैं, परन्तु आधुनिक दौर में स्त्री अब किसी कर्तव्य की परिणति मात्र न होकर संघर्ष का दूसरा नाम बन गयी है। उसका यही रूप स्त्री-विमर्श की रूपरेखा बन गया है।

उपभोक्तावादी संस्कृति : प्रारम्भ से ही स्त्री शरीर 'स्त्रीपन' का अनिवार्य अंग रहा है, लेकिन उसे 'स्त्रीत्व' की पुनःनिर्मितियों के माध्यम से नये सिरे से देखने- परखने की वैज्ञानिक क्षमता अब स्त्रियों ने हासिल कर ली है। पूरी सामाजिक परिसीमाओं के बावजूद स्त्री-विमर्श के मुद्दों में देह और सौन्दर्य की राजनीति महत्त्वपूर्ण बना दी गयी है।

उपभोक्तावादी संस्कृति पर प्रहार करती हुई प्रसिद्ध नारीवादी लेखिका जर्मन ग्रियर लिखती हैं—"क्रान्ति के लिए जरूरी है कि स्त्रियाँ पूँजीवादी राज्य में उपभोक्तावादी बनने से इनकार कर दें।"[27] क्योंकि मौजूदा उपसंस्कृतिमूलक उत्तर-आधुनिकतावादी उपभोक्तावाद स्त्रियों को 'कमोडिटी' बना देने की साजिश में लिप्त है। स्त्रियों का एक खास वर्ग उनकी इस मंशा का शिकार हो 'यौनाश्रम' के नये रूप से सम्बद्ध है। नव उदारीकृत बाजार व्यवस्था में देह बनी स्त्री, उत्पाद बेचती स्त्री स्वयं उत्पाद में तबदील होती अग्रसरित है।

वर्तमान समाज में नारी मुनाफा कमाने का एक अत्यन्त सशक्त माध्यम बन गयी है। इसके शोषण का यह स्वरूप तब और स्पष्टता से देखने को मिलता है, जब वस्तुओं के विज्ञापन में नारी का नग्न प्रदर्शन किया जाता है। जिन वस्तुओं की बिक्री का महिलाओं से सम्बन्ध तक नहीं होता (शेविंग क्रीम, शराब, बनियान, सिगरेट आदि) उनमें भी नारी की उपस्थिति अनिवार्य मान ली गयी है। विज्ञापनदाता की कोशिश यही रहती है कि महिलाओं को कम से कम कपड़ों में दिखाकर ग्राहकों का ध्यान आकृष्ट करें। एक ओर सेक्स के प्रति वर्जनाएँ और दूसरी ओर उसका इतना खुला और भोंडा प्रदर्शन, वह भी यह मान कर कि औरत के शरीर का प्रदर्शन बिक्री बढ़ा सकता है यही जतलाता है कि नारी उस खास वस्तु से भी निचले स्तर की है, जिसकी बिक्री बढ़ाने के लिए वह सरेआम निर्वसन हो रही है।

यहाँ राष्ट्रीय सहारा में छपा एक अंश उद्धृत करना चाहती हूँ—"मनुष्य सभ्यता के इतिहास में स्त्री-अस्मिता, उसके समानाधिकार और स्वाधीनता का सवाल काफी उलझा ही रहा है। लगभग सभी सभ्यताओं और उनकी संस्कृतियों में प्रारम्भिक मातृप्रधान व्यवस्था के बाद पुरुष प्रभुत्व ही बना रहा है। स्त्री की अब तक की सारी लड़ाई उसको 'देह' माने जाने के विरुद्ध थी, उसे विचारसम्पन्न इनसान समझने

और समझाये जाने की थी। लेकिन आज की भौतिक सम्पन्नता, उपभोक्तावादी संस्कृति, वस्तुवाद और बाजारवादी ताकतों ने सबसे बड़ा संकट उसी के सामने खड़ा किया।''[28]

शब्दशः कहें तो आज स्त्रियाँ तन-मन-धन से सेवा में लगी रहती हैं। तन-मन से तो वे पहले भी लगी रहती थीं और अब तो अपने कमाये हुए धन का विनियोग भी वे घर में ही करती हैं। नारी आज नैतिकता के नवीन मूल्यों को न केवल अपना रही हैं, बल्कि अपनी सुविधानुसार नये मूल्य गढ़ भी रही हैं। मार्टिन लूथर किंग के अनुसार–शोषक कभी स्वेच्छा से स्वतन्त्रता नहीं देता शोषितों को ही स्वतन्त्रता माँगनी पड़ती है। स्त्री मुक्ति आन्दोलन इसी का प्रतिरूप है। स्त्री अपनी स्वतन्त्रता के प्रति पूर्ण सचेत हो रही है। धार्मिक ग्रन्थों में यौनेच्छा और सहवास का सुख, जो अब तक केवल पुरुषों के सन्दर्भ में ही रेखांकित किया जाता रहा है, आज की स्त्री अब अपनी कामभावनाओं की पूर्ति के लिए स्वयं को स्वतन्त्र और कुंठारहित मानकर इसको अपने जीवन का एक महत्त्वपूर्ण अंश मान रही है।

भ्रमात्मक स्थिति : आधुनिक उद्योगजगत में अधिकतर सजी-धजी मनोहर बालाएँ लगातार मुस्कुराते रहने को जो अभिशप्त हैं, अक्सर अपनी मुस्कान का उपयोग घूँघट के रूप में कर रही है। घर से पिटकर भी निकली हों, बच्चा बीमार हो घर में अकेला, खून की कमी से चक्कर आ रहे हों, कोई लगातार प्रेम के दावे ठोंकता हुआ होटल के कमरे में चलने को कह रहा हो तो भी हँसना–एक तरह का ड्रेसकोड है यह मनोहर मुस्कान, नये ढंग की पर्दादारी। अनामिका इसे कविता में इस प्रकार अभिव्यक्त करती हैं–

''नये ज़माने का तो घूँघट हँसी ही है।
सब औरतों के मुँह पर यह पड़ी है–
एक नये ड्रेसकोड की तरह।''[29]

इसी सन्दर्भ में चन्द्रकान्त देवताले की कविता की कुछ पंक्तियाँ द्रष्टव्य हैं–

''औरतों को कैसे याद रह सकता है
कब-कब और कितनी बार
आते-आते आँसुओं को आँखों में आने से रोका
और उसी क्षण होंठों पर हँसी पैदा करने में कामयाब हुई।''[30]

यहाँ कामयाब शब्द में निहित अर्थ-विडम्बना पर गौर करें तो नाकामी या विफलता की चुभन को यह शब्द छिपा नहीं रहा, बल्कि उसे तीव्रतर बना रहा है। भले ही बीसवीं सदी हो, महिला सशक्तीकरण का ज़ोर हो, लेकिन अफसोस है कि स्त्रियाँ आज भी घरेलू हिंसा से त्रस्त हैं। अनामिका कहती हैं–

''कितना अच्छा है.......यह बीसवीं सदी है
अब पिटकर जा सकती हूँ मैं ब्यूटी-पार्लर!

वहाँ मुझे मिलेगी आरामकुर्सी,
और लड़कियाँ, बिना कुछ पूछे
कर देंगी मेरी बरफ पट्टी!

× × ×

अब पिटकर जा सकती हूँ बाज़ार
अपने लिए एक टॉफी खरीदकर
जल्दी भुला सकती हूँ मुँह की कड़वाहट,
सारा मियादी बुखार।''[131]

ये पंक्तियाँ समाज के बदलते स्वरूप का चित्र तो खींचती हैं, परन्तु स्त्री की दयनीय स्थिति (जो कि पुराने समय से चली आ रही है) को भी उजागर करती हैं। आज इस आधुनिक जिन्दगी में अपनी पीड़ा छिपाने के साधन चाहे बदल गये हों, परन्तु स्त्री-व्यथा वही चिरपरिचित है।

बाजारवाद : मानव सभ्यता में हो रहे लगातार तकनीकी विकास से आज की सारी दुनिया दूरी के हिसाब से सिमटती जा रही है लेकिन इन नजदीकियों ने दरअसल भौगोलिक दूरियाँ भर कम की हैं, हमारे बीच का भावनात्मक फ़ासला वस्तुतः बढ़ता ही जा रहा है, मन की दूरी बढ़ती ही जा रही है। बाजार की अपनी एक भाषा है, अपनी एक परिभाषा है, जिसमें हर चीज़ बस बेचे और खरीदे जाने के लिए है। बाजार में भावनाओं, संवेदनाओं, सम्बन्धों की कोई जरूरत नहीं होती। आज की स्त्री भी इस स्थिति में समझौता कर पुरुष समाज को चुनौती देने की मुद्रा में है और अनामिका की स्त्री का स्वर यहाँ प्रखरता से मुखर हो उठता है–

''एक दिन आऊँगी मैं टी.वी. पर
एक अँगूठे की तरह दिखाऊँगी देह–
दूर से।
काया जब छाया की माया बन जाएगी,
ललकारूँगी शोहदों को तब
'आ बैल, मुझे मार' हिम्मत है तो आ जा!''[132]

परिवर्तित मिथक : ऐतिहासिक चरित्रों को आज के सन्दर्भों से जोड़कर अनामिका एक नया ही अर्थ गढ़ती हैं तथा एक नया ही सन्देश ग्रहण करती हैं। चाहे वह आम्रपाली हो, रत्नावली हो, बहिनाबाई या भामती। 'भामती की बेटियाँ' कविता भी इसी की एक कड़ी है। नारी की शक्ति से अनामिका परिचित भी हैं और उसकी ओर से आशान्वित भी, तभी तो वह लिखती हैं–

''दीये से नहीं, नहीं छाया से
इन्होंने अपनी कलम से लिखा है जो
आपके समानान्तर–

भाष्य उसका
करने बैठेंगे जब
सारे ये दिग्दिगान्तर,
मैं चैन की साँस लूँगी–
कृपा नहीं, प्रेम का प्रसाद भी नहीं लेंगी।
भामती की बेटियाँ
ग्रन्थ अपने स्वयं ही रचेंगी
लगातार
इसी तरह
हर युग में।'[133]

नारी विमर्श के बिल्कुल नये रूप में–आम्रपाली, रत्ना, भामती के मिथक को आज की कसौटी पर कसकर दिखाने का समर्थ प्रयत्न है यह। भामती और राधा की बेटियाँ उत्तर-आधुनिक युग की बेटियाँ हैं। अनामिका की कविताओं में स्त्री मुक्ति के विविध आयाम हैं। घर और बाहर दोनों जगह अपनी भूमिका निभाते हुए मुक्ति के लिए प्रयासरत है आज स्त्री। उनकी कविताओं में परम्परा के प्रति आलोचनात्मक रवैया और प्रगतिशील दृष्टि के कारण किसी प्रकार का 'नास्टेल्जिया' नहीं है। यह उचित है कि हर स्त्री को अपनी देह के उपयोग का हक़ है लेकिन विचारणीय यह है कि इस अधिकार के नाम पर देह-मुक्ति से यौन-मुक्ति का सफर सामाजिक सम्बन्धों को खोखला बना सकता है।

स्वतन्त्रता से अभिप्राय सौन्दर्य प्रतियोगिताओं और विज्ञापनों की उपभोक्तावादी अन्धी दौड़ में शामिल होना मात्र नहीं समझा जाना चाहिए। स्त्री को अपनी ग़ुलामी के इस नये रूप को पहचानना तथा पुरुषत्व के आधिपत्य तथा स्त्रीत्व को उपभोग का पर्याय बनाने के इस उत्तर-आधुनिक षड्यन्त्र को निष्क्रिय करना चाहिए।

विविध माध्यम अब भी स्त्री की स्वतन्त्रता पर आक्रमण कर रहे हैं। विभिन्न सभ्यताओं ने विविध रूपों में जिस प्रकार उसके शरीर और सौन्दर्य को कभी पुरुष के एकान्त और कभी सार्वजनिक उपभोग की वस्तु बनाने में कोई कोताही नहीं बरती थी। आज भी बाजार की शक्तियाँ अधिक सुनियोजित ढंग से वही सब कर रही हैं।

स्त्री : मात्र देह के रूप में : जब भी स्त्री-विमर्श की बात होती है तो नारी देह का सवाल जरूर उठाया जाता है। देह को स्त्री-पराधीनता का पर्याय मानते हुए सीमोन द बाउवार ने अपनी पुस्तक 'द सेकेण्ड सेक्स' में लिखा है कि औरत जन्म से औरत नहीं होती, बल्कि बढ़कर औरत बनती है। कोई भी जैविक, आर्थिक या मनोवैज्ञानिक नियति आधुनिक स्त्री के भाग्य की अकेली नियन्ता नहीं होती। पूरी सभ्यता ही इस जीव का निर्माण करती है। अपने तर्क को आगे बढ़ाती हुई वह

कहती हैं—'लड़का जहाँ अपने लिंग में स्वायत्त वैयक्तिकता खोजता है, वहीं लड़की अपनी गुड़िया और कपड़ों में लिपट जाती है।' वह खुद भी अपने आपको एक सुन्दर गुड़िया समझने लगती है।

वर्तमान काल में उत्तर-आधुनिक विचारकों ने औरत के प्रश्न को सत्ता या शक्ति के विमर्श के रूप में व्याख्यायित किया है, उत्तर आधुनिक पॉपुलर संस्कृति ने अवसर दिया है कि स्त्री देह की व्याख्या स्त्री करे और उसका नक्शा वही बनाये। स्त्री देह कविता का एक उत्तर-आधुनिक तत्त्व है।

यद्यपि रीतिकाल से स्त्री-देह पुरुषों के रीति-शास्त्र द्वारा परिभाषित है, लेकिन हर बार स्त्री देह पर जोर है और उसकी पवित्रता वहाँ नहीं है, इसलिए पुरुषों की व्याख्या में भी एक देह कभी स्वतन्त्र हो उठती है। इसे आलम और रंगरेज़न के क़िस्से में देख सकते हैं। कहते हैं कि एक बार आलम साहब ने रंगरेज़िन को अपनी पगड़ी रँगने को दी। भूल से एक कागज का टुकड़ा, जिसको आलम ने आधा दोहा लिखकर फिर किसी समय पूरा करने के लिए बाँध दिया था, बँधा ही रह गया। पगड़ी धोते समय रंगरेज़न ने उस कागज के टुकड़े को खोलकर पढ़ा। उसमें लिखा था—'कनछतरी सी कामिनी, काहे को कटि छीन।' शेख नामक रंगरेजन ने उसके नीचे—'कटि को कंचन काटि विधि, कुचन माहिं धरि दीन'—लिखकर पगड़ी धोकर उसी में बाँध दिया। आलम ने दोहे की पूर्ति देख उसी समय रंगरेज़न के घर जाकर उसे एक आना पगड़ी की रंगाई और एक हजार रुपये दोहे की पूर्ति के लिए दिये। रीतिकाल में यह दोहापूर्ति रंगरेज़न द्वारा स्त्री-देह का विमर्श है, जिसे इस प्रकार प्रायः पढ़ा नहीं गया है।

आज सूचना क्रान्ति और संस्कृति के भूमण्डलीकरण ने फिर से नारी शरीर को केन्द्र में ला दिया है। विज्ञापनों, फिल्मों, मनोरंजन के तमाम साधनों ने देह को पवित्रता-अपवित्रता से परे भोगने योग्य चीज बना दिया है। देह की इस वापसी को समाज ने बिना किसी प्रतिरोध के स्वीकार कर लिया है।

शरीर प्रदर्शन करने से स्त्रियाँ अब शर्मिन्दगी नहीं, गौरव महसूस करती हैं—सौन्दर्य प्रतियोगिताएँ इसका उदाहरण हैं। अंग्रेजी फिल्मों की बाढ़ ने युवा वर्ग के भीतर नैतिकता की नयी परिभाषा को जन्म दिया है। अधनंगे और नंगे दृश्य अब चौंकाते नहीं हैं। कंडोम और एड्स ने सेक्स के प्रति नये सिरे से सोचने पर मजबूर कर दिया है। एड्स से जुड़े उद्योगों ने सेक्स को शुद्धतावादी, नस्लवादी रास्ते से विमुख करके आनन्दपूर्ण उपभोग की वस्तु बना दिया है। इन परिस्थितियों के कारण एक ओर तो समाज में सादगी, नैतिकता, प्रेम और ईमानदारी जैसे उदात्त मूल्यों के लिए जगह सिमटती जा रही है, दूसरी ओर नारी को सिर्फ एक शरीर, एक उपभोग की वस्तु के रूप में देखने की प्रवृत्ति बढ़ रही है।

दुनिया भर की सुन्दरियाँ, सौन्दर्य प्रसाधनों से लेकर 'पेप्सी' तक बेच रही हैं।

विश्व भर के अर्थशास्त्रियों का कहना है कि स्त्री श्रम की अपेक्षा शरीर बेचकर अधिक कमा सकती हैं और कमा रही हैं। छोट-बड़े पर्दे और पत्रिकाओं द्वारा बनायी गयी इसी स्त्री छवि ने साधारण स्त्रियों को दोराहे पर लाकर खड़ा कर दिया है। निर्णय करने की भरपूर आजादी है–घर या बाहर में से किसी एक को चुनने की। लेकिन 'चुनना चाहिए' से लेकर 'चुनना पड़ेगा ही' तक के बीच आर्थिक दबाव, महँगाई, व्यक्तिगत मानसिक विकास की महत्त्वाकांक्षाएँ स्त्री को न घर में जीने देती हैं और न बाहर।

प्राकृतिक अनिवार्यता–यानी मातृत्व और स्त्री की देह के बन्धन से निकलकर वह अपने अस्तित्व और व्यक्तित्व को परिभाषित कर रही हैं और इसी मार्तृत्व से मुक्ति के अवसर ने उसे स्वयं को देह और देह को हथियार में बदल देने की ताकत भी दी है जिसे आज बाजार का अर्थशास्त्र सौन्दर्य का औद्योगीकरण और देह का उपभोक्तावाद कह रहा है।

अनामिका भी देह और उनसे जुड़े विभिन्न पहलुओं को लेकर चिन्तित दिखती हैं। लेकिन उनके यहाँ स्त्री-विमर्श पुरुषों के विरुद्ध नहीं, समकक्ष खड़ा दिखता है। मैरी उलस्टोन के शब्दों में–'मैं यह नहीं कहती कि पुरुष के बदले अब स्त्री का वर्चस्व स्त्री पर स्थापित होना चाहिए। जरूरत तो इस बात की है कि स्त्री को अपने बारे में सोचने, समझने एवं निर्णय का अधिकार मिले।'

डेराथी पारकर भी इस विचार का समर्थन करते हुए कहती हैं कि हम सब चाहे स्त्री हों या पुरुष, मानव-व्यक्ति के रूप में स्वीकारे जायें। राष्ट्रपति प्रणव मुखर्जी के अनुसार–"सतत आर्थिक तथा सामाजिक विकास की शुरुआत अच्छी तरह तभी हो सकती है, जब महिला नेतृत्व को साथ लेकर सुव्यवस्थित पहलें शुरू की जाएँ। मैं इस बात से पूरी तरह सहमत हूँ कि सांसदों को और अधिक लैंगिक संवेदनशील बनाने वाले कार्य पूरी दुनिया के सांसदों का सबसे पहला लक्ष्य होना चाहिए। उन्होंने कहा कि लैंगिक रूप से संवेदनशील संसद अधिक गम्भीरता से उन सामाजिक समस्याओं का निराकरण कर सकती है, जिनका महिलाओं को सामना करना पड़ता है और जो समाज पर कलंक हैं। इनमें महिलाओं के प्रति हिंसा, बालिका भ्रूणहत्या, महिलाओं एवं अवयस्क बालिकाओं का व्यापार, उन पर अत्याचार तथा शोषण जैसे मुद्दे शामिल हैं। इस समय 15वीं लोकसभा में केवल 11 प्रतिशत महिला सांसद हैं। (विभिन्न देशों की सांसदों की महिला अध्यक्षों की सातवीं बैठक के उद्घाटन समारोह को सम्बोधित करते समय, नयी दिल्ली।)"[34]

उपराष्ट्रपति हामिद अंसारी के अनुसार–"यह एक विरोधाभास ही है कि महिला पुरुष समानता से सम्बन्धित मामलों पर विश्व के अधिकांश भागों में विगत दशकों के दौरान आये बड़े बदलावों के बावजूद सामाजिक समानता, शिक्षा और रोजगार के समान अवसर आदि जैसे महिलाओं को प्रभावित करने वाले मुख्य मुद्दे आज

भी काफी हद तक अनसुलझे पड़े हैं।''[35]

दोनों वक्तव्य इस बात की पुष्टि करते हैं कि वर्तमान काल में नारी-विमर्श की जड़ें भले ही फैलती जा रही हों, परन्तु आज भी उसके बारे में समाज की दृष्टि स्वस्थ नहीं है। कहना आवश्यक नहीं कि स्त्री-विमर्श के विकास में पारम्परिक दृष्टि बाधक है। बेटे और बेटी को लेकर चली आ रही मान्यताओं का पर्दाफाश करना भी स्त्री-विमर्श का एक महत्त्वपूर्ण पहलू रहा है। वर्तमान आधुनिककालीन परिवेश में वह अपनी विचारशक्ति के कारण पहले की तरह घुट-घुट कर जीना अपनी नियति नहीं मानती। समाज में स्थित स्त्री और पुरुष के लिए दोहरे मापदंडों का वह विरोध करने लगी है। वैध-अवैध, उचित-अनुचित की व्याख्या सदियों से पुरुष करते चले आये हैं, लेकिन अब स्त्री को पुरुषों द्वारा रचित शास्त्रों में क्या उचित है क्या अनुचित है, इसकी चिन्ता नहीं है। वह स्वनिर्णय लेने में सक्षम हो गयी है। डॉ. कमल कुमार नारीवाद के विषय में ठीक ही लिखते हैं—''नारीवाद का मूल उद्देश्य स्त्री की चुप्पी और सनातनी सोच को तोड़ना था। उसके अनुभवों को अभिव्यक्ति देना था। स्त्री जीवन के विविध प्रसंगों पर विचार, तर्क और बुद्धि से सोचना-समझना था।''[36] स्त्री का यह दब्बू व्यक्तित्व से सदबंग व्यक्तित्व में परिवर्तन ही स्त्री-विमर्श की उपलब्धि है।

निष्कर्ष : आज स्त्रियों की भागीदारी हर क्षेत्र में है। मिसाइल से लेकर मानव क्लोन तक, गुजरात के दंगों से लेकर कन्या भ्रूण हत्या तक। स्त्री हर गतिविधि का केन्द्र भी है, माध्यम भी और लक्ष्य भी। भला वह कैसे तटस्थ रह सकती है? सुन्दर दिखने और स्वादिष्ट पकवान बनाने का युग गया, उसके सार्थक हस्तक्षेप का युग आ गया है।

नारियाँ अब राजनीति के गलियारों से लेकर कारोबारों के ठिकानों और सिनेमा से लेकर खेल तक में अपनी कामयाबी का परचम फहरा रही हैं। प्रतिभा पाटिल पहली ऐसी महिला राष्ट्रपति बनीं, जिन्होंने टी 90 टैंक और आई.एन.एस. सुभद्रा नेवल वारशिप की सवारी की। 'फोर्ब्स' पत्रिका ने सोनिया गाँधी को ताकतवर महिलाओं की सूची में सातवाँ स्थान दिया। इस शृंखला में अनेक ऐसे नाम हैं, जिन्होंने अपनी सफलता का परचम विश्व फलक पर फहराया है—एकता कपूर, जयललिता, चंदा कोचर, ममता बनर्जी, किरण मजूमदार, इंदिरा नूयी आदि।

अनामिका की कविताएँ भारतीय परिवेश में पारिवारिक और सामाजिक स्थितियों में नारी की दशा को उद्घाटित करती हैं तथा भारतीय और पाश्चात्य समस्याओं के बीच डोलती आधुनिक नारी की स्थिति को भी कहीं-कहीं उजागर करती हैं। आज की नारी अपनी स्थापित पारम्परिक छवि को खंडित कर नया रूप धारण कर रही है—

नास्ति पूज्या न निंद्या च

जननी भूत्वा न सार्थिका
नरवन्नेव प्रजा नारी
अधिकर्मे-त्यागे-भोग्योः–

अर्थात् स्त्री न विशेष पूजा की पात्र, न निन्दा की और न वह एकमात्र माँ बनकर ही सार्थक होती है। यह अच्छी तरह समझ लेना चाहिए कि हर कर्म, त्याग और भोग में बिल्कुल पुरुष की तरह ही अधिकारी है स्त्री। वह केवल इनसान है जैसे कि पुरुष।

सन्दर्भ

1. अज्ञेय, त्रिशंकु
2. J. Rebel therefore we exist—Elbert Camus The Rebel 37
3. रोहिणी अग्रवाल
4. कविता महाजन, डरती है स्त्री, समकालीन भारतीय साहित्य-95, अंक 21, मार्च-अप्रैल, 2001, पृ. 23
5. अनामिका, वृद्धाएँ धरती का नमक हैं, खुरदुरी हथेलियाँ, पृ. 48
6. अनामिका, संयुक्त परिवार, अनुष्टुप, पृ. 26
7. प्रभा खेतान, उपनिवेश में स्त्री, पृ. 14
8. अनामिका, चीख, खुरदुरी हथेलियाँ, पृ. 43
9. अनामिका, दंगे और कर्मकांड, खुरदुरी हथेलियाँ, पृ. 123
10. अनामिका, आम्रपाली, दूब धान, पृ. 15
11. क़ुरान मजीद, पारा-2, सूरत-2, आयत-223
12. अनामिका, छप्पर की मालाएँ, खुरदुरी हथेलियाँ, पृ. 23
13. वही, पृ. 24
14. अनामिका, गृहलक्ष्मी, दूब धान, पृ. 88
15. अनामिका, पार्क में बुढ़ापा, कविता में औरत, पृ. 76
16. वही, पृ. 76
17. अनामिका, काजल, खुरदुरी हथेलियाँ, पृ. 17
18. ऐतरेय ब्राह्मण (33/1) पर सायण का भाष्य
19. अनामिका, बेजगह, खुरदुरी हथेलियाँ, पृ. 15
20. अनामिका, मौसियाँ, कवि ने कहा, पृ. 14
21. वही, पृ. 14
22. अनामिका, संयुक्त परिवार, अनुष्टुप, पृ. 25
23. अनामिका, टोटके, दूब धान, पृ. 153
24. अनामिका, कोहबर, अनुष्टुप, पृ. 33
25. अनामिका, आलि, अली वसन्त ऋतु की बहार, दूब धान, पृ. 129
26. वही, पृ. 129
27. आजकल, मई 2001, पृ. 45

28. राष्ट्रीय सहारा, 11 नवम्बर, 2001
29. अनामिका, चौदह बरस की सेक्स वर्कर्स, दूब धान, पृ. 70-71
30. चन्द्रकान्त देवताले, उजाड़ में संग्रहालय, कविता—औरत का हँसना
31. अनामिका, बीसवीं सदी, दूब धान, पृ. 78
32. अनामिका, चौदह बरस की सेक्स वर्कर्स, दूब धान, पृ. 70
33. अनामिका, भामती की बेटियाँ, दूब धान, पृ. 24
34. अक्टूबर 2012, राजस्थान पत्रिका से उद्धृत
35. वही।
36. नया मानदंड (स्त्री-विमर्श खंड 1)

विविध परिदृश्य

विषय प्रवेश: अत्यन्त नगण्य, मामूली चीजों को लेकर, बल्कि कहा जाये नितान्त अकाव्यात्मक चीज़ों को लेकर कविता लिखने की कोशिश तो न जाने कब से चली आ रही है। संस्कृत की दूसरी परम्परा के योगेश्वर जैसे कवि से लेकर नागार्जुन तक और भी आगे, वीरेन डंगवाल तक और अब पवन करण, प्रताप राव कदम तक यह सिलसिला जारी है। कटहल, पपीता, अमरूद, मादा सूअर, चाकू, छिपकली, समोसा आदि जैसी तमाम चीज़ें कविता की दुनिया में शामिल हैं। इन मामूली दिखते विषयों से दूरी बनाकर जो एक अनोखी काव्य वस्तु बनती है, कविता का असली रहस्य तो उसी की पहचान में है। क्या कारण है कि तमाम चीजें अपने आकार-प्रकार में अपनी स्थूल लाक्षणिकता में कविता नहीं हैं। वे आगे जब तक ठोस वस्तु या संरचना जैसे रूप लेती हैं तो उन्हीं के दूसरे भेद खुलते हैं।

अनामिका का काव्य: विविध परिदृश्य: अनामिका छोटी-छोटी बहुत सामान्य, बहुत मामूली विषयों और वस्तुओं पर जिस धीरज और एकाग्रता के साथ लिखती हैं, वह फुर्सत और इत्मीनान में होने के कारण नहीं, सजग सक्रिय जीवन बोध के कारण सम्भव हुआ है।

लुप्त होता बचपन: कोई व्यक्ति या वस्तु अच्छी है या बुरी, प्रासंगिक है या अप्रासंगिक, छोटी है या बड़ी—यह सब उसकी उपयोगिता पर आधारित होता है। लेकिन कवि की आँखें हमेशा जागरूक होती हैं। कवि नरेन्द्र मोहन कहते हैं—"कवि की पहचान इस बात पर बहुत हद तक निर्भर करती है कि वह संवेदन को, जो एक लम्बे दौर में, परिस्थितियों के घात-प्रतिघात से बनता रहता है, कितनी सच्चाई गहराई और प्रामाणिकता से अभिव्यक्त करता है और संवेदना को सोच और विचार कर किन ऊँचाइयों तक ले जाता है, सामाजिक सन्दर्भों के चित्रण और सरोकारों के साथ।"[1]

कवि का लगाव किसी भी चीज़ से हो सकता है। अपने दैनिक जीवन में काम आने वाली साधारण से साधारण वस्तु भी कवि के लिए काव्य विषय हो सकती है। अरुण कमल के अनुसार—"यह जो जीवन है, क्षुद्र, भंगुर और गन्दगी से भरा वही कविता का अपना घर है। इसी कादो-कीचड़ में धँसकर कविता अपना काम करती है। जो बिल्कुल साधारण है, वही कविता के लिए पवित्र और महत्तम है।"[2]

अनामिका स्त्रीवादी आन्दोलन को केवल स्त्री मुक्ति के सन्दर्भ में ही विश्लेषित

नहीं करतीं, अपितु समाज का हर अनादृत वर्ग, वर्ण उसमें समाहित है। इसी कारण उन्होंने स्त्री के साथ-साथ बच्चों के शोषण पर भी अपनी कलम चलाई है, जो उम्र बच्चों की स्कूलों में पढ़ने की होती है, उसमें वह मजदूरी कर पेट भरने की जद्दोजहद से गुजर रहे होते हैं। युनिसेफ के अध्ययन के अनुसार हर साल 12 लाख बच्चे शोषण का शिकार होते हैं। अद्यतन रिपोर्ट के अनुसार 3 लाख बच्चों का हर साल अपहरण किया जाता है, जिनमें से मासूम लड़कियाँ तो देह की मंडी में बेच दी जाती हैं और लड़के भीख, बाल मजदूरी, यौन शोषण तथा अंग विक्रय का शिकार बन जाते हैं। समय-समय पर हिन्दी साहित्य में कवियों ने अपनी लेखनी के अध्ययन से इन सामाजिक विसंगतियों के विरुद्ध आक्रोश व्यक्त किया है। निराला की 'तोड़ती पत्थर' तथा नागार्जुन की कविताएँ इसी श्रेणी की हैं। अनामिका भी उनसे अप्रभावित नहीं। शोषित-पीड़ित और उपेक्षित लोग उनकी कविताओं के माध्यम से पाठक वर्ग के सामने अपनी खुरदुरी सच्चाइयों का जिक्र करते चलते हैं।

कूड़ा बीनते बच्चे : 'कूड़ा बीनते बच्चे' में अनामिका लिखती हैं–

"बोरियों से टनन-टनन गाती हुई
रम की बोतलें
उनकी झुकी हुई पीठ की रीढ़ से
कभी कभी कहती हैं;–
कैसी हो? कैसा है मंडी का हाल?"[3]

भीख माँगते बच्चे : बस में भूख से तड़पकर भीख माँगते बच्चों का चित्रण भी इन पंक्तियों में मिलता है–

बस में गाकर
बच्चे जो माँगते हैं–
वह भीख नहीं होती
होती है 'फी' उनके गाने की।
इस उम्र में जब वे तितलियाँ पकड़ सकते थे,
उन्हें पकड़ने को मिली हैं–
बसें और फिल्मी धुनें और बाँहें
बेहिस मुसाफिरों की।"[4]

सामाजिक व्यवस्था में फैली असमानता के प्रति रोष तथा देश के भावी कर्णधारों की कारुणिक स्थिति इस कविता में अभिव्यक्त होती है। चाहे भीख माँगते बच्चे हों या कूड़ा बीनते बच्चे--समस्या इस सबके पीछे एक ही है–पेट भरने के लिए और बच्चे कुछ भी करने को तप्पर रहते हैं। बच्चों का संघर्ष तथा करुणा उनकी कविता के केन्द्र में है, लेकिन निराशा कहीं नहीं है। गौरतलब है, जो दुख झेलता है, वह दुख से लड़ने और उबरने का प्रयत्न भी करता है। यहाँ तक कि सुबह-सुबह होटल

के पिछवाड़े से ईरानी पुलाव खाने वाला बच्चा भी निराश नहीं है, जिसका पेट बासी बचा पुलाव खाने से दुखता है—

"खाने पर पेट ज़ोर से दुखता है,
लेकिन भरा हो तो दुखने का क्या है!
तीस बार गोल-गोल दौड़ो—
फिर मज़े में थककर सो जाओ।"[5]

दुख को एक विनम्र परिहास से झटक देने का कौशल अनामिका की कविताओं में नजर आता है। सरल शब्दों में छिपा गूढ़ अर्थ और व्यंग्य पाठक के मर्म को छू जाता है। माँ-बाप के आपसी मन-मुटाव के कारण बचपन बोझिल हो जाता है, एक अनजाना भय हमेशा उनकी मासूमियत में व्याप्त रहता है, पापा के घर आने से डरा हुआ बच्चा भी अनामिका की कविता में सम्बोध्य बना है—

"लेटा हो
डर के मारे
अधमरा बच्चा
माँ-बाप की आपसी
भीषण लड़ाई के बाद।"[6]

प्रकृति : प्रारम्भिक दौर में अनामिका ने कविताओं में प्रकृति को आलम्बन बनाकर ही चित्रित किया है। 'शीतल स्पर्श एक धूप को' काव्यसंग्रह में अधिकांश कविताएँ बाल-सुलभ प्रवृत्ति का चित्रण हैं। बच्चों का चंचल मन धूप को अपने नन्हें नन्हे हाथों से छूना चाहता है या चाँद को अपने होंठों से चूमना चाहता है—ऐसी ही अभिव्यक्तियों को व्यक्त करती है उनकी यह कविता—

"शीतल स्पर्श एक धूप को दें
ढलकर कन्धों पर वह द्रवित होगी
बहेगा सोना धरती पर।
चाँदनी को चूम लें गर्म होंठों से,
छिटक अंक से जाएगी वह,
चाँदी का वरक़ नभ पर बिछेगा।"[7]

प्रकृति में मनुष्य का परकाया प्रवेश मानकर वह कहती हैं—

"धूप का गुस्सा
दिनों दिन बढ़ रहा है।

....

खूब रूखा बोलती है
धूल की बोली
धमकती धू-धू-कर"[8]

परिस्थितियों से तंग हुई पृथ्वी पर नये पौधे का उगना भी अनामिका के लिए आनन्ददात्मक बात हो जाती है–

"करती हूँ स्वागत तुम्हारा,
उमड़ो दोबारा
काठ हुई, नेम-टेम वाली इस बीमार
छाती में करवट लो
झूलो झूले, रेती में फूलो।"[9]

टिकट : टिकट चाहे वह बस-ट्रेन का हो, डाक का हो, काम होने तक हम रखते हैं। लेकिन कवयित्री उसके जादू को समझने की कोशिश कर रही है–

"ये बढ़ते हैं, बिना पाँव के
ठसाठस्स ठुँसी हुई बस में।
आँखों-आँखों में हो जाती है गुफ्तगू।
और हाथों-हाथ बढ़ता चला आता है सिक्का,
पुल सा बन जाता है अनजान हाथों का:
दुनिया का सबसे अनूठा पुल।"[10]

टिकट की यह शक्ति महत्तम ही है। लेनदेन के वक्त उन दो व्यक्तियों के बीच 'सेतु' का निर्माण कर लेता है यह टिकट, उनकी आँखों से बातचीत भी होती है।

कैलेण्डर : कैलेण्डर हमारे दैनिक जीवन का अभिन्न अंग है। कैलेण्डर को जीवन सन्दर्भ से जोड़कर देखने की अनामिका की दृष्टि की एक बानगी देखिए–

"कैलेण्डर जीवन की
बची हुई हरियाली–
तोता-हिरन-शेर और घने जंगल
हँसते बूढ़े-बच्चे।
हँसती हुई औरत–
बचे हुए हैं इन्हीं में
अब तक!"[11]

कहने का ताप्पर्य है कि आज के जीवन से वह परिदृश्य गायब हो चुका है केवल कैलेण्डर के पृष्ठों पर ही बचा रहा है। कितना कटु सत्य और कितना सहज चित्रण–यही अनामिका की विशेषता है।

मोबाइल : विज्ञान और प्रौद्योगिकी के साथ-साथ लोगों के बाहरी और आन्तरिक जीवन में किस प्रकार परिवर्तन हो रहा है, इसे भी कवयित्री की नजर अनदेखा नहीं करती है। आज पूरी दुनिया बटनों के बलबूते पर चल रही है, कहीं भी बैठे-बैठे दुनिया के किसी भी कोने में बात कर सकते हो। 'मोबाइल-घुमन्तू टेलीफोन' एक ऐसा ही आविष्कार है। अनामिका कहती हैं–

"जा तो कहीं भी सकती हूँ–
लेकिन इस आदमी की जेब में।
तार जोड़ सकती हूँ
अपने दिमाग का कहीं से–
लेकिन इसके अँगूठे के नीचे।"[12]

कविता हमेशा सच्चाई का साथ देती है। वह परिवर्तन को अनदेखा नहीं कर रही है। अशोक वाजपेयी के शब्दों में–"कविता का काम जहाँ चीजों के बीच नये सम्बन्ध खोजना है, वहीं चीज़ों को उनकी स्वतन्त्र सत्ता में देखना भी है। हिन्दी में हर चीज़ को किसी दूसरी चीज़ का प्रतीक मानने की इतनी भयानक रूढ़ि है कि चीज़ों और उनकी स्वतन्त्रता के प्रति आदर और संवेदनशीलता का यह पुनर्वास मूल्यवान और कुछ मायनों में ऐतिहासिक है।"[13]

सेफ्टी पिन : सेफ्टी पिन जैसी मामूली चीज़ को उसकी यान्त्रिक शक्ति के साथ पहचान कर उसे एक 'पुलिया' के रूप में स्थापित करती हैं अनामिका–

"क्या जाने कितनी, आपातकालीन स्थितियाँ
उसने सँभाली थीं एकदम अकेले!

....

जहाँ कहीं कुछ टूटा,
जहाँ कहीं कुछ छूटा–
स्टील की एक छोटी पुलिया सा
तन जाता था बीचोबीच कहीं बेचारा–
अच्छे स्वभाव की सब खूबी-खामियों के साथ।"[14]

कई बार हम छोटी-छोटी वस्तुओं के महत्त्व को यूँ ही नकार देते हैं, परन्तु आपात परिस्थितियों में उसकी उपयोगिता ही हमें उसका महत्त्व समझाती है। अनामिका कहना चाहती हैं कि हर व्यक्ति, वस्तु में कुछ न कुछ क्षमता निहित रहती है, जिसे सन्दर्भानुसार उपयोग द्वारा ही समझा जा सकता है।

रद्दी की टोकरी : रद्दी की टोकरी भी इसी प्रकार की एक कविता है, जिसका हमारे लिए कोई महत्त्व नहीं है–

"किसी के पैरों से लगकर
रद्दी की यह टोकरी उलट गयी है।
फर्श पर पड़ा है
किसी की मीठी अभिव्यक्ति अंकित किये
मसला कागज का एक पन्ना।"[15]

जब तक कागज हाथ में रहता है, तब तक कागज पर अंकित अक्षर-स्नेह, प्यार, विश्वास का प्रतीक बनकर हमारे सामने आता है, अगर रद्दी की टोकरी में

डाल दिया गया तो उसका महत्त्व सिर्फ उपयोगहीन वस्तु की तरह ही होता है। इसी तरह अनामिका ने उन महत्त्वहीन वस्तुओं को सम्बोधित करते हुए जीवन-जगत से जोड़कर देखा है।

जूते : जूते की उपमा वृद्ध दम्पतियों से की गयी है अर्थात् वही नकारात्मक भाव, जो जूते के प्रति होता है; वही आज वृद्धों के प्रति है। उनका भी घर में एक अलग-थलग कोना ही है बस, जूतों की तरह–

"हर घर में
अलग-थलग
है उनका कोना!
अलग-अलग दिशाओं से आते हैं–
थककर चकनाचूर और धूल-धूसर,
आते हैं जैसे वृद्ध दम्पति
पार्क की बेंच पर ।"[16]

पॉलीथीन कवर : पॉलीथीन कवर का प्रयोग हम सभी करते हैं लेकिन उसके बारे में इतनी भावमयी कविता शायद ही अन्यत्र पढ़ने को मिले। अनामिका अपने किसी प्रिय से बिछुड़ जाने की व्यथा यूँ व्यक्त करती हैं–

"अक्षय होते हैं पॉलीथीन
कहते हैं पर्यावरण वाले,
माटी में मिलते नहीं गाय के गले में अटकते हैं,
कर देते हैं नाली जाम–तौबा, इनसे!
करती हुई तौबा, पर सोचती हूँ मैं
शायद इन्हीं नन्ही सौगातों का होगा आशीष,
कि पॉलीथीन होते नहीं काल-कवलित।"[17]

अनामिका ने कितने सरल शब्दों में पॉलीथीन को केन्द्र में रखकर आशीषों को अमरता से जोड़ दिया है, क्योंकि पॉलीथीन में हम जो भेंट या उपहार देते हैं, उसका आशीष यही होता है कि वह हमेशा के लिए रहे। शायद इसी कारण पॉलीथीन मिट्टी में नहीं मिलते।

समोसा : समोसा एक ऐसी सामान्य खाने की चीज़ है, जिससे शायद सभी परिचित होंगे। अनामिका ने समोसे को सम्बोध्य बनाकर एक आदिवासी स्त्री की कहानी अपनी कविता 'अस्पताल गेट के समोसे' में कुछ यूँ व्यक्त की है–

"ये बार-बार तल दिये जाते हैं!
दिन-भर में तीन-चार बार
ठंडे तो होते ही होंगे इन्तजार में
एक ग्राहक के!

....

गरम तेल कुछ भी नहीं बोलता!
वह सिर्फ करता है इन्तजार–
डूबते उतरते समोसों का।"[18]

अनामिका की कविताओं में छोटे और साधारण लगने वाले निजी अनुभव सार्वजनिक अनुभव बन जाते हैं, उनका एक विस्तृत दायरा है। वह अपनी कविताओं के लिए कोई विशेष तैयारी नहीं करतीं। प्रकृति का कोई भी भाग, वस्तु एवं व्यक्ति उनकी कविता का सम्बोध्य बन जाता है। उनकी कविताओं की विशिष्टता है–उसकी भाषा एवं सामान्य जनमानस के जीवन से उसका अभिन्न सम्बन्ध। उनकी कविताओं में किसी भी व्यक्ति या वस्तु को नकारने का भाव कदापि नहीं है, बल्कि एक वात्सल्य दृष्टि से देखने, हालचाल पूछने की ललक उनमें निहित है। भूमंडलीकरण एवं शहरीकरण के अनुसार बदलते परिदृश्य को कविताओं में चित्रित करना अपने आसपास के परिवेश से उनके घनिष्ठ सम्बन्ध को परिलक्षित करता है। अनामिका की कविताएँ सामान्य जनमानस के जीवन का चित्र प्रस्तुत करती हैं। यही विशिष्टता उनकी कविता को सम्प्रेषणीयता प्रदान करती है।

चुटपुटिया बटन: 'चुटपुटिया बटन' कविता में वह ग्रामीण और शहरी संस्कृति और संस्कार के अन्तर को व्याख्यायित करते हुए कहती हैं कि–

"ऊँच नीच के दर्शन में उनका कोई विश्वास नहीं था।
समकक्षता के वे कायल थे!
फँसते थे, न फँसाते थे–चुपचाप सट जाते थे।
मेरी तरफ प्रेस बटन को चुटपुटिया बटन कहा जाता था।"[19]

जबकि शहरों में–

"ब्लाउज में भी दर्जी देते हैं टाँक यहाँ हुक ही हुक
हर हुक के आगे विराजमान होता है फंदा।
फंदे में फँसे हुए आपस में कितना सटेंगे–
कितना भी कीजिए जतन, चुट से पुट नहीं बजेंगे।"[20]

भरोसा: आधुनिकीकरण ने भले ही मानव के लिए मौलिक सुख-सुविधाओं का भंडार लगा दिया हो, लेकिन मन उतनी ही तीव्रता से खाली होता जा रहा है। मनुष्य आत्मकेन्द्रित हो गया है। सम्बन्ध औपचारिकता मात्र रह गये हैं और हर सम्बन्ध की नींव होती है–'भरोसा' लेकिन भरोसा और विश्वास जैसे मूल्य आज के सम्वेदना शून्य संसार में, जो लुप्तप्राय हो गये हैं; अनामिका एक अजनबी रिक्शावाले में पाकर हैरान हो जाती हैं–

"देखा न–खुद को ही मैंने समझाया,
होता है, पर इतना दुर्लभ नहीं होता–

आदमी का आदमी पर भरोसा!
लेकिन विचित्र बात यह है कि
अक्सर वह होता है वहाँ
जहाँ हमें होती नहीं बिल्कुल
उसकी उम्मीद।''[21]

इसकी अपेक्षा, जहाँ उम्मीद होती है, वहीं धोखा होता है–

''कैसे भूल जायें हम आखिर
कि उल्लू बनने की प्रक्रिया
में शामिल है आदमी का
आदमी पर भरोसा।''[22]

कुछ कविताएँ अनामिका ने किसी अप्रत्यक्ष 'तुम' को सम्बोधित करते हुए लिखी हैं, जिसे हमारी निजी और सार्वजनिक जिन्दगी से जुड़कर भी देखा जा सकता है। विरह की वेदना, शिकायत का स्वर 'होना-न होना' कविता में देखा जा सकता है–

''तुम नहीं थे तो पानी
बहुत तंग करता था

....

तुम नहीं थे तो हवा
कर देती थी मुझको एकदम तबाह।''[23]

प्रियजन से बिछुड़ने का दुख: माता-पिता का सन्तान के जीवन में महत्त्वपूर्ण स्थान होता है। अपने पिता के जाने के बाद अनामिका की व्यथा, अकेलापन इन पंक्तियों में सम्पूर्ण बाल निश्छलता के साथ मुखरित होता है–

''किससे मैं क्या बोलूँ, बाबूजी?
किससे अब मन खोलूँ, बाबूजी?

....

एक बार आपके आ जाने के बाद
गोदी में सोऊँगी, बाबूजी!
जी भरकर रोऊँगी, बाबूजी।''[24]

पापा के चले जाने से जीवन में आये खालीपन को एक अन्य कविता में वह इस प्रकार अभिव्यक्त करती हैं–

''अम्मा चुपचाप चाय पीती है
पापा की प्याली अब रीती है
पापा, हाँ गये अब नहाने,
जिन्दगी का धूल-धुआँ धो आने;
आकाशगंगा के पार।''[25]

वृद्धों की दशा : वृद्धजन के प्रति अनामिका की आसक्ति, आदरभाव उनके हर काव्यसंग्रह में विशेष रूप से झलकता दिखाई देता है। एक सोते हुए वृद्ध की दशा को वो इन शब्दों में चित्रित करती हैं–

"मुँह खोले सोये हुए बूढ़े
दुनिया की प्राचीनतम
पाण्डुलिपियों से झड़ी
धूल फाँकते-फाँकते
खुद ही हो जाते हैं जीर्ण शीर्ण भूर्जपत्र।"[126]

सम्बन्ध परिवार और समाज की नींव होते हैं और हरेक सम्बन्ध का मानव जीवन में एक अलग महत्त्व होता है। सम्बन्धों के इसी समीकरण को अनामिका अपनी कविता में अलग ढंग से परिभाषित करती हैं–

"क्यों मौसेरे?
चचेरे नहीं क्योंकर कहे गये
हिन्दी कहावत के दो चोर!
शायद इस खातिर कि बँटवारा
खंडित करता है भाईचारा।
नज़दीक होते हैं मौसेरे भाई क्योंकि उनकी
बँटती नहीं है कमाई।"[127]

दोस्ती : स्वार्थ की धरती पर टिके सभी सम्बन्ध खोखले होते हैं, लेकिन दोस्ती इसका अपवाद है। पुरानी दोस्ती भगवान का मनुष्य को दिया हुआ एक वरदान है। इस अपनत्व को व्यक्त करने का अनामिका का एक अलग अन्दाज़ है–

"हाँ, पुराने दोस्त
आपके भीतर के ऊन में रहते हैं–
नेप्थलीन की टिकिया बनकर!
चिट्ठी नहीं आती उनकी कभी, फोन भी नहीं
लेकिन टेलीफोन की डायरी में सबसे ऊपर लिखते हैं वे
सुन्दर हर्फों में आपका पता,
हरी रोशनाई से
हरी रोशनाई से जैसे लिखा होगा
खुदा ने वजूद कभी पेड़ों का।"[128]

जीवन के हर मौसम में हरे-भरे ही रहते हैं पुराने दोस्त और पुरानी यादें और जीवन की जिह्वा को एक अलग से स्वाद से हमेशा रसमय बनाये रखते हैं–

"आग पर धुआँकर पकाई गयी मिर्च में
सरसों का तेल और नमक डालकर

ठंडे, बासी भात में भी
एक अजब-सा स्वाद रचती है
हर पुरानी सोहबत।''[29]

विस्थापित जन : अनामिका ने कहीं-कहीं तिरस्कृत, उपेक्षित, दमित जनता का ऐसा चित्र खींचा है, जो करुणामय होने के साथ-साथ हृदयस्पर्शी भी है। ये उपेक्षित साधारण जन सभ्य समाज के बाहर के आदमी हैं, पैसेवाले भीतर के आदमियों से उनका क्या रिश्ता। उनकी जिन्दगी की जेब हमेशा खाली रहती है। किसी राशन कार्ड में, जनगणना कार्यालय में, मतदाता सूची में इनके नाम अंकित नहीं। ऐसे विस्थापित जन भी अनामिका की कविता का विषय बने हैं, जिनका कहीं 'नामांकन' नहीं हुआ है–

''सृष्टि के किसी राशन कार्ड में
नाम दर्ज नहीं होते जिनको
जनगणना कार्यालय
जानता नहीं जिनको
उसकी गिनती में आते ही नहीं
कभी जो
रहते हैं ऐसे भी लोग
घर में बहुत से।''[30]

ङ का महत्त्व : अनामिका के लिए सामान्य से सामान्य चीज़ें या व्यक्ति भी एक विशिष्ट अर्थ में वर्णित होते हैं। उनकी अनेक कविताएँ ऐसे विषयों पर आधारित हैं, जिनके विषय में हम सोचते तक नहीं हैं, जैसे 'एक्स्पायर्ड मेडिसिन', 'खोए पत्ते', 'दरवाजा', 'सेफ्टी पिन', 'ङ', 'चुटपुटिया बटन' आदि। 'ङ' हिन्दी वर्णमाला के अन्तर्गत वह उपेक्षित वर्ण है, जिसे अक्सर यूँ ही छोड़ दिया जाता है, परन्तु अनामिका इसमें नया अर्थ भरती हैं–

''ङ के ड को वह समझता है 'माँ'
और उसके '0' को कहता है 'बेटा'
माँ-बेटे सधते नहीं उससे
और उन्हें साधने की
अनवरत सी साधना में
उसके आ जाते हैं आँसू।''[31]

इन पंक्तियों में न अबोधता है न नाटकीयता, बल्कि वाक्य विनोद से एक अर्थवत्ता प्राप्त होती है। संयुक्त परिवारों के सन्दर्भ में यह कविता आज के समय में अपनी प्रासंगिकता सिद्ध करती है।

अनामिका स्वयं कहती हैं–''इस उत्तर-आधुनिक परिदृश्य में कविता की स्थिति

डाक में खोई उस चिट्ठी की सी है, जो चाहती है कहीं पहुँचना, पर पहुँच नहीं पाती। इस कठिन समय में जब समय से स्थान, देह से मन, समष्टि से व्यष्टि विच्छिन्न हो चला है। (नाभिकीय नाल की) उनकी आपसी पकड़ छूट गयी है...... कविता चाहती है संवाद—आत्मा का आत्मा से, प्रिय का प्रिय से, कटु का मधु से, कल्पना का यथार्थ से, शिल्प का कथ्य से, इन्द्रियों का इन्द्रियों से, सुख का दुख से, रूप का अरूप से, भाव का रस से, अतीत का वर्तमान से, परम्परा का प्रयोग से, मनुष्य का मनुष्य से।"[32] अर्थात् कविता की दुनिया में कोई भी (व्यक्ति या वस्तु) विषय उपेक्षित नहीं है।

डाकिया : एक पूरी कहानी को केवल आठ पंक्तियों की भाव विह्वल रचना में परिणत करना असम्भव सा कार्य लगता है लेकिन अनामिका ने इस असम्भव को भी सम्भव कर दिया है। 'डाकिया' एक ऐसी ही कविता है जो कम शब्दों में बहुत कुछ अनकहा भी कह जाती है—

"एक और खाली-सा दिन
सामने से घर के
खड़काता साइकिल बढ़ा।
चिट्ठी नहीं आती—
पिजन होल खाली है,
कबूतर नये घर
बनाते होंगे
कहीं और।"[33]

लोक-संस्कृति का महत्त्व : अनामिका की कविताओं में जहाँ एक ओर महानगरीय जीवन की कड़वाहट है, वहीं लोक-रंग और मातृप्रदेश के अनुभवों का स्वाद भी है। पुरानी स्मृतियाँ एवं ग्रामीण संस्कृति की झलक भी यहाँ मिलती है। 'काजल', 'कोहबर आदि कविताएँ इसी का उदाहरण हैं—

"दीये की लौ पर उलटकर
ऐसे अन्दाज में टिकाया जाता था कजरौटा
कि दोनों का काम चलता रहे—
न धुआँ छितराए, न दीया बुझे।"[34]

कवि की दृष्टि हर चीज़ में कविता खोजती है, विचारों का मंथन अनवरत चलता रहता है। हरेक चीज़ उसके फोकस में होती है और जो दिखाई देती है, उससे अलग अर्थ में व्यंजित होती है। अनामिका पुराने समय से चले आ रहे टोटकों को भी अपनी कविता का वर्ण्य विषय बना लेती हैं, जिसमें शामिल हैं—छींकें, हिचकी, मिर्गी आने पर चप्पल सुँघाना, मिर्ची, परान्दी, काल भैरवी का चेहरा, नीबू इत्यादि। इसी की एक बानगी है यह कविता—

"भाई नींबू, आखिर कैसा लगता है लटकना अधर में?
आगत-विगत और बीतते हुए की
बीते-रीते और रीतते हुए की,
जन्म अजन्मे, मृत-अमृत के बीच की
एक चुटकुलेदार, प्यारी पहेली थे टोटके!
टोटके ललित निबन्ध थे जिन्दगी के।"[35]

टोटकों को जीवन के साथ सम्बद्ध कर एक नये रूप में देखने की कला अनामिका के यहाँ ही दृष्टिगत होती है।

ऐतिहासिक प्रसंगों और चरित्रों को अनामिका ने आज के आधुनिक परिप्रेक्ष्य में देखने का एक नया ही दृष्टिकोण विकसित किया है। नगरवधू से बौद्धभिक्षुणी में परिणत आम्रपाली, रत्नावली के सन्ताप की उसके स्वाभिमान में बदलने कीं कहानी उसकी जुबानी, भामती और राधा की बेटियों की आधुनिक युग में प्रासंगिकता और सीता को मरने की फुर्सत तक न पाना—ऐसे प्रसंग हैं; जिन्हें अनामिका ने बिल्कुल अलग ही ढंग से कविताओं में उकेरा है। उन्हें देखने और निरखने की एक सोच पाठकों को दी है।

साहित्य 'बहुजन हिताय-बहुजन सुखाय' की प्रवृत्ति से आबद्ध होता है। एक श्रेष्ठ रचनाकर इसकी उपेक्षा नहीं करता। अनामिका भी इसका अपवाद नहीं हैं। जीवन और समाज को उर्वर बनाये रखने के लिए न जाने कितनी युक्तियाँ बात-बात में समझाती चलती हैं—

"जाने के लिए जिसे घर हो न घाट
जहन्नुम, न जंगल
उसे अपने भीतर ही
खेनी चाहिए
एक नाव।"[36]

इन पंक्तियों में अनामिका अकेलेपन से त्रस्त व्यक्ति को एक दिशा देती-सी प्रतीत होती हैं।

असफलता : असफलता व्यक्ति को निराशा और कुण्ठा के गर्त में धकेल देती हैं, लेकिन अनामिका उसे जिस तरह व्याख्यायित करती हैं, वह अन्यत्र कहीं पाना दुर्लभ है—

"दूध जब उतरता है पहले-पहल, बेटा,
छातियों में माँ की—
झुरझुरी जगती है पूरे बदन में!
उस दूध का स्वाद अच्छा नहीं होता
पर डॉक्टर कहते हैं उसको चुभलाकर पी जाये बच्चा

तो सात प्रकोपों में भी जी जाये बच्चा!
उस दूध की तरह होता है बेटे
पहली विफलता का स्वाद!"[37]

कितने सरल शब्दों में कितना गूढ़ रहस्य। स्त्री के नितान्त निजी अनुभव को जीवन दर्शन से जोड़कर यह समझाना कि 'असफलता तो सफलता की पहली सीढ़ी होती है'–

"पहली विफलता पर छलके ये आँसू ही
हैं शायद प्रथमाक्षर
सृष्टि की विकास-कथा का सा।"[38]

ये पंक्तियाँ कवयित्री के गहन अनुभव जगत की परिचायक हैं। जीवन को देखने का एक विशिष्ट अन्दाज उनकी कविताओं में दिखाई देता है जिसे वह अपने बेटे के होमवर्क की कॉपी में भी ढूँढ़ लेती हैं–

"रिक्त स्थानों की पूर्ति?
यह कैसे होती है, बेटा?
यह एक ऐसी कला है
जो मैंने कभी नहीं साधी।
जो जगह खाली हुई–
खाली ही छोड़ दी।.....
और ठीक से देखा जाये तो
फाँकों-दरारों और डैशों से
भरी हुई है सबकी जिन्दगी।"[39]

जहाँ एक ओर सरलता से वह जीवन के रहस्य को समझती और समझाती हैं, वहीं दूसरी ओर अनेक अनसुलझे प्रश्न उनकी कविताओं में खदबदाते रहते हैं, जिन्हें वह वैज्ञानिक कारणों से हल करने के लिए भी प्रयासरत दिखती हैं–

"पंख खोल उड़ जाता है जीवन–
कार्य-कारण के स्थापित प्रमेयों के पार!
कहिए ज़रा, किस वैज्ञानिक कारण से
अनजाने भी अक्सर अपने से लगते हैं,
चिर परिचित लगते हैं
और किसी ग्रहलोक से उतरे अवतार।"[40]

आज का आधुनिक समाज और आधुनिक पीढ़ी हर घटित-अघटित को किसी-न-किसी तर्क से जोड़कर ही देखते हैं। पर अनामिका पूछती हैं कि सम्बन्धों में आने वाली अजनबीयत तथा अनजाने सम्बन्धों में पाई जाने वाली आत्मीयता के पीछे वे क्या तर्क देंगे?

नैतिक मूल्यों से पलायन : नैतिक मूल्यों से पलायन करता व्यक्ति स्वार्थ की घेराबन्दी में इस तरह फँसता जा रहा है कि झूठ और छद्म आचरण ही उसका जीवन बन गया है। इसी सच और झूठ के द्वन्द्व के प्रति अनामिका चिन्ता व्यक्त करती हैं और अनेक आविष्कार कर मानव जीवन को सुलभ बनाने वाले वैज्ञानिकों को केन्द्र में रखकर प्रश्न पूछती हैं–

"प्रिय प्यारे क्यूरी
ऐसी कोई परखनली
नहीं मेरे पास
जो सच को झूठ से अलग कर दे।
आइंसटीन,
देख रहे हो न तमाशा–
अपनी आपेक्षिकता का।"[41]

और दुनिया के इस चालचलन को देखकर इसी निष्कर्ष पर आती हैं कि–

"ऑनेस्टी की पॉलिसी
एल.आई.सी. की पॉलिसियों की तरह
कोई ठोस डिवीडेंड नहीं देती।"[42]

फिर भी वह मानती हैं कि यह खोखली होती दुनिया कितनी ही आधुनिक क्यों न हो जाये, कुछ है; जो न कभी बदला है, न कभी बदलेगा–

"कितनी भी हो आधुनिक दुनिया–
प्राचीन रहती हैं अभिव्यक्तियाँ
प्यार की, नफ़रत की!"[43]

आशावादी दृष्टिकोण : आशावादी दृष्टिकोण रखना ही मनुष्य को विकास-पथ पर अग्रसर करता है। अनामिका जानती हैं कि व्यवस्था में परिवर्तन करने के लिए जरूरी है स्वयं में परिवर्तन करना और इसके लिए वह मार्ग भी सुझाती हैं–

"आओ, हम खुश रहने का कुछ रियाज़ करें–
जैसे सुबह चाय पीते हुए बोलें–
धन्यवाद प्याला, भई आग, धन्यवाद...

....

बस में चलें तो कहें–
चिल्लर, धन्यवाद!

....

गिरकर उठें तो कहें–घुटनों, धन्यवाद
कितना अच्छा है कि
तुम फूटकर भी

फूट नहीं लेते अलग,
साथ लगे रहते हो– ।''[44]

स्त्री-विमर्श केवल स्त्री मुक्ति का ही विमर्श नहीं, मानव मात्र की मुक्ति का भी विमर्श है। उनकी कविताओं में जहाँ नारी मुक्ति की बुलन्द आवाज़ सुनाई देती है, वहीं युग स्पंदन से परिचालित अनेक कविताएँ भी समय की नब्ज़ पकड़ने की कोशिश करती दिखाई देती हैं। कवयित्री की 'पूछताछ कार्यालय' कविता समकालीनता की सही साक्षी है, जहाँ कोई 'पूछ' नहीं 'ताछ' नहीं। वह तो निर्गुण ब्रह्म का कार्यालय है, क्योंकि वहाँ कोई दिखता ही नहीं। कार्यालय में 'आलय' शब्द यानी घर और घर तो केवल आराम करने के लिए ही होता है। पूछताछ के लिए आनेवालों के लिए ऑफिस अनुत्तरित रह जाता है। कविता के अन्त में अनामिका इस पर इस प्रकार मुहर लगाती हैं–

''खोई हुई है
दुनिया के हर ताले की
चाबी–
क्या जाने कितनी सदियों से।''[45]

साम्प्रदायिकता : समस्याओं और घटनाओं को देखने का उनका दृष्टिकोण एक ऐसी सम्वेदनशील स्त्री का दृष्टिकोण है, जिसके भीतर अभी भी निष्पाप बचपन बचा हुआ है। वह आज के समय और समाज के सारे सवालों से टकराती हैं, केवल उन बड़े प्रश्नों से ही नहीं, जिनपर हमारा ध्यान बराबर जाता रहता है। उन छोटे-छोटे मसलों से भी जूझती हैं, जिन्हें हम प्रायः देख-जान नहीं पाते। यही कवयित्री के सम्वेदनात्मक ज्ञान का परिचायक है। जातिवाद के नाम पर होने वाले दंगों के प्रश्न को वह मासूम बच्चे से पुछवाती हैं–

''मुसलमान क्या होते हैं, अम्मा?
वही पंचपरमेश्वर के जुम्मन मियां, उनकी खाला–

....

ज़ाकिर हुसैन और तबला और ताजमहल चाय
शाहरुख खान और वो अम्मा वो।''[46]

उनकी कविताओं में जटिल ज्वलन्त मसले, इतिहास तथा लोककथाओं के सघन संगुम्फित प्रसंगों के साथ आबद्ध होकर कुछ इस तरह आये हैं कि बिना भारी भरकम शब्दों के स्थिति की भयावहता का अहसास पाठकों को हो जाये–

''पापा, अंग्रेजी में आप क्यों नहीं लिखते?
सरकारी स्कूलों में
आपको पढ़ाया था जो
दादाजी! प्यार नहीं करते वे क्या आपको?''[47]

उत्तर-आधुनिक परिवेश का यथाचित्रण उनकी कविताओं में ऐसे ही उपस्थित रहता है, जैसे कि हम भोग रहे हैं। आतंक तथा असुरक्षा के समकालीन परिवेश की अभिव्यक्ति भी उनकी कविता में परिलक्षित होती है। इन कविताओं का मर्म केवल तथ्य, कथ्य और स्वरूप पर निर्भर नहीं, बल्कि विषय प्रस्तुति के लिए कवयित्री जिस जीवन सन्दर्भ को चुनती है, उसकी कल्पना और भावना आर्द्र और आकर्षक बन पड़ी है। मासूम बच्चों के मन में हिंसा की भावना जन्म न ले–

"सोचती हूँ–बचपन में मैंने
तो इसको
खिलौने की बन्दूक नहीं दी
डरती रही कि हो नहीं जाये वह
भी अतिवादी।
है हवा में इतनी हिंसा!
आतंक, अगवा, आगजनी
लूट हत्या।
हाइजैकिंग–
ये हिंसक शब्द अबाबीलों से
मँडरा रहे हैं सिर पर
इसके–
इसके जनम से।"[48]

लेकिन आज का परिवेश आतंक, विस्फोट, लूट और हत्याकाण्ड का परिवेश है, जिसमें होकर ये बच्चे गुज़रते हैं उनके लिए बन्दूक से खेलना कोई अर्थ नहीं रखता। यहाँ तक कि वीडियो गेम्स तो अधिक से अधिक इसी हिंसा पर आधारित हैं, जिन्हें बच्चे छोटी उम्र से ही खेलना शुरू कर देते हैं।

देशभक्ति का अभाव : वर्तमान प्रौद्योगिक युग में धर्म, भक्ति, यहाँ तक कि देश प्रेम भी प्रौद्योगिक हो गया है। एक समय था, जब लोग राष्ट्रगान सुनते ही एक साथ खड़े हो जाते थे, सिनेमाघरों तक में इसका प्रचलन था। लेकिन अब चाहे 15 अगस्त हो या 26 जनवरी राष्ट्रगान हमारी जेब से बाहर निकलेगा, कहाँ से आ रहा है किसी को इसका पता तक नहीं चलेगा। प्रौद्योगिक देश-प्रेम में राष्ट्रीयता की भावना यहाँ तक पहुँच गयी है कि–

"अब जाने भी दीजिए, देखिए,
सुनिए–
सारे जहाँ से अच्छा हिन्दोस्तां
हमारा
यह धुन जो मोबाइल की है–

क्या आपकी जेब से आ रही है?''[49]

अनामिका की कविताओं का क्षितिज निरन्तर खुलता जाता है और उस फलक पर जीवन का बहुरंगी रूप वे सहज ही उत्कीर्ण करती चलती हैं। वर्तमान समय के सबसे अहं सवाल और जीवन की भयावह सच्चाइयों को वह इतनी सहजता और सरलता से व्यक्त करती हैं कि पाठक सोचने के लिए मजबूर हो जाता है। जीवन के मेले में पीठ पर बँधी गठरियाँ सबकी अलग-अलग हैं। कोई शहर बाँधे है तो कोई जात, किसी की गठरी में किसी का व्यवसाय बँधा है, तो किसी गठरी में बँधे हैं– चिन्तक, मनीषी, दार्शनिक, कवि। विडम्बना यह है कि ये गठरियाँ जिस पीठ पर लदी हैं, वह पीठ झुकी भले ही न हो, मगर कड़कड़ा रही है, जो टूटने के गम्भीर संकेत दे रही है। इन गठरियों में वास्तव में मानव सरहदें बाँध देता है और ये सरहदें आपको उस विराट से तोड़ देती हैं और यही जिन्दगी की सबसे बड़ी त्रासदी है। इन सरहदों को तोड़कर बेहद करने का हुनर कवयित्री जानती हैं। उनके पास बाह्य को बेधकर अन्तरतम तक जाने वाली दृष्टि है। आवरण को बेधते ही उन्हें दिखाई दे जाता है–

''साझा ही होता है जीवन हम सबका
इतनी भी खाली नहीं होती जेब जिन्दगी की
इस ध्रुव से उस ध्रुव तक सामान बिखरा है।
सिर्फ एक घर का
बाहर का होता है कौन?
क्या कुछ होता है केवल भीतर का?''[50]

जीवन के समस्त आयाम, विराट के समस्त अक्स मानो केन्द्रीभूत होकर समा जाते हैं उनकी कविता में। 'गूँगे केरि सर्करा, खाये और मुस्काये' की स्थिति में आर्द्र, दीप्त मनःस्थिति में पाठक कुछ पल ठिठककर रह जाता है। उनकी कविता 'स्व' की अन्वेषणा की राह प्रस्तुत करती है।

अनामिका की कविताएँ अपना सत् जीवन से लेती हैं ठीक उसी तरह–

''जैसे कि कीट-पतंग
पीते हैं सत्त और पानी
मिट्टी से

....

मैं पीती हूँ
दुनिया का सारा उजास और गीलापन,
पीलापन, नीलापंन, कातरता, ढीलापन!''[51]

सामाजिक विडम्बनाः नन्ही-सी कोपल से लेकर चौराहे पर मिल जाने वाले अपरिचित आदमी भी कविता का विषय या सम्बोध्य बने हैं। वर्णमाला का उपेक्षित

अक्षर ङ, फुटपाथ पर दुकान चलाने वाला डॉक्टर, बस में भीख माँगने वाले बच्चे, सभी उनकी कविता में शामिल हैं। कहीं न कहीं उनमें भाषा के प्रति क्रीड़ा भाव रहा है और यही क्रीड़ा भाव सामाजिक विडम्बना को उकेरने में सफल रहा है–

"एक उमर जीने के बाद मैंने गौर किया–
उल्लूपंथी वाले दिन कितने अच्छे थे।
हमारे अँधेरे समय में
उल्लू की आँख भर ही तो बची है–
अगर बची है कहीं रोशनी,
इसीलिए उल्लू बनने में
नहीं होनी चाहिए शर्मिन्दगी।"[52]

निष्कर्ष : समकालीन स्त्री कवयित्रियों में अनामिका एक अलग और विशिष्ट स्थान रखती हैं। अनामिका ने स्त्रियों को अपनी कविताओं का विषय बनाने के साथ-साथ दैनिक जीवन में उपयोग में आने वाली उन सभी चीज़ों पर भी कविता गढ़ी है, जिन्हें हम साधारण कहकर छोड़ देते हैं; लेकिन रचनाकार के वैशिष्ट्य से वे भी विशिष्ट हो गयी हैं।

अनामिका की कविताओं का अपना अनुभव लोक जैसा दिखता है। उसमें जहाँ 'तन्मय एकान्तों का महारास' है वहीं 'तार-तार हुई मेरी ऊब' मगर दुनिया का यह सारा चिटपिट-सा लटर पटर भी है जैसा का तैसा। 'चुप्पी के अदहन के नीचे' पकता हुआ बहुत कुछ प्रिय भी है और अप्रिय भी। बिन घर की घरनी–मनवीर कौरे, तिलचिट्टे, छिपकलियाँ, चींटियाँ, चावल के घुन, कुहनियों पर झाँबा पत्थर घिसता ईश्वर, तिथियों के नलकों से टप-टप लगातार खाली होती जीवन की टंकी, बेटी की गुलुर-मुलुर देह-सरसों का तेल, शू-शू, पसीना सभी कुछ इन कविताओं में समाहित है।

अनामिका की गपशप से लेकर रेलवे स्टेशन, बस, पंचायत, बाजार, चौके से लेकर मिथकीय संसार तक फैले शब्द और सन्दर्भ उनकी रचनाओं में एक-दूसरे के पास चुम्बकीय आकर्षण से बढ़े जाते हैं। अनामिका की कविताएँ विषय वैविध्य की दृष्टि से विशेष हैं। समकालीनता, समसामयिकता, आधुनिकता ये तीनों शब्द अर्थगत अन्तर होते हुए भी एक आन्तरिक एकता से बद्ध हैं–इनका प्रभाव अनामिका की कविताओं में द्रष्टव्य है।

सन्दर्भ

1. अनामिका, समकालीन कविता के बारे में, पृ.78
2. प्रगतिशील, वसुधा अंक 69, पृ.76
3. अनामिका, कूड़े बीनते बच्चे, दूब धान संग्रह, पृ.123
4. अनामिका, ढोल अनुष्टुप, पृ.79

5. अनामिका, चमकता पत्थर, खुरदुरी हथेलियाँ, पृ.67
6. अनामिका, हमबिस्तर, दूब धान, पृ.139
7. अनामिका, आदर्श हमारा, शीतल स्पर्श एक धूप को, पृ.15
8. अनामिका, दोपहर, समय के शहर में, पृ.109
9. अनामिका, रेत के अंकुर, समय के शहर में, पृ.59
10. अनामिका, बस टिकट, दूब धान, पृ.181
11. अनामिका, कैलेण्डर, खुरदुरी हथेलियाँ, पृ.149
12. अनामिका, घुमन्तू टेलीफोन, खुरदुरी हथेलियाँ, पृ.146
13. अशोक वाजपेयी, कवि कह गया है, पृ.150
14. अनामिका, सेफ्टी पिन, अनुष्टुप, पृ.60
15. अनामिका, रद्दी की टोकरी, शीतल स्पर्श एक धूप को, पृ.39
16. अनामिका, जूते, दूब धान, पृ.175
17. अनामिका, पॉलीथीन कवर, दूब धान, पृ.105
18. अनामिका, अस्पताल गेट के समोसे, कविता में औरत, पृ.114
19. अनामिका, चुटपुटिया बटन, अनुष्टुप, पृ.107
20. वही, अनुष्टुप, पृ.107
21. अनामिका, भरोसा, खुरदुरी हथेलियाँ, पृ.140
22. वही, पृ.140
23. अनामिका, होना न होना, बीजाक्षर, पृ.61
24. अनामिका, बाबूजी, समय के शहर में, पृ. 30
25. अनामिका, पापा की आँखें, समय के शहर में, पृ.30
26. अनामिका, पुस्तकालय विमर्श, दूब धान, पृ. 152
27. अनामिका, भाईचारा, खुरदुरी हथेलियाँ, पृ.143
28. अनामिका, पुराने दोस्त, खुरदुरी हथेलियाँ, पृ.164
29. अनामिका, भात बेरहटिया का, दूब धान, पृ.179
30. अनामिका, बाहर का आदमी, दूब धान, पृ.155
31. अनामिका, ड., अनुष्टुप, पृ.73
32. अनामिका, वक्तव्य, अनुष्टुप, पृ.7
33. अनामिका, डाकिया, दूब धान, पृ.40
34. अनामिका, काजल, खुरदुरी हथेलियाँ, पृ.11
35. अनामिका, टोटके, दूब धान, पृ.154
36. अनामिका, साँप सीढ़ी, बीजाक्षर, पृ.17
37. अनामिका, सत्रह बरस का प्रतियोगी परीक्षार्थी, खुरदुरी हथेलियाँ, पृ.53
38. अनामिका, ड., अनुष्टुप, पृ.73
39. अनामिका, होमवर्क, अनुष्टुप, पृ.71
40. अनामिका, वैज्ञानिक कारण, दूब धान, पृ.159
41. अनामिका, कठघरे से कविता का बयान, अनुष्टुप, पृ.103

42. अनामिका, डिवीडेंड, दूब धान, पृ.161
43. अनामिका, घुमन्तू टेलीफोन, खुरदुरी हथेलियाँ, पृ.147
44. अनामिका, रियाज़, दूब धान, पृ.163
45. अनामिका, पूछताछ कार्यालय, खुरदुरी हथेलियाँ
46. अनामिका, पत्ता-पत्ता, बूटा-बूटा, खुरदुरी हथेलियाँ, पृ.128
47. अनामिका, अंग्रेजी यों भेजती है बमवर्षक विमान, खुरदुरी हथेलियाँ, पृ.114
48. अनामिका, गणतन्त्र दिवस, खुरदुरी हथेलियाँ, पृ.60
49. अनामिका, देश प्रेम, दूब धान, पृ.135
50. अनामिका, बाहर का आदमी, दूब धान, पृ.157
51. अनामिका, पूरे चाँद की रात, दूब धान, पृ.31
52. अनामिका, परमगुरु, अनुष्टुप, पृ.16-17

स्त्रीवादी भाषा-शैली

विषय प्रवेश : वर्तमान युग में महिला लेखन के बुनियादी सरोकारों के मिज़ाज पर उसमें निहित स्त्री जीवन के विविध आयामों पर एक लम्बी बहस चल रही है और वह उस सीमा तक आग्रहशील हो गयी है कि अब स्त्री को यह अहसास होने लगा है कि उसके दुख और सुख, प्राप्य और असन्तोष उनके निज हैं। स्त्री होने के जो दुख केवल वही जानती है उसको बताने के लिए, अपनी जुबानी सुनाने के लिए वह तप्पर हो गयी है; क्योंकि संवेदना के जिस छोर तक वह स्वयं पहुँच सकती है, उस तक कोई दूसरा नहीं पहुँच सकता है।

किसी समाज के सांस्कृतिक विकास में स्त्री की भूमिका कितनी हेय थी यह प्राचीन समय के कुछ विचारों से स्पष्ट हो जाता है। अरस्तू के अनुसार, "औरत अपने कुछ निश्चित लक्षणों की कमी के नाते औरत है। हमें औरतों का सम्मान करना चाहिए, क्योंकि वे प्राकृतिक कमियों से पीड़ित हैं।"[1] शेक्यपियर जहाँ औरत को कमज़ोरी का दूसरा नाम मानते हैं वहीं सेंट थॉमस उसे एक 'अपूर्ण मनुष्य' और 'आकस्मिक प्राणी' मानते हैं। नीत्शे महोदय ने तो 'नारी की सृष्टि को ईश्वर की दूसरी गलती' कहकर सिरे से ही खारिज कर दिया। उपरोक्त कथनों को तो पढ़कर यही निष्कर्ष निकलता है कि नारी एक स्वतन्त्र प्राणी नहीं है, यह समूची मानवता पुरुष जाति की है और पुरुष के सामने वह मूलतः एक 'सेक्सुअल' प्राणी के रूप में प्रस्तुत होती है।

स्त्री को बाल्यावस्था से ही अपने भावों और विचारों को छिपाकर रखने की शिक्षा और आदेश दिया जाता रहा है। लेखन की परम्परा हमेशा से पुरुषों की रही है और आज जब स्त्रियाँ लिख रही हैं तो पुरुषों को यह अरोचक और असंगत लग रहा है कि स्त्रियाँ भी भाषा का प्रयोग करने लगी हैं। उसे कभी भी अपने आपको, अपने शब्दों को, विचारों को खुले मंच पर प्रस्तुत करने का अवसर नहीं दिया गया। स्थिति तो पूर्णतः आज भी नहीं बदली है। लेकिन भाषा ही है, जो किसी व्यक्ति को सामूहिक-जीवी बनाती है।

स्त्री-लेखन और स्त्री भाषा की अनिवार्यता : साहित्य लेखन में और सांस्कृतिक मंचों पर 'स्त्री-विमर्श' लगभग एक साथ शुरू हुआ। इसी के अन्तर्गत स्त्री मुक्ति और स्त्री के सबलीकरण पर कई आयामों से विचार किया गया है। सही अर्थों में स्त्री-विमर्श की शुरुआत मानें तो 'थेरी गाथाओं' में इसका स्वरूप दिखाई देता है,

परन्तु इतिहास के पृष्ठों में स्त्री की इच्छाओं, कामनाओं और प्रयोजनों के कई धरातल बदले। ऐसे में कई प्रश्नों का उठना भी स्वाभाविक ही था क्यों हमारी जिन्दगी बँधे-बँधाये तयशुदा रास्तों पर चलती रहती है? क्यों मन में इस पराश्रित जीवन के लिए चिंगारी नहीं सुलगती? क्यों जड़-संस्कृति के जल में लहरें नहीं उठतीं? क्यों हम अपनी छोटी-से-छोटी जरूरतों के लिए भी दूसरों पर निर्भर रहते हैं। और यह दूसरे और कोई नहीं, बल्कि अपने पिता, भाई, पति, बेटा, पुरुष, मित्र ही हैं। प्रश्न अनुत्तरित हैं, लेकिन स्त्री-विमर्श में यह चिन्ता सामने आयी है कि स्त्री स्वयं ही इस दुनिया को अपनी नहीं, बल्कि पुरुष की आँखों से निरखना, परखना, समझना और भोगना चाहती है। इस सारी प्रक्रिया में उसका नाम, जाति, घर, पहचान सब विलुप्त हो जाते हैं। यहाँ तक कि वह स्वयं से भी प्रश्न पूछने से डरने लगती है।

स्त्री-विमर्श की मुख्य चिन्ता है कि 'आखिर स्त्री का वजूद क्या है?' उसका अपना कोई व्यक्तित्व और अस्तित्व है भी या नहीं?—और अपनी इस अकुलाहट को वह लेखन के माध्यम से व्यक्त कर रही है, उसकी रचनाओं में उसका भोगा हुआ इतिहास और समय है, जिसे वह 'स्त्री भाषा' में अभिव्यक्त कर रही है।

'स्त्री-भाषा' शब्द या पदबन्ध हिन्दी में नया है। "स्त्रीवादी लेखिकाओं के अनुसार भाषा, जिसके जरिए हम अपनी विश्वदृष्टि का निर्माण करते हैं, केवल सम्प्रेषण का माध्यम नहीं है। यह ज्ञान के विविध क्षेत्रों में अपनी उपस्थिति दर्ज कराने, अस्मिता के निर्माण और दुनिया को परिभाषित करने का जरिया है। इसमें अभिव्यक्त भाषिक सम्बन्ध हमारे सामाजिक सम्बन्धों की छाया होते हैं। भाषा के अध्ययन के लिए सामाजिक सम्बन्धों के अध्ययन का रास्ता खुलता है। हमारी भाषा में स्त्री-अर्थ, व्यवहार, इच्छा, जीवन-शैली, स्त्री चेतना और स्त्री संस्कृति आदि को अभिव्यक्त करने वाला भाषिक रूप बहुत कम है।"[2]

स्त्री सम्बन्धी लेखन को परिभाषित करना हमेशा से ही एक गम्भीर चिन्तन का विषय रहा है कि क्या स्त्री सम्बन्धी लेखन स्त्रियों के द्वारा ही लिखा जाना चाहिए? क्या पुरुष लेखक स्त्रियों से जुड़े प्रश्नों और अनुभवों को अभिव्यक्त कर सकेंगे? लेकिन लिंग भेद के आधार पर स्त्री पुरुष को अलग करके देखना बिल्कुल असंगत एवं अन्यायपूर्ण है। "जब लेखक कलम उठाकर अपने लिखने का धर्म निभाता है, तब वह लेखक होता है, स्त्री, पुरुष के शरीर से परे धर्म, समाज और परिवार से ऊपर उठ जाता है। जो उठ नहीं पाता, कभी लेखक नहीं हो सकता।"[3] तात्पर्य यह है कि लेखक सिर्फ लेखक होता है, वह स्त्री या पुरुष नहीं होता।

परन्तु यह भी सत्य है कि स्त्री से जुड़ी समस्याओं को उतनी ही सघन संवेदना से व्यक्त करना तथा उन समस्याओं का समाधान ढूँढ़ निकालना क्या पुरुष उतनी ही भावप्रवणता से कर पायेगा, जितना कि एक स्त्री? इसके लिए स्त्रीवादी भाषा की जरूरत पड़ती है। स्त्रियाँ अपनी माँग, अपने विचारों को किस भाषा में अभिव्यक्त

करें? क्या स्त्रियों और पुरुषों की भाषा में अन्तर होता है? यह एक विचारणीय मुद्दा बन जाता है।

अनामिका कहती हैं—"यह बात अपनी जगह दुरुस्त है कि भाषा एक लीलाभूमि है तो एक युद्धभूमि भी! अस्मिता की लड़ाई हो या कोई अन्य मनोसामाजिक संघर्ष, उसकी सबसे महीन और सार्थक अनुगूँजें भाषा में ही दर्ज होती है।"[4] वे मानती हैं कि साइकिल, टेलीफोन, मोटरकार, मोबाइल और इंटरनेट स्त्री भाषा के पड़ाव हैं। लोक साहित्य की तरह आज स्त्री भाषा जिसे ई-मेल, एसएमएस और ब्लॉग में प्रयोग किया जाता है, चटक, पुष्ट और बेबाक हो गयी है। 'स्त्रियाँ' नामक कविता में—

"सुनो हमें अनहद की तरह
और समझो जैसे समझी जाती है
नयी नयी सीखी हुई भाषा।"[5]

इन पंक्तियों में आक्रोश नहीं है, बल्कि एक आग्रह भरी शैली में स्वयं को समझने की माँग है। वह भी उस समाज से, जिसमें स्त्री के प्रति नकारात्मक सोच व्याप्त है। अनामिका के अनुसार—"'मैं' और 'मेरा' स्त्री लेखन के बीजाक्षर हैं, पर स्त्री लेखन आत्मालाप नहीं है। यह 'मैं' और 'मेरे' का जो परिविस्तार है, उसमें निरवधि निस्समता है, जो सबसे जुड़कर भी सबसे अलग है, अकेली है और अकेली रहना चाहती है। 'पन्थ रहने दो अपरिचित, प्राण रहने दो अकेला, जान लो यह मिलन एकाकी विरह में है दुकेला।' स्त्री की क्या, यह तो मानव मात्र की नियति है। फिर भी समायोजन के यत्न होते हैं और होने भी चाहिए! और भाषा ही वह पुल है, जो जोड़ता है या जोड़ सकता है।"[6]

वह मानती है कि अर्थ समानता होते हुए भी स्त्री-पुरुष को देखन-समझने की शैली अलग-अलग होती है और दूसरों के प्रस्तुत करने का उसका ढंग भी बिल्कुल अलग। "भाषा को व्यक्ति के अधीनीकरण का हथियार जब जब बनाया गया, भाषा गवाह है कि उसके निरस्त करने के हथियार भी उसी से निकले।"[7]

पुरुषों की भाषा में फैलोसेंट्रिक कसावट जन्मजात होती है। यही कारण है कि पुरुष केन्द्रित वृत्तान्त के केन्द्र में 'शिश्न केन्द्रिकता' है, जो स्त्री को निष्क्रिय सत्ता बनाती है यदि भाषा की संरचना से इसे जोड़कर देखा जाय तो भाषा की संरचना में परम्परागत शिश्न केन्द्रिकता ही पुरुष वर्चस्व को सिद्ध करती है। इसी सिद्धान्त ने बाद में स्त्री-विमर्श को जन्म दिया, जिसके ज़रिये भावों के भीतर मौजूद पुरुष वर्चस्व को चुनौती देते हुए एक ऐसी भाषा की तलाश करना था, जो शुद्धतम स्त्री-अनुभवों को बताये।

एक स्त्री के जीवन में जो घटित होता है, वही उसके लेखन में भी अभिव्यक्त होता है और वह विश्व भर की स्त्रियों के भीतरी संसार को भी उद्घाटित करता है।

इस सन्दर्भ में डॉ. गरिमा श्रीवास्तव का कहना है—"किसी का आत्मरूप दूसरे के नितान्त भिन्न संसार से हमें जोड़ता है... हम एक व्यक्ति के अस्तित्व के साथ-साथ सामूहिक अस्तित्व से भी जुड़ते चलते हैं। इस प्रक्रिया में निजी प्रसंग कब सामूहिक अवचेतन की वाणी बन जाते हैं, पता ही नहीं चलता।"[8] वस्तुतः हिन्दी में स्त्री लेखन न केवल ठोस वास्तविकताओं की उपज है, बल्कि उन वास्तविकताओं को बदलने वाली नितान्त भारतीय परिस्थितियों वाली घोषणा भी है।

दरअसल साहित्य में सब छन रहा है और वह भी एक अलग ही भाषा में—क्योंकि स्त्रियों का अनुभूतिमंडल ही अलग नहीं होता, उनकी भाषा का मिज़ाज भी कुछ अलग होता है। उनके मनोसामाजिक गढ़न्त अलग होते हैं। इतिहास, मिथक और आत्मकथा के सम्मिश्रण से वे साहित्य में नया स्पेस सृजित कर रही हैं।

महिला लेखन के सन्दर्भ में के. सच्चिदानन्द की टिप्पणी द्रष्टव्य है—"इन सबों ने मिलकर लिंग केन्द्रित (फेलोसेण्ट्रिक) व्यवस्था को ललकारा है, साहित्यिक विधान के प्रतिमानों को पुनःपरिभाषित किया है, नारी देह भाषा की एक सांकेतिकी गढ़ी है। कामना की राजनीति से परे जाकर इन्होंने पुरुष सत्ता में निहित एकाकी श्रेणीबद्ध व प्रयोजनधर्मी सोच पर सवाल उठाये हैं और सत्य, सत्ता, ज्ञान, आज भाषा के बाबत सामाजिक विश्वासों को सशंकित नजरों से देखा है।"[9]

अनामिका का काव्य: भाषिक परिप्रेक्ष्य में : अनामिका एक ख्यातिप्राप्त रचनाकार हैं, जिन्होंने साहित्य की लगभग सभी विधाओं में लेखन किया है, लेकिन अपने पुरस्कृत काव्य-संग्रहों के कारण वह एक कवयित्री के रूप में अधिक चर्चित रही हैं। उन्होंने छन्दों का वैविध्य तो अपनी कविताओं के लिए नहीं चुना, लेकिन भाषा के स्तर पर सीधी, सटीक, भावपूर्ण और वैचारिक सूत्रों में बद्ध अनेक प्रयोग किये हैं। अलग-अलग पृष्ठभूमियों ने उनकी भाषा को एक अलग ही प्रकृति में ढाल दिया है। उसमें एक साथ लोक की भाषा, महानगरीय भाषा, देशज शब्दावली का प्रयोग आदि परिलक्षित होता है। उनकी रचनाओं में देह-केन्द्रित अनुभव, स्त्री की विभिन्न भूमिकाएँ, घर के प्रति मोह, शोषण का विरोध, सामान्य से सामान्य प्रसंगों की अभिव्यक्ति और स्त्री मुक्ति की चेतना की बहुलता दृष्टिगोचर होती है—

"औरतों को डर नहीं लगता
कुछ भी कह जाने में
उनको नहीं होती शर्मिन्दगी
मानने में
कि उनमें
पानी है, मिट्टी भी।"[10]

स्त्री जीवन का यथार्थ चित्रण: स्त्री-विमर्श की सैद्धान्तिकी के बाहर जाकर समकालीन कवयित्रियों ने इधर अनुभवों की जो दुनिया रची है, वह न पितृसत्तात्मक

समाज से आक्रान्त है, न पर्सनल को पोलिटिकल बनाने की अनिवार्यता, बल्कि वह उनके सर्वथा निजी हालचाल के भीतर से उभरता हुआ आख्यान है, जो करुणा के नाम पर भावुकता पीड़ित न होकर, आत्मविनोद और किसी दूसरी सत्ता के विरुद्ध तीखे व्यंग्य से सजीव है। आज के काव्य परिदृश्य में स्त्री की उपस्थिति दोनों रूपों में महत्त्वपूर्ण है—स्त्री जिसके बारे में लिखा जा रहा है और स्त्री—जो लिख रही है।

कविता लिखते हुए कवि अपनी वर्गीय स्थिति की सच्चाई और विडम्बना को अनदेखा नहीं कर सकता। कवि अपने वर्ग के लोगों की स्थिति को खारिज नहीं कर सकता। अनामिका ऐसी ही सृजनकार हैं, जिन्होंने अधिकांश कविताएँ स्त्री को केन्द्र में रखकर ही रची हैं—स्त्री जीवन की समस्याएँ, विडम्बनाएँ, विवशताएँ उसके अन्तर्मन की हर अनुभूति उनकी कविताओं में शब्दबद्ध हुई है, लेकिन वह केवल सदियों से दमित नारी की विवशता को वर्णित ही नहीं करतीं, उसमें चेतना का अहसास भी जगाती हैं, एक आह्वान भी करती हैं। उनकी कविताएँ स्त्री मुक्ति के पथ को, स्त्री की संघर्ष-गाथा को चित्रित करने के साथ-साथ स्त्री मुक्ति का अलख भी जगाती रहती हैं।

अनामिका की कविताओं में स्मृतियाँ बहुत हैं जिनमें यातना के अनुभव वाले क्षण भी कम नहीं हैं, पर तमाम दुख को विनोद में उड़ा देने वाली काव्य विडम्बना जैसी युक्तियाँ भी कम नहीं हैं। यथार्थ की भयावहता को सीधे सरल शब्दों में प्रकट करना अनामिका जानती हैं—"मत रोओ, लेकिन कि/एक छपाका खून ही तो था/ वो फिर से बन जायेगा।"[11]

कविताओं के केन्द्र में मुख्यतः स्त्री है और उसकी संवेदना लेकिन केवल आत्म अभिव्यक्ति नहीं; बल्कि हम सबकी पढ़ी-सुनी भोगी हुई जीवन-कथा की काव्य प्रस्तुति है—"मरने की फुर्सत भी / मिली कहाँ सीता को"[12] सच यही है किसी भी स्त्री से पूछा जाये तो उसका जवाब यही होता है। निरन्तर कार्य में लगे रहने के कारण मरने की भी फुरसत नहीं मिल पाती उसे। यही नहीं, विषम परिस्थितियाँ हों या मौत के दहाने पर—स्त्रियाँ मृत्यु के मुँह पर छींकती हैं हँस कर।

अनामिका की कविताओं में मध्यवर्गीय स्त्री की विडम्बनाओं और विवशताओं का ऐसा सटीक चित्रण है, जो सामन्ती समाज द्वारा दिये गये नाम 'गृहलक्ष्मी' की परम्परागत अवधारणा को उलट-पलट कर देता है। उन्होंने अतीत की मूल्यवान विरासत को पुनर्मूल्यांकित ही नहीं किया, बल्कि पुनःपरिभाषित करने का प्रयास भी किया। उन्होंनें ऐसे मिथक चुने, जिनका अपना स्वतन्त्र व प्रभावशाली व्यक्तित्व रहा है। जैसे—आम्रपाली, रत्नावली, राधा, सीता, भामती आदि।

प्रतीक और बिम्ब योजना : स्त्री की सम्पूर्ण जीवन प्रक्रिया की आहट को दर्ज कराने के लिए प्रायः नये प्रतीक, नये बिम्बों का प्रयोग अनामिका की रचनाधर्मिता

के कौशल को स्पष्ट दर्शाता है। कम शब्दों में अधिक कह जाना, उनकी शैली की अद्भुत क्षमता को दिखाता है—

"द्रौपदी की साड़ी हो जाती है
बातें उनकी?
चिट्ठी लिखती हुई औरत
पी. सी. सरकार का जादू है
औरत को मिला है ये वरदान—
कि वह कहीं भी बैठी-बैठी
हो सकती है अन्तर्धान।"[13]

उनकी कविताओं में प्रतीक और बिम्ब एक नये रूप में ढलकर आये हैं। प्रयुक्त बिम्ब उनकी संवेदना की कहानी कहते हैं और उनकी संवेदना उनके हृदय की विराटता, बुद्धि की सूक्ष्मता और मन की मार्मिकता का पक्ष प्रस्तुत करती हैं। स्त्री की जिन्दगी को उन्होंने मार्मिक बिम्बों के द्वारा ही प्रस्तुत किया है। भारतीय स्त्रियाँ जीवन और समय की कठिन परिस्थितियों को अपनी परिहासवृत्ति और खिलंदड़ेपन के सहारे ही झेल पाती हैं।

अनामिका ने इस परम्परागत कौशल का पहली बार हिन्दी कविता में प्रयोग किया है। वे जीवन और समय नहीं कविता के शिल्प और भाषा के बोझ तक को अपनी इस युक्ति से झटका देती प्रतीत होती हैं। एक कविता में बहुत सारे प्रतीकों की चर्चा करते हुए कहती हैं—

"बाबा रे बाबा, ये कितने प्रतीक!
गुइयाँ बनोगे, प्रतीकों? फाँदोगे मेरे संग दीवार?"[14]

वहीं बिम्बो के प्रति उनकी यह दृष्टि है कि—

"इस मन के चिकने दर्पण में
अनुभव के कुछ मलिन बिम्ब हैं
एकरूप नीरस जीवन में
घुटते से कुछ पले दम्भ हैं
ये ही बिम्ब और ये ही दम्भ हैं सम्पदा मेरी।"[15]

ग्रामीण जीवन के प्रतीक और बिम्ब उनकी कविता को एक नया रंग देते हैं। जैसे—'सपनों का कल-छल-छल', 'बूँद-बूँद लोकती हुई/ थर-थर-थर पत्ती', 'उम्मीदों की हरिआइन/कचास', या फिर 'करती रही किसी म्यूनिसिपल नल की तरह / निर्झर उमड़ पड़ने का/इन्तजार'। अनामिका स्त्री-मुक्ति के सपने को कुछ प्रतीकों के माध्यम से इस तरह व्यक्त करती हैं—

"चल रहा है एक सिलसिला
और एक आदि स्त्री

दूसरी उतनी ही
पुरातन सखी के
छितराये हुए केशों से
चुन रही है जुएँ
सितारे और चमकुल।"[16]

नये उपमान : नये उपमान, काव्य भाषा, विपरीतों का सामंजस्य, अतीत और वर्तमान के संघटन द्वारा उन्होंने कविता की संरचना में बदलाव किया है। 'लेडीज संगीत', 'चुटपुटिया बटन', 'गृहलक्ष्मी', 'अजन्ता गुफा', 'मैं एक बालभिक्खु, आदि कविताएँ अनामिका की काव्य साधना की उपलब्धि हैं। कविताओं में संकेतों और लोक-अभिप्रायों का प्रयोग कर अनामिका छोटे-छोटे विवरणों और दृश्यों से एक बड़ा परिदृश्य निर्मित करने की क्षमता रखती हैं–

"बुद्धिमती थीं सीता!
शोक के महाकाश से सोना बरसाकर
राम को दिखाया था रास्ता!
सिद्ध किया था अपने ढंग से
लापता लोग नहीं होते
पूरी तरह लापता।"[17]

स्त्री की समस्याएँ और उन्हें प्रकट करने का अन्दाज भी उनका विशिष्ट है एक अनोखी स्त्री दृष्टि है। वह स्त्री जगत से ही सम्बन्धित उपमानों का चयन करती हैं। उनकी कविताओं में 'चिट्ठी लिखती औरत' की बातें द्रौपदी की साड़ी हो जाती हैं। अपनी अस्मिता अपनी पहचान को खोने का दुख वह इस प्रकार व्यक्त करती हैं–

"थी मेरी अपनी खुदी ही तो...
बुंदके के पेंच की तरह पेंचें थीं उसमें
क्या जाने कब घिस गयीं..।"[18]

बुंदके ऐसा गहना है, जिसे हर स्त्री पहनती है; लेकिन उसके पेंचों की तुलना अस्मिता से करना एकदम नया प्रयोग।

सच और झूठ के द्वन्द्व में आज सच की जो स्थिति है उसकी तुलना वह 'सतमासे बच्चे, से करती हैं–

"सतमासे बच्चे की तरह
किसी ज़ार में बचाकर
मैंने वह सच रखा था
जो बाहर रह ही नहीं सकता था।"[19]

स्त्री जीवन के निजी अनुभव उनकी कविताओं में सार्वजनीन प्रसंगों के साथ

जुड़कर एक नया ही चित्र प्रस्तुत करते हैं। भाषा का यह अद्‌भुत प्रयोग देखते ही बनता है जब वह कहती हैं–

"एक लदी-फदी बस
गर्भवती की चाल से
मतायी हुई।"[20]

संवेदनायुक्त भाषा : अनामिका स्त्री मुक्ति के प्रश्नों, सम्बन्धों में आयी रिक्तता की भूख, साधारण आदमी के दुख-दर्द को और अपने हिस्से की धूप तलाशती स्त्री की पीड़ा और समय की कडुवाहटों को अपनी कविता में स्वर देती हैं, लेकिन एक संवेदनशीलता के साथ न कि विद्रोह और आक्रोश के स्वर में। समीक्षक प्रो. अजय तिवारी के शब्दों में–"अनामिका का रचना संसार वास्तविकता के साँचे में निजता को ढालने का रास्ता नहीं चुनता, क्योंकि उनके अनुसार बहिर्जगत पुरुषसत्ता का क्षेत्र है। स्वभावतः वे न संघर्ष और टकराव के रास्ते पर जाती हैं, न समाज में लड़ती हुई स्त्री की अनेक छवियाँ उभारती हैं। वे अपनी अभिव्यक्ति के लिए संवेदनशीलता का क्षेत्र चुनती हैं, इसलिए उनका स्वर प्रधानतः अन्तर्मुखी है–लगभग एकालाप की तरह।"[21]

जो तोको काँटा बुवै-ताहि बोए तू फूल–
कहने वाले कबीरदास,
यह भी जरूरी समझते होंगे
कि क्या जाने किस तर्क से
पेड़ बबूल का रोपने वाले
उचक-उचक कर तोड़ लेते हैं
जीवन के सब मीठे आम
सरेआम!"[22]

व्यवस्था पर व्यंग्य, तीखा प्रहार है लेकिन बेहद सधे हुए शब्दों में।

अनामिका की कविताओं की लोकभाषा : जीवन के विभिन्न सोपानों से गुजरते हुए आदमी अनेक स्थितियों, विसंगतियों, विडम्बनाओं को सहन करता है, उसका सामना करता है और उसी से उसके अन्दर धैर्य एवं विरोध की चेतना का प्रस्फुटन होता है। वास्तविकता यही है कि व्यक्ति की अनुभूतियों का निर्माण उसके सन्दर्भ एवं परिवेश की ही देन होता है। जगदीश नारायण श्रीवास्तव के शब्दों में– "कविता ही नहीं कोई भी कला रचना उस समाज से प्राप्त होती है, जिसमें उसका रचनाकार साँस लेता है। वह उस समाज का महज़ शब्द प्रतिबिम्ब नहीं होती, बल्कि रचनाकार की चेतनता और जागरूकता के कारण उसे प्रभावित करती और बदलती भी है।"[23]

कवि कर्म में अनुभव का स्थान निश्चित तौर पर बहुत ही महत्त्वपूर्ण है। कवि

सारी घटनाओं, विचारों और भावनाओं के बीच से काव्य-रचना हेतु बिन्दुओं को ढूँढ़ उनमें अनुभवों को जोड़कर आम आदमी की भाषा में कविता को जन्म देता है। अर्जित अनुभवों से निजी अनुभव या भुक्त अनुभव ज्यादा प्रभावकारी होते हैं। कवि हमेशा निजी अनुभवों को व्यापक तौर पर सामाजिक, राष्ट्रीय दृष्टि से देखना पसन्द करता है। लेखक कवि नरेन्द्र मोहन के अनुसार, "कविता के लिए विचार तभी काम का होगा, जब वह मानवीय सम्बन्धों और आशयों को ध्वनित करता हुआ अपनी सक्रिय उपस्थिति से घेरेगा।"[24]

जीवन जगत की गहरी अनुभूति, जिसमें लोक भावों का मन खूब फैलकर पसरा बैठा है और जो आराम से अपने मन को खूब छाँट-बीन रहा है—लोक और स्त्री जीवन की गहरी अनुभूति का ऐसा अद्भुत संगम अनामिका की काव्य अनुभूतियों में मिलता है—

"चिड़िया ही होना था तो शुतुरमुर्ग क्यों हुई मैं
सूँघनी ही थी कोई लाडली नाक मुझे सूँघती
यह क्या कि सूँघा तो साँप।"[25]

भीतर के मन को कँपा देने वाली यह तीक्ष्ण अनुभूति रचना का रूप कैसे ले लेती है, यह अनामिका की कविताओं को पढ़कर जाना जा सकता है। मन की भीतरी तहों में ठहरी अनुभूतियों को सहज शब्दों में कविता में उतारकर रख देना अनामिका की रचना प्रक्रिया का अद्भुत कौशल है। स्त्री संवेदना के लिए लड़ने का उनका अपना विशिष्ट ढंग है; जो ज्ञान, संवेदना और परम्परा के साथ एक अलग तरह का रिश्ता बनाकर प्रकट होता है।

लोक रंग: किसानों, मज़दूरों के जीवन का गहरा अनुभव अनामिका के पास है। संघर्षों को झेलने की एक सहज आदत होती है इनके पास, जिसे जिजीविषा कहा जाता है—

"आग-बाढ़-तूफान
दंगे, महायुद्ध के थपेड़े
वे अपने हाथों पर मलकर
खैनी-चूने की तरह फाँक जाते हैं।"[26]

यह पंक्तियाँ किसान-मजदूर के जीवन का सबकुछ हाल व्यक्त कर देती हैं। समकालीन हिन्दी कविता में लोक के विविध रूपों का जितना अच्छा प्रयोग अनामिका ने किया है, उतना कम ही देखने को मिलता है—जीवन, संस्कृति की विविधताओं का लोक रंग इनकी कविताओं में रच-बस गया है। इससे लोक को ग्रहण करने की एवं उपयोग की क्षमताओं का भी पता चलता है। लोक की संवेदना को कविता में रूपान्तरित करना साधारण नहीं—यह कवि की सामर्थ्य पर निर्भर करता है। इन्होंने लोक का कविता में उपयोग कर उसे रचनात्मक ऊँचाई प्रदान की है।

लोक-भाव-भाषा एवं संवेदना के स्तर पर अनामिका स्त्री होने के नाते लोक रंग के रचाव-बसाव से बखूबी परिचित होने के कारण ही अपनी कविताओं में कर पायी हैं। महादेवी के रेखाचित्रों की सी लोकभाव की संवेदना की गहराई इनमें मिलती है, इसका उदाहरण द्रष्टव्य है–

"हमारी तरफ एक व्यंजन बनता था
जिसको कहते थे धोखा
बेसन का बनता था
लगता था मछली जैसा
धोखा खाना एक अनुपम उपलब्धि थी
उन सबकी जिनके घर
मछली नहीं बनती थी।"[27]

अनामिका अपनी धरती और लोक के गहरे अहसासों और संवेदना के मोतियों को कविता में बुनकर पाठकों के समक्ष प्रस्तुत करती हैं। लोक रंग के संग भाषा उनके यहाँ खास बनकर नहीं, बल्कि जीवन की अनुभूतियों के साथ घुलकर आती है। लोकभाषा के शब्द उनकी कविताओं में किसी गुर की तरह नहीं आते, बल्कि वे उनके अनुभव का अनिवार्य हिस्सा हैं। जनमतुआ बच्चे की चानी की तरह पुलपुल कोमल इन कविताओं में परिपक्व कठोरता की विपुल सम्भावनाएँ अन्तर्निहित हैं। हिंस्र समय के प्रतिरोध का उनका अपना ढंग है, जो भारतीय स्त्रियों की प्रतिरोध की परम्परा की गहरी समझ और संवेदनात्मक जुड़ाव से उपजा है।

अनामिका के काव्य की शान्त सी दिखने वाली सतह के नीचे एक अदृश्य हलचल हमेशा मौजूद रहती है। अपनी जानी-पहचानी दुनिया में उनकी दृष्टि प्रायः वहाँ टिकती है, जहाँ कोई टूट-फूट होती है या फिर तमाम आपात समरसता के भीतर कोई फाँक या दरार। वे अक्सर संकेतों, रूपकों या लोक अभिप्रायों से काम लेती हैं। इस तरह कविता का एक जटिल तन्त्र विकसित होता है, जिसका सम्बन्ध रूप से कम और भाव तत्त्व की अन्तर्वस्तु से अधिक होता है।

अन्तर्वस्तु तथा अर्थ-विस्तार : अनामिका की कविताओं में अन्तर्वस्तु तथा अर्थ-विस्तार में स्त्री की उपस्थिति की विराटता का महत्त्वपूर्ण मार्मिक दस्तावेज चित्रित है। सृष्टि-रचना के तमाम गूढ़ अर्थ और अभिप्राय जैसे स्त्री के सरोकारों में मूर्त हो उठे हैं–

"वह रोटी बेलती है जैसे पृथ्वी
ज्वालामुखी बेलते हैं पहाड़
भूचाल बेलते हैं घर
सन्नाटे शब्द बेलते हैं, भाटे समुन्दर
रोज़ सुबह सूरज में

एक नया उचकुन लगाकर।''[128]

यही पंक्तियाँ आगे जाकर अधिक अर्थ-विस्तार पाती हैं–

''और वह
अपने ही वजूद की आँच के आगे
औचक हड़बड़ी में
खुद को ही सानती
खुद को ही गूँथती हुई बार-बार
खुश है कि....''[129]

इसी औचक हड़बड़ी में ही फँसा है स्त्री का सब कुछ–देह, मन, घर, प्रसव, सारा दुख, सारा संघर्ष, सारा खटराग, अन्तर्जीवन और अन्तःसत्व। अनामिका की कविताएँ इसी ठोस वास्तविक दुनिया में स्त्री के अनन्त दुखों की असमाप्त कथा है।

विषय और कथन भंगिमा : इन दोनों में परस्पर सम्बन्ध होता है। आमतौर पर विषयभूमि और वर्णनशैली में अनामिका एक बँधे हुए दायरे के भीतर ही रहती हैं, लेकिन जब उससे बाहर आती हैं; तब उनकी कविता अधिक प्रभावशाली होती है। जहाँ 'फर्नीचर' कविता उनकी अन्तरंग एकालाप शैली का श्रेष्ठ उदाहरण है, वहीं 'पतिव्रता' कविता में उनकी शैली आख्यान का रूप ले लेती है–

''तो, सखियों, ऐसा था कलियुग में जीवन
पतिव्रता का ....।''[130]

'अनुपस्थित' कविता में बँधे मुहावरे को तोड़ने का एक और रूप मिलता है–

''यह देश भी कैदखाना है
पर कैदखाने की भी बेहतरी के लिए
करनी है कुछ दौड़ धूप।
जाना वहाँ न जाने कहाँ,
लाना उसे न जाने किसे
एक बड़ा व्यवसाय है क्योंकि
वह जो कि है ही नहीं सबसे सुन्दर है।''[131]

इन सभी प्रयोगों में विषय वस्तु का अन्तर है, जो भाषा और भंगिमा में अन्तर ला देता है। 'दलाईलामा' कविता में अनामिका बौद्ध विश्वास और दलाई लामा के महान दिव्य स्वरूप का विखंडन करके उनके मनुष्य और शिशु रूप की कल्पना करती हैं, जो एक साहसी प्रयोग कहा जा सकता है–

''खुद पोंछ ली होगी नाक कभी स्वेटर से
माँ को कहीं काम में मग्न पाकर!''[132]

उनके आर्य सत्य से भी अनामिका को मोह नहीं है, क्योंकि वह जीवन को

अस्वीकार करने वाले सत्य को भव्य नहीं, क्षुद्र मानती हैं। ये पंक्तियाँ उसका साक्ष्य हैं–

"ऊपर परम सत्य
नीचे फिर और क्षुद्र सच्चाइयाँ
भूख प्यास, गर्मी-सर्दी, मोह-क्रूरता
प्रेम और नफ़रत
सचमुच क्या होते हैं ये सत्य क्षुद्रतर।"[33]

एकालाप, आख्यान, संवाद से अलग तर्क-वितर्क की शैली अनामिका में विरल है, किन्तु वह उनके प्रयोग में पर्याप्त दक्ष हैं। समीक्षक हरदयाल के अनुसार–

"अनामिका की कविताएँ पढ़ते समय उनकी विशिष्टता का अनुभव हमें बराबर होता है। यह विशिष्टता कविताओं की वस्तु में जितनी है, उससे कहीं अधिक उनकी अभिव्यक्ति में है।"[34]

वस्तुतः रचनाकार का दृष्टिकोण पाठकों को न केवल उस विषय वस्तु को अनुभूत और आत्मसात करने का कौशल देता है, बल्कि उस विषय वस्तु को व्यक्त करने की शैली और शिल्प भी समझाता है और रचनाकार की अवधारणाओं को मूर्तमान करता है।

देशज और अंग्रेजी शब्दः शहरीकरण के कारण हिन्दी भाषा में एक परिवर्तन आया है, वह विस्तार पा रही है, लेकिन ग्रामीण संस्कृति को उद्‌घाटित करते लोकभाषा के शब्द प्रायः रचनाओं में नहीं दिखते। पाठक वर्ग इससे कहीं छूटता जा रहा है लेकिन अनामिका की कविताएँ इसका अपवाद हैं।

लोक-भाषा और लोक-संस्कृति से जुड़े भाव-प्रवण शब्द यहाँ एक जीवन्त चित्र उपस्थित करते हैं। देशज शब्दों की छुअन, उसकी गरमाहट, एक विशिष्ट अर्थ, सोंधी महक तथा अर्थ अभिव्यंजना की शक्ति इन कविताओं में परिलक्षित होती हैं।

समीक्षक रंजीत वर्मा के अनुसार–"देशज शब्दों या जीवन से छूटती जा रही चीज़ों जैसे कि कुंडी, वट बाबा, ढोंगा, मनिहारिन, चुटपुटिया बटन, बोरसी आबडीब, चौका आदि या फिर कहावतों, मुहावरों, उक्तियों के सहारे या उनकी काट में लोक जीवन को उकेरती ये कविताएँ स्त्री प्रसंगों के कटु अनुभवों और सपनों को रचने की कोशिश करती हैं। आम्रपाली से लेकर आज की सेक्सवर्कर तक और तुलसीदास की पत्नी रत्ना से लेकर आज के गृहस्थ जीवन में अटकी-फँसी स्त्री तक के दिक्‌काल में विस्तार पाती इन पंक्तियों में खुद को बचा लेने की व्यूह रचना भर नहीं दिखती बल्कि अपने होने के अर्थ को आकार देती रचनात्मक शक्ति भी दिखाती हैं।"[35]

देशज शब्दों के साथ-साथ अंग्रेजी शब्दों से भी कवयित्री परहेज नहीं करती हैं। विशेष अर्थ व्यंजित करने की दृष्टि से वह इनका प्रयोग बिना किसी संकोच से अपनी कविताओं में करती हैं, जैसे 'टू बी और नॉट टू बी', 'दैट इज ए क्वैश्चन', 'एक्सपर्ट',

'ओपिनियन', 'फाइव स्टार', 'पेप्सी', या फिर 'बाई वन गैट वन फ्री' आदि।

नये आलम्बनः समकालीन कविता एक नया रिवाज है—नये आलम्बनों और नये विषयों का चयन और अनामिका की रचनाधर्मिता में यह दोनों समान रूप से विद्यमान हैं। अचिन्तनीय को चिन्तनीय बनाने वाली बौद्धिक कवयित्री हैं वह। चतुर्दिक् वातावरण में जो कुछ घटित हो रहा है, उसे सुपरिचित और सहज प्रतीकों, रूपकों और बिम्बों से मूर्त करते हुए कवयित्री ने उन परिस्थितियों को आम पाठकों के लिए तल्ख बना दिया है।

मुहावरे और लोकोक्तियाँ: अनामिका की काव्य भाषा निज अनुभव से गढ़े बिम्बों के कारण अद्‌भुत असर छोड़ती है। भाषा में लोक बानगी, लोक मुहावरे, लोकोक्तियाँ, नये बिम्ब, नये प्रतीक उभर कर सामने आते हैं, जिससे काव्य में नवीनता आ जाती है और सामान्य विषय भी असामान्य एवं असाधारण बन जाते हैं। 'चाणक्य की चुटिया', 'बोतल की लुटिया', 'दानयज्ञ के बाद बची हुई हर्षवर्धन की खाली टोकरी', 'मन की दुछत्ती' आदि इसके उदाहरण हैं। 'इन्द्रियाँ' कविता में वह कहती हैं—

"पाँचों को लेकर यह दफ्तर शुरू किया था मैंने,
एक एक कर छोड़ गये सब अपना काम।
अभी-अभी मिला मुझे त्वचा का त्यागपत्र।
अब कितनी भी मार पड़े
स्पर्श का कम्पन वहाँ होता ही नहीं।
पहले आँखें उचटीं,
फिर जीभ पलट गयी
× × ×
कान बहुत दिनों बाद झनझनाए
× × ×
बस एक पंचवटी है तरह-तरह की गन्धों की
जिसका साया बाक़ी है।"[36]

अनामिका की कविताओं में प्रयुक्त मुहावरे और लोकोक्तियाँ जीवन की गहरी सम्पृक्ति, संस्कृतियों की मार्मिक पकड़ को उद्‌भासित करते हैं। नयी पुरानी अद्‌भुत अनुपम धरोहरों से उनका खजाना परिपूर्ण है। वास्तव में जीवन की ओर देखने वाली रचना में मुहावरे अधिक होते हैं, यही नहीं उनसे नये मुहावरों का जन्म भी होता है। भाषा मात्र अनुभवों की ही वाहक नहीं होती, अपितु आशयों की भी वाहक होती है और ये आशय जीवन में अन्तर्गुम्फित होते हैं; जिन्हें खोजना, तराशना, सम्प्रेषित करना, कवि का धर्म होता है। 'छछूँदर के सिर में चमेली का तेल', 'भैंस के आगे बजती बीन', 'मुँह में राम बगल में छुरी', 'न नौ मन तेल होगा

न राधा नाचेगी', 'भागते भूत की लँगोटी भली', 'दुधारू गाय की लताड़ भली' आदि मुहावरे-लोकोक्तियाँ कविताओं में प्रसंगानुसार अपनी अर्थ-छटा बिखेरते चलते हैं। कविताओं के बीच मुहावरों, कहावतों, पौराणिक कथाओं तथा बिम्बों के द्वारा जीवन्त तस्वीर को आँकने की प्रवृत्ति उनकी अपनी है। कविताओं में नाटकीयता का समावेश करने के लिए इनकी अहं भूमिका होती है। समीक्षक हरदयाल के शब्दों में—"कवयित्री ने अपना विशिष्ट काव्य मुहावरा विकसित किया है जिसके मुख्य घटक हैं—आंचलिक शब्दावली, रीति-रिवाज, ऐतिहासिक-पौराणिक सन्दर्भ, दूसरों की काव्य-पंक्तियों के उद्धरण, सूक्तियाँ, मुहावरे, किंवदन्तियाँ, प्रासंगिक विवरण, चुभती हुई टिप्पणियाँ आदि। उनकी कविताओं में लोक ख़ूब रचा-बसा है। अगरधत्त, मोखा, बिदोड़, भंगरैया, सघोर, ढोंगे, फलिया, पुरधाइन, हड्डा, बुइया, चानी, ढाबुस जैसे तमाम शब्द लोक से ही गृहीत हैं।"[37]

संवादमय शैली: उनकी कविताएँ मानो पाठक से संवाद करती चलती हैं, अनेक प्रश्न उठाती चलती हैं, एक नवचेतना का निर्माण करती चलती हैं। होमवर्क, सत्रह बरस का प्रतियोगी परीक्षार्थी माँ-बेटे के सार्थक संवाद का आईना हैं। उनकी कविताओं में प्रयुक्त संवाद विशेषकर पुरुष समाज से, वह भी 'बेलाग बातचीत' कहने का ढंग और शब्दों का चयन भाषा की धार्मिकता एवं अन्तर्द्वन्द्व से उपजी धार हिलाकर रख देते हैं, झिंझोड़ कर रख देते हैं—

"फन्दा लगा लूँ कि
पहले पोंछ दूँ यह धूल
पंखे की आँचल से ।"[38]

अनामिका की कविताओं में संवाद है, खामोशी है, प्रतिरोध है, स्वीकार है, प्रश्न हैं, पर उत्तर नहीं—*"परिचारिका में परी/दीर्घ इकार भूलकर हो जाती है/ क्यों कर छोटी इ/या जब देखो—काट-कुटु छील-छाल, झाड़-झूड़/गोभी पर, कपड़ों पर, दीवार पर/किसका उतारती है गुस्सा?"*[39]

आत्मकथन शैली : अनामिका की कविताओं में आत्मानुभव ही अधिक हैं, जिन्हें उन्होंने आत्मकथन की शैली में ही कविताओं में अभिव्यक्त किया है। जिसके कारण वह सहज और सम्प्रेषणीय बन गयी है। अनुभूति, आत्मकथन और स्मृति इन्हीं तीनों का सहसम्बन्ध अनामिका की कविताओं को विशिष्ट बनाता है।

"मैं एक दरवाजा थी,
मुझे जितना पीटा गया,
मैं उतना खुलती गयी।"[40]

उनकी अधिकांशतः स्त्री केन्द्रित कविताओं में 'मैं' ही सम्बोध्य है—"मैं केसेरोल की अन्तिम रोटी हूँ!"[41] "बस मेरी नैहर है—बतरस की खान!"[42] "मैं चूड़ी बाजार

हूँ हैदराबाद का"[43] या फिर "मेरी गोद का आयतन लगातार बढ़ रहा है,"[44] "मैं खत्म जो होती रही/तो मोड़ दो मेरा ये रुख तुम/एक उत्तर-आधुनिक बेअन्त दरिया में।"[45]

आत्मकथन की यह भंगिमा अवसाद से आशा तक की तथा वर्तमान से भविष्य तक की स्त्री की पूरी यात्रा का अद्‌भुत शब्द चित्र प्रस्तुत करती है।

गद्य शैली : अनामिका अधिकतर गद्य शैली में ही कविताएँ लिखती हैं। अम्मा अख्मतोवा ने कहीं कहा है कि कविता का मूल स्रोत कविता नहीं, गद्य है। और जाने अनजाने अनामिका इस कथन को ही अपने काव्य-शिल्प का आधार मानती हैं। अनामिका एक सहज क्रीड़ा भाव से कविता के वर्णलोक में प्रवेश करती हैं और कई बार रचनात्मक खेल को वहाँ तक ले जाकर खत्म करती हैं, जहाँ सब कुछ एक गहरे अभिप्राय या ध्वन्यार्थ में बदल जाता है। रचना की इस पद्धति में जोखिम भरा है, लेकिन अनामिका के भीतर का रचनाकार इस जोखिम को उठाने के लिए तत्पर है। इस पद्धति से छनकर जो कृति जन्म लेती है, वह सतह पर जितनी सरल दिखती है, उतनी होती नहीं।

यह सच है कि अच्छा गद्य ही अच्छी कविता का नियामक है। अनामिका के काव्य में गद्य का अभिनव रूप दिखाई देता है। इस गद्य में कविता भी सम्भव है। यह कविताएँ गद्य के गुणों के साथ-साथ शक्तिशाली पदों का गुच्छ हैं, जिसमें स्त्री चिन्तन की दिशा का स्वर तीव्रता से मुखरित हुआ है।

विशिष्ट कथ्य शैली : कथ्य और कहन की अपनी विशिष्ट शैली में वह शब्दों से खिलवाड़ करती चलती हैं और नये अर्थों की छटा देखते ही बनती है–

"शब्दों के जंगल में
चुप्पी का एक शेर रहता है,
जो भी जरूरी हो जाता है
आदिम अनुगूँजों की भाषा में
बस वही कहता है–"[46]

स्त्री जीवन के यथार्थ को मात्र 'ढ' वर्ण से पूरी तरह अभिव्यक्त करना उनके शब्द कौतुक गुण को प्रदर्शित करता है। 'लेडीज संगीत' कविता इसकी साक्षी है–

"ढाई आखर प्रेम के–
ढाई आखर–
ढरक रहा है मेरे जीवन में
ढकिया-भर ढ़-ढ़-ढ़
ढ़ाढ़स और ढकोसला–

....

'ढ' से ढाई,
'ढ' से ढोल-ढक-ढिठाई,
और मूलतः 'ढ' से ढ़ोना-ढ़ोना केवल ढ़ोना।'[47]

....

व्यंग्यात्मक शैली : समाज का स्त्री के प्रति निषेधात्मक दृष्टिकोण तथा पुरुषवादी समाज के सही चेहरे को अनावृत्त करने के लिए अनामिका व्यंग्यपरक भाषा का प्रयोग करती हैं। यह व्यंग्यपरक भाषा उनके विजन और भाषिक बुनावट का अनिवार्य अंग है। पुराने प्रतीकों और पारिभाषिक शब्दों को इस व्यंग्य मुद्रा ने बिल्कुल बदला हुआ अर्थ दिया है।

अनामिका के यहाँ शब्द के कई-कई अर्थ छवियों में कौंधते हैं। उनके शब्द एक तीर से अर्थ और मन्तव्य के कई निशाने साधते हैं। इस कला में शब्दों का साभिप्राय विशेषण-सा प्रयोग भी यहाँ एकदम ताजा है—'बिसाइन गाली', 'गरियंडा मर्द' और 'अगरधत्त चटनी' जैसे प्रयोग अपनी कई अर्थवत्ता और व्यंजनात्मक चमक से अभिभूत करते हैं। 'प्रेरणा-पंप', 'भाँय-भाँय बजता हारमोनियम-सा घर', 'कुंडलिनी सी जगी लड़की', 'अनहद-सी बजती लड़की' जैसे पदबन्धों से अनामिका अपनी वैचारिक भूमि और व्यंग्यात्मक मुद्रा दोनों निर्मित करती हैं। इनके यहाँ की स्त्रियाँ 'सूखा कपड़ा' नहीं, बल्कि 'बहुत बूँदें बाकी हैं उनमें'—ये बूँदें पत्नीत्व की, नारीत्व की, मातृत्व की, वैचारिक सत्ता इयत्ता और स्त्रीत्व की निजी पहचान की बूँदें हैं।

अनामिका की कविताओं का हर कोण उतना ही सहज, सार्थक, जीवन की संलिप्तता से ओतप्रोत पाठक को ठीक उसकी तरह रस से विभोर कर देता है, जैसे बालू में ओस की बूँदेकं धीरे-धीरे फैलती हुई समस्त बालू को नमी प्रदान करती हैं। उस समय ओस और बालू, हवा और मौसम को अलग-अलग नहीं किया जा सकता। वहाँ एक संश्लिष्टता को बस अनुभूत किया जा सकता है। अनामिका की कविताएँ भी रस निष्पत्ति और साधारणीकरण की नयी उद्‌भावना के साथ ऐसी ही संश्लिष्टता प्रस्तुत करती हैं।

भारतीय संस्कृति और परम्परा के साथ-साथ अंग्रेजी साहित्य के प्रसंग और किरदार भी अनामिका की कविताओं में जगह पाते हैं, जो कवयित्री के ज्ञानलोक से परिचित कराते हैं।

स्त्रीवादी भाषा : स्त्री द्वारा किये जाने वाले सामान्य घरेलू कामों को अनामिका ने अपनी कविताओं में बिम्ब सदृश प्रयुक्त किया है, जो स्त्री-मन की अनुभूतियों के साथ जुड़कर एक नयी अर्थवत्ता प्रदान करते हैं जैसे—झाड़ू लगाना, अलगनी पर सूखता पोंछे का कपड़ा, जुएँ चुनना, चौका-बर्तन, रोटी बेलना, आटा गूँधना, घर की झाड़-पोंछ आदि। भाषा का यही नया प्रयोग उन्हें समकालीन कवयित्रियों से अलग करता है।

अनामिका की कविताएँ मध्यवर्गीय स्त्री के दुखों का, दर्द का बयान भर ही नहीं हैं, वहाँ एक आधुनिक भारतीय स्त्री को अपने भीतर की खिड़की से बहकर आता संगीत भी सुनाई देता है। मोहक विलंबित स्वरों में बजता हुआ यह संगीत बेताबियों के तिलस्म की तरह पाठक तक सम्प्रेषित होता है।

अनामिका का स्त्री-विमर्श स्त्री-पुरुष सम्बन्धों में सखा भाव विकसित करने की दृष्टि को बल देता है, जिसमें परस्पर दोनों एक-दूसरे के सामने अपने मन की गाँठें बिना किसी हिचकिचाहट के खोल सकें। नयी स्त्री को चाहिए एक ऐसा पुरुष, जिससे वह भक्त कवि जनाबाई की तरह अपना हर काम बाँट सके–''*ऐ माधव देखो न–/ कितने काम धरे हैं सिर पर/ इतना आटा गूँधना है अभी/ इतने कपड़े कूटने हैं–/ आओ भी हाथ बँटा दो थोड़ा/ या फिर तुम हेर दो/ जुएँ ही जरा-/ कुछ तो करो न, कुछ करो।*''[48]–एक सहयोगी पुरुष की कामना यहाँ अपेक्षित है और स्त्रीवादी भाषा के प्रयोग के कारण ही यह तीव्र अनुभूति पाठकों तक सम्प्रेषणीय बनी है। स्त्री भाषा या स्त्रीवादी भाषा के सन्दर्भ में अनामिका कहती हैं–

1. जिस तरह अच्छी कविता इन्द्रियों का पदानुक्रम नहीं मानती। दिल-दिमाग और देह को एक ही धरातल पर अवस्थित करती हुई ध्रुवान्तों का एक दूसरे के घर आना जाना कायम रखती है, स्त्री भाषा पर्सनल-पोलिटिकल, कॉस्मिक-कॉमनप्लेस, सेक्रेड-प्रोफेन, रैशनल-सुपररैशनल के बीच का पदानुक्रम तोड़ती हुई उद्‌देश्य-स्थान, विधेय-स्थान के बीच म्यूजिकल चेयर का-सा खेल आयोजित करती है, जिससे कि 'बहिरो सुने, मूक पुनि बोले/ अन्धे को सब कुछ दरसाई' का सही प्रजातांत्रिक महोत्सव घटित होता है।
2. स्त्री भाषा ने आधुनिकता का कुल्लापन झाड़कर उसके तीनों प्रमेयों का दायरा बड़ा कर दिया है–शुष्क तार्किकता का स्थानापन्न वहाँ है सरस परा-तार्किकता, जो बुद्धि को भाव से समृद्ध करती है।''[49]

अनामिका इतिहास, पुराण और सदियों से उपेक्षित पड़ी मानवीय घटनाओं, स्थितियों, संवेदनाओं, पात्रों की धूल-मिट्टी हटाकर, झाड़-पोंछकर पुनः जीवन की गति के साथ एकाकार करने की कला जानती हैं और इस कला को साधने में वह भाषा का सर्वाधिक सर्जनात्मक उपयोग करती हैं। उनके स्वयं के शब्दों में–''कि हाशिए पर रहने वालों की भाषा हमेशा ही अधिक जीवन्त, रंग-रंगीली और ठस्सेदार होती है। उनकी भाषा में अलग तरह की रवानी, तेजस्विता और अनुगूँज खचाखच समा जाती है। इसका सबसे स्पष्ट प्रमाण स्त्रियों की भाषा है।''[50]

स्त्री भाषा का यह ठस्सपन उनकी पूरी कविताओं में बराबर छाया रहता है कविता की भाषा का ठस्सपना अपनी अलग उपस्थिति दर्ज करता है। यह ठस्सपन एक स्त्री का है, जो भाषा के सहारे पूरी कविताओं में बराबर छाया रहता है और

स्त्री को कई तरह से देखने की माँग करता है। इसके लिए वह बँधी हुई लीक को तोड़कर उससे बाहर आकर खड़ी हो जाती है। 'दुश्चरित्र महिलाएँ, दुश्चरित्र महिलाएँ/ किन्हीं सरपरस्तों के बल पर फूलीं।'

निष्कर्ष : अनामिका की कविताओं में स्त्री-भाषा के चित्र फोकल शिफ्ट की तकनीक से दैनिक उपयोग की साधारण चीज़ें (जुएँ, सेफ्टीपिन, चुटपुटिया बटन वगैरह) देखते-देखते एक कॉस्मिक द्युति पा जाते हैं और कॉस्मिक खुशबू की चीज़ें बादल, बिजली, खुद ईश्वर भी पिछवाड़े जैसा मामूली होकर रह जाता है। मामूली और दैनंदिन की गैर-मामूली और कॉस्मिक तक की यह आवाजाही एक महत्त्वपूर्ण आवाजाही है। एक अनन्त से दूसरे अनन्त तक गोल-गोल नाचते ही जाते हैं आदि-बिम्ब, लोकछन्द, विगत और आगत। 'मामूली' के 'गैर-मामूलीपन' और 'गैर मामूली' के 'मामूलीपन' तक की यह यात्रा अपने आप में एक क्रान्तिकारी यात्रा है।

अनामिका की कविताएँ अपनी कोमल भावनाओं, विवेकशीलता तथा संवेदनशीलता के कलात्मक संयोजन के कारण एक अलग महत्त्वपूर्ण तथा प्रभावपूर्ण स्थान दर्ज कराती हैं। कहीं-कहीं ये सीधे मन को टोह जाती हैं तो कहीं-कहीं मन को दुलरा भी जाती हैं। उनकी कविताओं में लोक संवेग अत्यधिक प्रभावी ढंग से उभरकर आये हैं, जो उनके भीतर की चमक को उद्भासित करते हैं। ठेठ राजनीतिक शब्दावली व बड़बोलेपन से खुद को जाने-अनजाने बचाती हुई उनकी कविताएँ कई बार अपनी जनपदीय संस्कृति से ऊर्जा प्राप्त कर पितृसत्तता के विरुद्ध संवेदनात्मक प्रतिरोध दर्ज करने के लिए उपमेय व उपमान ढूँढ़ती हैं। स्त्री प्रतिरोध का अपना एक अलग ढंग तथा विशिष्ट अभिव्यंजना शैली अनामिका को हिन्दी कविता के क्षेत्र में अन्य समकालीन हिन्दी कवयित्रियों से अलग शीर्ष सोपान पर अवस्थित करती है।

सन्दर्भ

1. डॉ. अमरनाथ, नारी का मुक्ति संघर्ष, पृ.40
2. सुधा सिंह, ज्ञान का स्त्री पाठ, पृ.135
3. मेहरुन्निसा परवेज, इंडिया टुडे, साहित्य वार्षिकी, पृ.4
4. संवेद, अक्टूबर 2009, पृ. 5
5. अनामिका, स्त्रियाँ, खुरदुरी हथेलियाँ, पृ.14
6. अनामिका, कविता में औरत, पृ.32
7. अनामिका, कविता में औरत, पृ.28
8. आलोचना, अक्टूबर-दिसम्बर, 2009, पृ.92
9. के. सच्चिदानन्द, समकालीन भारतीय कविता और स्त्री, पृ.51
10. अनामिका, कविता में औरत, पृ.40
11. अनामिका, केरल की एक लोक धुन पर आधारित, कविता में औरत, पृ.101
12. अनामिका, मरने की फुर्सत, दूब धान, पृ.28
13. अनामिका, कविता में औरत, पृ.39
14. अनामिका, ऊनी टोपी, खुरदुरी हथेलियाँ, पृ.31

15. अनामिका, व्यक्त होने की चाह में, शीतल स्पर्श एक धूप को, पृ.42
16. अनामिका, जुएँ, अनुष्टुप, पृ.49
17. अनामिका, कविता में औरत, पृ.39
18. अनामिका, ढूँढना, अनुष्टुप, पृ.20
19. अनामिका, कठघरे से कविता का बयान, अनुष्टुप, पृ.103
20. अनामिका, गन्ध, अनुष्टुप, पृ.108
21. निजता में सामाजिकता का रचाव, www.anyatha.com
22. अनामिका, वैज्ञानिक कारण, दूब धान, पृ.158
23. अनामिका, समकालीन कविता पर एक बहस, पृ.301
24. अनामिका, समकालीन कविता के बारे में, पृ.301
25. अनामिका, पतिव्रता, खुरदुरी हथेलियाँ, पृ.28
26. अनामिका, जिनके लिए लिखी जाती हैं कविताएँ, खुरदुरी हथेलियाँ, पृ.182
27. अनामिका, धोखा, खुरदुरी हथेलियाँ, पृ.162
28. अनामिका, स्त्री, बीजाक्षर, पृ.26
29. वही, पृ.26
30. अनामिका, पतिव्रता, खुरदुरी हथेलियाँ, पृ.28
31. अनामिका, अनुपस्थित, खुरदुरी हथेलियाँ, पृ.174
32. अनामिका, दलाई लामा, खुरदुरी हथेलियाँ, पृ. 167
33. वही, पृ.167
34. अनामिका, जुएँ, अनुष्टुप, पृ.49
35. रंजीत वर्मा, जीवन का जिह्वा पर अजब स्वाद, इंडिया टुडे, 13 फरवरी, 2008, पृ. 56-57
36. अनामिका, इन्द्रियाँ, अनुष्टुप, पृ.82
37. समीक्षा, अप्रैल-जून, 2006, पृ.27
38. अनामिका, सूली ऊपर सेज पिया की, खुरदुरी हथेलियाँ, पृ.32
39. अनामिका, विमानपत्तनम, दूब धान, पृ.58
40. अनामिका, दरवाजा, अनुष्टुप, पृ.46
41. अनामिका, गृहलक्ष्मी, दूब धान, पृ.84
42. वही, पृ.82
43. वही, पृ.87
44. अनामिका, समीक्षा, अप्रैल-जून, 2006, पृ.89
45. अनामिका, गृहलक्ष्मी, दूब धान, पृ.88
46. अनामिका, चुप्पी, दूब धान, पृ.43
47. अनामिका, लेडीज़ संगीत, दूब धान, पृ.48-49
48. अनामिका, कविता में औरत, पृ.42
49. वही, पृ.42
50. वही, पृ.42

उपसंहार

नारी जीवन की उर्वरक शक्ति है, ऊष्मा है, लेकिन प्राचीन मूल्य, परम्पराएँ, धार्मिक ग्रन्थों ने उसे जिस प्रकार दमित, शोषित और अनुशासित किया है, उसके अन्दर की यह ऊष्मा राख में तब्दील होने लगी थी। पर फिर भी कहीं एक चिंगारी शेष थी, जो कि परिवर्तित परिवेश की हवा पाकर पुनः ऊर्जस्वित हो उठी है, प्रखर और मुखर हो उठी है। स्त्री-विमर्श इसी मुखरता की प्रतिध्वनि है।

स्त्री-विमर्श के केन्द्र में है—स्त्री का सम्पूर्ण संसार—आवृत्त-अनावृत्त, आदृत और अनादृत। वह 'मानवी' रूप में अपनी पहचान चाहती है जिसका एक सिरा पितृसत्ततात्मक व्यवस्था के निरीक्षण-पुनरीक्षण से जुड़ा है तो दूसरा स्त्री नियति को उसकी समग्रता और विविधता में जानने से।

हमारे समाज में महिलाओं की जो स्थिति है, उनकी साहित्यिक उपस्थिति उससे अधिक बेहतर नहीं है। सच तो यह है कि हिन्दी में लिखने वाली महिलाओं की संख्या तो बढ़ी है, पर उनकी आवाज हाशिए पर ही है। साहित्य मनुष्य की मानवता को बचाये रखने के प्रयास का दस्तावेज है। नारी मुक्ति भी मानवता से अपने आपको जोड़ने का और मनुष्य के रूप में स्वीकार किये जाने का अभियान है।

पश्चिम में, महिलाओं ने अपने हाशियाकृत अस्तित्व को बहुत पहले से पहचानना शुरू कर दिया था। वर्ज़ीनिया वुल्फ़ ने स्त्री के लेखन को जहाँ 1929 में अपनी पुस्तक 'ए रूम ऑफ वन्स ओन' में उठाया था, उसे सिमोन द बाउवार ने 'द सेकेण्ड सेक्स' में सार्त्र के पुरुष केन्द्रित विमर्श के मुकाबले स्त्रीलिंग केन्द्रित किया, 1960 में जिसे केट मिलेट ने 'सैक्सुअल पॉलिटिक्स' में लिंग राजनीति की व्याख्या करते हुए अंग्रेजी के कथा साहित्य में स्त्री की लिंग शोषित छवि के रूप में गढ़ा, एलेन शुवाल्टर, जूलिया क्रिस्टीनेवा आदि स्त्री मस्तिष्कों ने उत्तर-संरचनावादी विचारों और पद्धतियों के जरिए उस स्त्री केन्द्र को समाजशास्त्रीय एवं दार्शनिक आयाम दिये और निर्विकल्प रूप में भाषा और संस्कृति में स्थापित किया। आज विकसित समाजों में स्त्री केन्द्र जहाँ पहुँचा है, वहाँ उसने आधुनिकता के तमाम मूल्यों और अधिकार केन्द्रों को तोड़-फ़ोड़ डाला है। वह सत्ता के प्रचलित विमर्श पर प्रश्नचिह्न लगाता है।

एक भ्रम यह भी है कि बहुत-सी चीज़ों की तरह साहित्य-संस्कृति में 'स्त्रीत्ववाद' (फेमिनिज़्म) पश्चिमी नकल भर है, इसका भारतीय वस्तुस्थिति से कोई ताल्लुक नहीं बैठता। 1975 में महिला दशक अन्तर्राष्ट्रीय स्तर पर मनाये जाने के पश्चात्

से भारतीय समाज में महिलाओं का समाज के साथ-साथ विचार के केन्द्र में आना हमारे आर्थिक-सामाजिक विकास का परिणाम है। कामकाजी महिलाओं के श्रम के दृश्यमान होने से समाज में महिलाओं के अवदान की पहचान के चिह्न प्रकट और व्यवस्थित हुए। जनसंचार, पत्रकारिता, शिक्षा, तकनीकी क्षेत्र, व्यापार के क्षेत्र में शिक्षित महिलाओं ने अपनी उपस्थिति दर्ज की है। मीडिया ने स्त्री के दुखदर्द और स्त्री अस्तित्व के प्रश्नों को जिस प्रभावी ढंग से टी.वी. के माध्यम से स्त्री वर्ग से रू-ब-रू कराया, वह ठोस भारतीय यथार्थ का नया सच है। नया स्त्री लेखन इसी वातावरण का हिस्सा है। यही पश्चिम के स्त्रीत्ववादी चिन्तन से भारतीय यथार्थ का पृथक बिन्दु है।

भले ही आज स्त्री-विमर्श अपने चरम पर है, लेकिन हिन्दी साहित्य में वात्स्यायन से लेकर वर्तमान काल तक यह किसी-न-किसी रूप में विद्यमान रहा है। अनेक रचनाकारों ने स्त्री को अपनी रचनाओं में वर्ण्य विषय बनाकर उसकी समस्याओं और उसके दमन, शोषण, उत्पीड़न को वाणी देने की कोशिश की है। इस सन्दर्भ में स्त्री-विमर्शकार अनामिका का नाम आज किसी के लिए भी अपरिचित नहीं है।

स्त्री-विमर्श मूलतः पितृसत्ता, यौन शुचिता, परिवार और आर्थिक आत्मनिर्भरता के पुराने मिथकों को तोड़कर नये मिथकों की गढ़न्त है। एक स्त्री अपने लिए कैसा जीवन चाहती है, यह अन्ततः उसे ही तय करना है—एक निष्क्रिय उपभोक्ता का या सृजनशील व्यक्ति का। यही स्त्री-दृष्टि पूरे स्त्रीवादी आन्दोलन का भविष्य निश्चित करती है। अनामिका ने अपने लेखन में समकालीन साहित्य पर विचार करते हुए भारतीय परिवेश में विधवाओं, वृद्धाओं, घरेलू वातावरण की घुटन से ऊबी स्त्रियों तथा घर और बाहर शोषित होती स्त्रियों—सभी की स्थितियों पर विचार किया है।

स्त्री-विमर्श की पहली शर्त है—स्त्री का स्वत्व बोध और अनामिका की कविताएँ अपने 'मैं' के प्रति प्रश्न उठाती हुई खुद को पहचानने की अभिव्यक्ति है। 'गृहलक्ष्मी', 'उड़ान', 'प्रत्यभिज्ञा' आदि कविताओं में यह भाव स्पष्टतः परिलक्षित होता है। अपने मौन को तोड़ती स्त्री स्वयं से प्रश्न करने लगती है तथा मुक्ति की आकांक्षा रखती है, लेकिन भारतीय स्त्री की आकांक्षा सम्बन्धों से मुक्ति की नहीं, सम्बन्धों में मुक्ति की है। पुरुष से मुक्ति की नहीं, पुरुष की मुक्ति है जिससे दोनों एक-दूसरे की मुक्ति के संगी बन सकें। स्त्री की मुक्ति की इस आकांक्षा को अनामिका ने अपनी कविताओं—'स्त्रियाँ', 'भिन्न, 'मुक्ति', 'हाशिया' आदि में वाणी दी है।

स्त्रीत्ववादी विमर्श स्त्री की मानवीय अस्मिता की रक्षा के लिए प्रतिबद्ध है। वह स्त्री की उपस्थिति को लक्षित करने वाली इस कालजयी मान्यता को स्वीकारता है कि स्त्री आधी दुनिया है..... वह स्त्री-पुरुष की परस्पर पूरकता या दोनों को मनुष्य समझना-समझाना चाहता है, जिन्हें निजी स्तर पर बराबर भौतिक स्पेस की जरूरत है तो पारस्परिक स्तर पर भावनात्मक सहयोग की । 'कजरौटा' कविता इसी

भावना का सशक्त उदाहरण है कि 'स्पेस' और 'सन्तुलन' ही पति-पत्नी सम्बन्धों की ऊष्मता बरकरार रखता है।

अनामिका की कविताओं में प्रेम निरूपण में 'एक अजब-सा वियोग भी' चित्रित है, जहाँ स्त्री पुरुष विवाहेतर सम्बन्धों में एक-दूसरे के मित्र अधिक नजर आते हैं। वर्तमान पीढ़ी का प्रेम के प्रति दृष्टिकोण भी वहाँ दृष्टितगत होता है तथा वैवाहिक और पारिवारिक सम्बन्धों में प्रेम का विलुप्त होना; परन्तु स्त्री का फिर भी आशा का दामन न छोड़ना भी परिलक्षित होता है। अनामिका संवेग और भावों को जिस बेलागपन से शब्दों से पिरोती हैं वह उनकी रचनाओं को प्रभावी बनाता है तथा कवयित्री की रचनाधर्मिता का जीवन्त प्रमाण भी है। 'पुराने प्रेमी का सन्देश', 'एक अजब सा वियोग' इसी भाव को उकेरती कविताएँ हैं।

स्त्री की विशिष्ट वैयक्तिक अनुभूतियाँ, जो अब तक हिन्दी कविता के परिदृश्य से बाहर थीं; अनामिका के यहाँ एक अलग ही संसार निर्मित करती हैं। स्त्री शरीर में घटित होने वाला हर परिवर्तन लड़की से स्त्री बनने की प्रक्रिया, स्रष्टा बनने की प्रक्रिया, दूध पिलाने की अनुभूति, पचास के पार पहुँचती स्त्री का जीवन दर्शन सभी निजी अनुभव उनकी कविताओं—'अन्तःसत्वा', 'ईश्वर', 'प्रथमस्राव', 'गन्ध', 'मरने की फुर्सत' और 'पचास' में मार्मिक ढंग से अभिव्यक्ति पाते हैं।

बाल्यकाल से लेकर युवावस्था तक, युवावस्था से किसी की भार्या बनने तक तथा भार्या बनने से लेकर मातृत्व का पद प्राप्त करने तक स्त्री को केवल एक ही बात सिखाई जाती है—सहना, सहना और सहना। स्त्रियोचित विशेषणों जैसे त्याग, सहनशीलता, दया, प्रेम को तो उसका अभिन्न अंग बना दिया जाता है, परन्तु उसकी अन्तर्निहित शक्ति, ज्ञान व बल के अपरिमित भंडार से उसे सर्वथा अनभिज्ञ रखा जाता है, ताकि वह एक पायदान की जगह से उठकर सिर का ताज बनने की चेष्टा न करे।

नारी सशक्तीकरण का चाहे कितना भी शोर क्यों न हो रहा हो, पर यह असत्य नहीं है कि पारिवारिक सम्बन्धों में स्त्री मारपीट, क्रूरता, अभद्रता और तिरस्कार को शताब्दियों से अपनी नियति मानकर सहन करती आ रही है। मर्द हमेशा से ही औरत को आँगन में बुहारी, रसोई में बर्तन, बिस्तर में चादर की तरह इस्तेमाल करते आये हैं। अनामिका की कविताओं में पारिवारिक संस्था में संत्रस्त स्त्री, आत्मीयता की तलाश करती स्त्री, घरेलू हिंसा को सहन करती स्त्री की छवियाँ अपने पूरे दुख और संवेदना के साथ निरूपित हैं—यक्ष प्रश्न, फर्नीचर, टूटी बिखरी और पिटी हुई, स्त्री की इसी दशा की अभिव्यक्तियाँ हैं। उनकी कविता पत्नी, दाम्पत्य सम्बन्धों में पुरुष की हृदयविहीनता का परिचय देती है। यही घरेलू हिंसा स्त्री-पुरुष के सहज प्रेम को भी ध्वस्त कर देती है। यही कारण है विवाह संस्था को युवा पीढ़ी सशंकित दृष्टि से देख रही है। इसी भाव को दर्शाती हुई उनकी कविता है—'लेडीज़ संगीत'।

दरअसल अपने पर अविश्वास, समाज में असुरक्षा, अपना और बच्चों का असुरक्षित भविष्य, घर वापस लौटने पर माता-पिता को दुख होगा, परिवार की इज्जत खराब न हो, इस डर से अनाचार को बाहर न बताना और सबसे प्रमुख रिश्ते में सुधार की उम्मीद ही इस घरेलू हिंसा को सहन करने के लिए स्त्री को इस रिश्ते में बने रहने के लिए विवश करती है स्त्री को। 'पतिव्रता', 'गृहलक्ष्मी', 'अभ्यागत', 'बेजगह' आदि इस विषय पर आधारित अनेक कविताएँ हैं जो स्त्री के अन्तर्मन को, उसकी कशमकश को उद्घाटित करती हैं। दाम्पत्य सम्बन्धों में आयी रिक्तता का सजीव चित्रण हैं उनकी कविताएँ—'हमबिस्तर' और 'सद्गृहस्थ' आदि। अनामिका की महिला पात्र गालियाँ सुनने का शील भी बड़े मनोयोग से पतिव्रता बनकर निभाती हैं। रोज़ 15-16 घंटे हर स्त्री जो घरेलू श्रम करती हं, उसकी कोई कीमत नहीं आँकी जाती। वह तो उसका नारी धर्म है, कहकर उस पर विशेष ध्यान देने की जरूरत नहीं समझी जाती, पर स्त्री-विमर्श ने घरेलू श्रम को विचारों के केन्द्र में लाकर बहस का मुद्दा बना दिया है।

वर्तमान युग में स्त्री पारिवारिक संस्था में दोहरी भूमिका निभाते हुए किस प्रकार शारीरिक और मानसिक त्रास झेलती है, उसके अन्तर्मन का हर एक पक्ष, हर कोना कविताओं के माध्यम से अनामिका उजागर करती चलती हैं। इस सन्दर्भ में उनकी कविताएँ—'खंडिता', 'स्त्री', 'औरतें', 'एक औरत का राजकीय प्रवास' भावपूर्ण अभिव्यक्तियाँ हैं।

पारिवारिक सम्बन्धों में माँ की भूमिका का महत्त्व सर्वोपरि है और अनामिका ममता के सम्बन्ध को दुनिया का सबसे निश्छल और पवित्र सम्बन्ध मानती हैं। इसी वात्सल्य से ओतप्रोत अनेक कविताएँ, बच्चों के मासूम प्रश्न, छोटी-छोटी खुशियाँ उनकी कविताओं में झलकती हैं। स्त्री-विमर्श के परिप्रेक्ष्य में देखें तो भारतीय समाज में परिवार एक नींव के समान है, धुरी है समाज की।

जीवन हम जैसा जीना चाहते हैं, समय तथा समाज के दबाव में जैसे जीते हैं—इन दोनों के बीच गहरा अन्तराल होता है। दोनों स्थितियों के बीच सतत एक वैचारिक द्वन्द्व भी चलता रहता है। स्त्री-विमर्श स्त्री के इसी अन्तर्द्वन्द्व को मुखर करने का अभियान है और अनामिका की कविताएँ इसी द्वन्द्व की प्रतिच्छाया। स्त्री की अपनी जगह पाने की छटपटाहट का नया आयाम इन कविताओं में खुलता है।

जैविक भिन्नता स्त्री की स्थिति पुरुष से भिन्न रखने में सहायता करती है, लेकिन स्त्री की दोयम दर्जे की स्थिति के महत्त्वपूर्ण घटक उसकी सामाजिक और आर्थिक हैसियत से अधिक जुड़ते हैं। उसकी अधीनस्थ की भूमिका असमानता को जन्म देती है और शोषण के अवसर प्रदान करती है। स्त्री एक ऐसी मादा में तब्दील हो जाती है, जिसकी जिन्दगी रोटी, कपड़ा और मकान की उपलब्धता के अहसास तले ही सीमित हो जाती है। माँ, बहन, पत्नी, बेटी की भूमिका में सीमित

नारी अपनी स्वतन्त्र सत्ता के अवसर स्वयं ही खो देती है। स्त्री को अपनी सरहदों में सिमटने की इस स्थिति को लक्षित करती कवयित्री की कविता है–'अभ्यागत', जिसमें एक पुराने खेल 'कितकित' के माध्यम से वह स्त्री के प्रति इस घेराबन्दी से पर्दा उठाती हैं।

अनामिका इसका कारण स्त्री के समाजीकरण को मानती हैं और यदि कोई स्त्री अपनी जगह ढूँढ़ती हुई समाज की दीवार से 'छिटकी हुई ईंट' बनती है तो उसे 'दुश्चरित्र महिला' घोषित कर दिया जाता है। अस्मिता के इन्हीं प्रश्नों से दो चार होती हुई भारतीय समाज में स्त्री के प्रति अन्याय, शोषण का जायजा अनामिका की कविताएँ लेती चलती हैं। 'स्त्रियाँ', 'बेजगह', 'छिटकी हुई ईंटें', 'आदिप्रश्न', आदि कविताएँ इसकी साक्षी हैं।

स्त्री-विमर्श स्त्री मुक्ति से ऊपर उठकर सभी वंचितजनों की मुक्ति की बात करता है, जो समाज में उपेक्षित हैं और अनामिका की कविताओं में यह उपेक्षित वर्ग अपने पूरे हस्तक्षेप के साथ उपस्थित है। चाहे वह भरेपूरे परिवार के रहते हुए भी एकाकीपन में जीती 'जलेबा बुआ' हो या सरकारी अस्पताल में जीवन-मृत्यु का संघर्ष करती 'सुनीता', देह व्यवसाय से जुड़े होने के कारण अभिशप्त जीवन जीती वेश्याएँ हों या एकल परिवारों में रहते दयनीय स्थिति में जीने को विवश वृद्धजन हों। 'चौदह बरस की सेक्स वर्कर' के तीखे प्रश्न, 'यौन दासियों के निजी अनुभव', नाबालिग बलात्कृत लड़की के मासूमियत भरे सवाल सभी अनामिका की कविताओं में मार्मिक दस्तावेज हैं।

स्त्री-विमर्श स्त्री की समाज में पुरुष के समान अधिकार पाने की जंग है। स्त्री मात्र मनोरंजन का साधन नहीं, न ही पुरुष की वासना का शिकार होने के लिए है। वह पुरुष के समान अपनी एक स्वतन्त्र सत्ता चाहती है। पुरुष का दूसरा ध्रुव और उसके पूरक के रूप में वह अपनी पहचान बनाती है। यह तभी सम्भव है, जब हमारी सामाजिक संरचना में बदलाव लाया जाये। अनामिका मानती हैं कि भिन्न-भिन्न श्रेणी, वर्ग, जाति, नस्ल की होते हुए भी लिंग के धरातल पर सारी दुनिया में स्त्रियों का संघर्ष एक-सा है, क्योंकि उसकी लड़ाई पितृसत्तात्मक व्यवस्था से है। वह स्त्रियों की भावात्मक, मनोवैज्ञानिक, नैतिक, भाषिक और अस्मिता सम्बन्धी समस्याओं को प्रायः एक-सा मानती हैं। उनकी कविताएँ शब्दों को इस लड़ाई में अपना हथियार बनाती हैं–'वृद्धाएँ धरती का नमक हैं', 'पचास बरस', 'कविता में औरत', 'चौदह बरस की सेक्स वर्कर', 'यौन दासी', 'साध्य', 'मरने की फुर्सत', 'बाज लोग', 'चादर', 'हँसी' आदि कविताएँ ऐसे ही प्रश्नों से साक्षात्कार कराती चलती हैं।

स्त्री-विमर्श सार्वभौमिक भगिनीवाद की अवधारणा में विश्वास करता है और 'कहती हैं औरतें' इस परिदृश्य को प्रस्तुत करती कविता है। आवश्यकता इस बात की है कि स्त्री सन्तान को धर्म, जाति और सम्प्रदाय की सीमाओं से परे होकर

केवल ससुराल जाने के लिए तैयार न किया जाये बल्कि जीवन जगत के हर मोर्चे के लिए प्रशिक्षित किया जाये, इससे स्त्री-विमर्श के एक उद्देश्य—'पूर्ण मानव के रूप में स्त्री की प्रतिष्ठा'—को भी स्थापित करने में सहायता मिलेगी।

अनामिका ने अपनी रचनाओं के माध्यम से स्त्री पात्रों के चेतन, अचेतन और अवचेतन मन के सभी स्तर तथा उनकी मनःस्थितियाँ, रिश्तों का द्वन्द्व और उनकी पीड़ा के यथार्थ का बखूबी वर्णन किया है। नारी जीवन के अनेक पक्षों, रूपों, स्थितियों और जटिल समस्याओं को सामाजिक सन्दर्भो में रखकर नारी जीवन का सच्चा स्वरूप रूपायित किया है। वह यथार्थ को मानसिक स्तर पर स्वीकार कर उसे सशक्त बनाते हुए—सार्थकता प्रदान करती हैं और समाज में स्त्रियों के लिए उनके लायक जगह की माँग करती हैं और इस उपक्रम में उनकी भाषा व्यंग्य और तेज धार वाली हो जाती है।

भारतीय स्त्रियों के जीवन संघर्ष, हास-परिहास और गीत अनुष्ठान आदि के जरिए पीड़ा को सह पाने की उनकी परम्परागत युक्तिहीन युक्ति के व्यापक परिप्रेक्ष्य में देखने पर अनामिका की कविताओं के नये अर्थ खुलते हैं, जिन तक कविताओं को देखने-परखने के रूढ़ ढाँचे को तोड़कर ही पहुँचा जा सकता है।

सच यही है कि घर और समाज में परम्पराओं, रूढ़ियों, सांस्कृतिक प्रपंचों और धार्मिक आस्थाओं ने सदा से ही स्त्री के विकास मार्ग को अवरुद्ध किया है। उसकी छवि केवल एक बेचारी और भोग्या के रूप में ही परिलक्षित होती है। वे मानसिक गुलामी से त्रस्त हैं। पारिवारिक सन्दर्भों में रूढ़ मान्यताओं ने वृद्धाओं का जीवन निरर्थक कर दिया है। वे 'छप्पर पर पड़ी मालाओं' की तरह अन्ततः सूखने पर मजबूर हैं। अनामिका अपनी कविताओं 'संयुक्त परिवार', 'आम्रपाली', 'गृहलक्ष्मी', 'पार्क में बुढ़ापा', 'काजल', 'मौसियाँ' आदि में परम्पराओं, पुराने मिथकों को नये अर्थों से व्याख्यायित करती हैं, लेकिन कुछ परम्पराओं का छूटते जाना उन्हें दुख पहुँचाता है और उसकी पीड़ा का वर्णन भी कविता 'मौसियाँ' में परिलक्षित होता है।

वैश्वीकरण और बाज़ारवाद में स्त्री के बदलते स्वरूप को भी उनकी कविताएँ रेखांकित करती हैं, लेकिन वहीं अस्मिता के सन्दर्भ में स्त्री की भूमिका की तलाश भी दिखाई देती है। कारण चाहे सामाजिक हों या आर्थिक परिणाम वही हैं—स्त्री आज भी द्वितीय श्रेणी की स्थिति में है। समझ सकना मुश्किल नहीं है कि देह-सौन्दर्य की जिस भाषा ने नारी को उपभोक्ता वस्तु में बदलने का जाल बिछाया है, उससे नारी अस्तित्व के प्रश्न और अधिक गहरे हो गये हैं। प्रायः घर से लेकर बाहर तक महिलाओं को विरोध के ऐसे वातावरण से जूझना पड़ता है, जिसमें सामना करने की बजाय वह सहना अधिक बेहतर समझती है। 'बीसवीं सदी' कविता में यह स्थिति उभर कर आती है। 'भामती की बेटियाँ' कविता आधुनिक परिप्रेक्ष्य में स्त्री को देखने-समझने का आग्रह भरा स्वर है।

अनामिका मानती हैं कि भाषिक औजारों से ही लड़ी जाती है अस्मिता की लड़ाई और अनामिका की कविताओं में अपने लिए रास्ता बनाती स्त्री, शोषण का शिकार होती स्त्री, स्त्री स्वातन्त्र्य के तात्पर्यों और गुलामी की ज़ंजीरों पर विचार करती हुई स्त्री इस बात को केन्द्र में लाती है कि स्त्री क्या चाहती है?

अनामिका की कविताएँ स्त्री के दुख, संघर्ष और साहस की अनिवार्य बेचैन अभिव्यक्ति हैं। एक ठोस वास्तविक स्त्री की दुनिया की यहाँ अविराम उपस्थिति है। अनामिका नारी जीवन के संघर्ष चेतना, जागृति को समझकर समाज को जाग्रत करने वाली अद्वितीय कवयित्री हैं। उनके यहाँ न क्रान्ति है न नारों के लिए नारा। न नारीत्व से, मातृत्व से असहमत होती स्त्रियों की कोई प्रतिशोध योजना, न उत्तर आधुनिकता के नाम पर खारिज किये जाते सकारात्मक मूल्यों के बाद का दिशाहीन कोहरा।

अक्सर कहा जाता है कि रचना में यथार्थ और कल्पना का समावेश होता है, लेकिन अनामिका की कविताएँ इस मिथ को तोड़ती हैं। उनकी कविताओं में स्त्री अपने पूरे सच के साथ समाहित है—गुण-अवगुण, आशा-निराशा, स्वीकार-प्रतिकार, परम्परा और आधुनिकता के साथ।

स्त्री सबलीकरण की चाहे कितनी ही चर्चाएँ क्यों न हों, कितने ही महिला संगठन कार्य कर रहे हों, लेकिन बहुधा समाज और परिवार में स्त्री की स्थिति में कम ही सुधार देखने को मिलता है। स्त्री जितनी मुखर हो रही है, पुरुष उतना ही उग्र होता जा रहा है। अत्याचार के तरीके बदल गये हैं—एसिड डालना, डायन होने का आरोप, साइबर क्राइम, फ़तवा, जाति पंचायत और बलात्कार तो रोज़ की बात हो गयी है और सामूहिक बलात्कार के क़िस्से तो रोज़ अखबार की सुर्खियाँ बन रहे हैं। पुरुष की पाश्विकता का दंश वह अब सरेआम झेल रही है और मुर्दा समाज मूक दर्शक बन उसकी तस्वीरें खींच रहा है या दरवाजे की ओट में छिपकर तमाशा देख रहा है। समाज की यह असंवेदनशीलता ही आज लेखन की चिन्ता बनी हुई है। व्यक्तिगत, सामाजिक, आर्थिक, राजनीतिक, धार्मिक हर स्तर पर स्त्री आज भी पीड़ित है। परिवार, व्यावसायिक-संस्थान, शिक्षण-संस्थान, धार्मिक स्थल यहाँ तक कि चलती सड़क और घूमती कारों में हर जगह वह पुरुष की वासना का आखेट बन रही है।

कहना उचित होगा कि स्त्री मुक्ति का सवाल आज स्त्री के लिए जरूरी है, उससे ज्यादा कहीं पुरुष के लिए भी जरूरी है। स्त्रीवाद और कुछ नहीं, बल्कि समान मानव अधिकारों की माँग है। स्त्रीवाद मांग है—स्वतन्त्रता की, समानता की, न्याय की। स्वतन्त्रता उस स्त्री की, जो सदियों से पुरुष की ग़ुलामी सहती रही है, समानता उस जाति की, जो मानवता का आधा हिस्सा है और न्याय उस शोषण के लिए, जो स्त्री के दमन व उत्पीड़न का प्रमाण है।

सिक्के का यह एक पहलू है, लेकिन सिक्के के दूसरे पहलू पर ऐसी स्त्रियाँ भी नजर आती हैं, जिन्होंने समाज में अपना वर्चस्व स्थापित किया है, परिवर्तन की दिशा को धार दी है। इस स्त्री छवि को बदलने में मीडिया ने महत्त्वपूर्ण भूमिका निभाई है। नयी दृष्टि, नयी परिभाषाओं, नयी धारणाओं यहाँ तक कि परिवर्तित व्याख्याओं के साथ वह यहाँ उपस्थित है। तुलसीदास की स्त्री दृष्टि को भी वह अपने पक्ष में बदलने और बोलने का साहस रखती है—ढोल, गँवार, गीदड़, नर/ मारो इनको तड़-तड़ा-तड़। (फिर सुबह होगी—सीरियल से) यौन शुचिता के सारे मिथ चरमरा गये हैं। स्त्रियाँ अपने अधिकारों के प्रति सजग हो उठी हैं और अपनी समस्याओं को अन्तर्राष्ट्रीय मंच पर ले आयी हैं। पाकिस्तान की मलाला को तालिबान गोली मारता है और तालिबान में ही एक 22 वर्षीया पत्रकार स्त्री अधिकारों के लिए खुलेआम सक्रियता से कार्य कर रही है।

सऊदी अरब की कई महिलाएँ अब अपने हक़ के लिए खड़ी हो गयी हैं। वह हक़ जो उन्हें शरीयत ने दिया है। पुरुषों के शोषण के खिलाफ उन्होंने अपनी आवाज बुलन्द की है और इस मुहिम की अगुआ (नेता) बनी हैं-राऊदा यूसुफ। वह महिला ड्राइविंग के अधिकार, पर्दाव्यवस्था को ऐच्छिक किये जाने, बिना पुरुष संरक्षक की इजाज़त के नौकरी हासिल करने जैसे मुद्‌दों पर मुखर हैं।

जेद्‌दा में रीम असद ने महिला अधोवस्त्रों की दुकानों में पुरुषों की नियुक्ति के विरोध में पूरे देश में अभियान छेड़ा। इस अभियान के पीछे उनका मकसद है—महिलाओं को शर्मिन्दगी से बचाना तथा उनके लिए रोज़गार के अवसर मुहैया कराना।

इसी तरह वजेट्टा अलहवैदर बिना अपने संरक्षक की इजाजत के अपने पासपोर्ट पर यात्रा करने की इजाजत चाहती हैं। मुस्लिम समाज में स्त्री की बेहतरी के लिए वह संघर्षरत हैं कि पुरुष का दूसरी शादी करने की स्थिति में पहली पत्नी से इजाजत लेना अनिवार्य हो।

21वीं सदी के लेखन में भी यह सच उभारने की कोशिशें की जा रही हैं इन लेखिकाओं का मक़सद सिर्फ हंगामा खड़ा करना नहीं, स्त्री को समाज में, साहित्य में जगह प्रदान करना है तथा पुरुष के समकक्ष अधिकार दिलाना है और अनामिका एक प्रखर स्त्री-विमर्शकार के रूप में अपनी उपस्थिति दर्ज कराती हैं और उनकी कविताएँ स्त्री मुक्ति की वाहक के रूप में।

अन्त में इतना ही कहूँगी कि स्त्री का दर्द, उसकी व्यथा-गाथा तो वही पुरानी है और अनेक कवयित्रियों ने अपने-अपने ढंग से इसे अपने लेखन में अभिव्यक्ति भी दी है, परन्तु यदि स्त्री भाषा में कहें तो विषय तो उबली दाल की तरह ही है, लेकिन अनामिका अपने शब्दों और कहने के विशिष्ट अन्दाज से बघार कर पाठक के सामने ऐसे परोसती हैं कि वह उसके रसास्वादन के लिए आतुर हो उठता है।

शोध कार्य करते हुए और स्त्री-विमर्श के बारे में इतना पढ़ते हुए मेरे अपने शब्दों में स्त्री-विमर्श–

"कैसे मन्द-मन्द हवा बन जाती है चक्रवाती तूफान,
और उड़ा ले जाती है सड़े-गले, जर्जरित, ढहते मकान।
वैज्ञानिक तथ्य है--
सागर का पानी एक सीमा तक सह कर ताप,
बन जाता है भाप,
और परिवर्तित हो जाता है भरे बादल में।
दबाव हवा का कम होते ही,
भरने को अपनी खाली जगह,
शक्ल अख्तियार करता है बवंडर की,
उमड़ता है, घुमड़ता है फिर
और विचलित हो जाते हैं फर्श और अर्श,
क्या यही नहीं है स्त्री-विमर्श?"

–मंजु रुस्तगी

परिशिष्ट-1

अनामिका का व्यक्तित्व और कृतित्व

हिन्दी साहित्य जगत् में अनामिका आज किसी परिचय की मोहताज नहीं हैं। एक श्रेष्ठ रचनाकार होने के साथ-साथ स्त्री-विमर्शकारों की श्रेणी में भी वह पहली पंक्ति में अपनी उपस्थिति दर्ज कराती हैं। स्त्री-विमर्श के क्षेत्र में इनके गहन चिन्तन ने स्त्री-विमर्श को एक नया आयाम दिया है। स्त्रीवादी परिप्रेक्ष्य में इनकी कविताएँ अपना विशिष्ट महत्त्व रखती हैं।

17 अगस्त 1961, मुज़फ्फरपुर (बिहार) में जन्मी अनामिका अंग्रेजी साहित्य की व्याख्याता होने के बावजूद हिन्दी साहित्य के प्रति अपने रुझान के कारण गत दो दशकों से अधिक समय से हिन्दी साहित्य को समृद्ध करती आ रही हैं। आलोचना, विमर्श के क्षेत्र में उनका लेखन अपनी स्त्री-विशिष्ट पहचान लिये हुए है। प्रिंट मीडिया के लिए लेखन कार्य के अतिरिक्त अनामिका रेडियो और टेलीविजन जैसे इलेक्ट्रॉनिक माध्यम के लिए भी अनवरत लिखती रही हैं। 'जनसत्ता' और 'राष्ट्रीय सहारा' में छपने वाले उनके स्तम्भ प्रबुद्ध पाठकों की प्रशंसा पाते रहे हैं।

'इन्दिरा गाँधी खुला विश्वविद्यालय' में अंग्रेजी, एम.फिल. का पाठ्यक्रम, एन. सी.ई.आर.टी. में सर्जनात्मक लेखन का पाठ्यक्रम और महात्मा गाँधी अन्तरराष्ट्रीय हिन्दी विश्वविद्यालय में स्त्री-विमर्श का पाठ्यक्रम रेखांकित करने में अनामिका की बड़ी भूमिका रही है। साहित्य अकादेमी के लिए प्रमुख स्त्री कवियों का स्त्रीवादी संकलन भी इन्होंने तैयार किया है।

उनका बचपन घर में अकेले रहने के कारण पुस्तकालय और पुस्तकों की अनमोल मैत्री के बीच बीता, जिसने साहित्य के बीजवपन के लिए एक आधारशिला सी भूमिका निभाई। आठ-दस वर्ष की आयु में ही उन्होंने तुकबंदी की जो जोड़-तोड़ शुरू की वह आज तक अपने परिष्कृत, परिपक्व रूप में हिन्दी साहित्य जगत् को समृद्ध करती आ रही है।

'सेंट फ्रांसिस जेवियर्स एकेडमी' नामक स्कूल में प्रारम्भिक शिक्षा प्राप्त करने के समय ही उन्होंने अनेक काव्य सृजन प्रतियोगिताओं में भाग लिया, जिसके फलस्वरूप हाईस्कूल में पढ़ते समय ही उनका पहला कविता-संग्रह 'शीतल स्पर्श एक धूप को' 1975 में प्रकाशित हुआ। आरम्भिक काल की कविताओं में वह प्रकृति की ओर

अधिक आकृष्ट रहीं।

बीस वर्ष की आयु में वह उच्च शिक्षा प्राप्त करने के उद्देश्य से दिल्ली आयीं और अध्ययन पूर्ण करने के पश्चात् वर्तमान समय में दिल्ली विश्वविद्यालय के सत्यवती कॉलेज में अंग्रेजी की सीनियर रीडर हैं। पीएच.डी. के उनके दो विषय हैं—एक अंग्रेजी में और एक हिन्दी में। अंग्रेजी में विषय—'डन क्रिटिसिज़्म डाउन द एजेज़' और हिन्दी में 'निराला पर आंग्ल प्रभाव' । डी. लिट्. में शोध प्रबन्ध का विषय है—'ट्रीटमेंट ऑफ लव एंड डेथ इन पोस्ट वार अमेरिकन विमेन पोएट्स'।

अनामिका के व्यक्तित्व पर उनके लेखक माता-पिता और बड़े भाई अमिताभ राजन का गहरा प्रभाव है। उनका विवाह सफदरजंग अस्पताल में नेफ्रॉलॉजी विभाग के अध्यक्ष डॉ. विन्दु अमिताभ से 24 जून, 1985 को हुआ। दोनों बेटों उन्नयन और उत्कर्ष से उनका जो अन्तरंग भरा नाता है, वह उनकी रचनाओं में भी झलकता है।

अनामिका हिन्दी साहित्य के क्षेत्र में यथार्थ से जुड़ी एक संवेदनशील रचनाकार हैं, जिन्होंने अपने रचनात्मक जीवन में सदा अपने परिवेश से संपृक्ति बनाये रखी है। वे अपने परिवेश से प्रायः बाहर नहीं जातीं-लेकिन उस परिवेश में वाशबेसिन से लेकर मंगल-सनीचर और चौराहे पर अचानक मिल जाने वाले ईश्वर तक शामिल है।"[1]

कथ्य की दृष्टि से देखा जाये तो मौजूदा स्त्रीवादी लेखन में अनामिका ने अपनी एक अलग उपस्थिति दर्ज की है। उनके पास दृश्य-बंधों को सजीव करने वाली भाषा है। बिम्बधर्मिता पर उनकी अच्छी पकड़ है।... भाषा की यह विशिष्टता उनकी अपनी विशिष्टता है।

समसामयिक हिन्दी काव्य जगत् के वरिष्ठ रचनाकार केदारनाथ सिंह उनके रचनाकर्म के बारे में कहते हैं—"वे प्रायः गद्य की ज़मीन से शब्दों को उठाती हैं और उन्हें कथन की इसी भंगिमा के साथ तह पर तह जमाती हैं, इसलिए उनकी भाषा और कविता का पूरा मिज़ाज प्रचलित काव्य भाषा से थोड़ा अलग है।"

अनामिका की पहचान एक नारीवादी कवयित्री के रूप में बन चुकी है। वे अपने परिवेश को हिन्दुस्तानी मध्यवर्गीय नारी के दृष्टिकोण से देखते हुए उसके दबाव और टकराहट को झेलते हुए अपनी निजता को भी परिभाषित करती हैं। उनकी रचनाओं में यथास्थिति चित्रण के साथ-साथ नारी चेतना, और आह्वान का स्वर भी सुनाई पड़ता है।

अनामिका बहुमुखी प्रतिभा की धनी हैं। आलोचना हो या संस्मरण, निबन्ध हो अथवा कथा साहित्य अनामिका की लेखनी सभी विधाओं को स्पर्श करती चलती है। गद्य विधा के प्रति अपने आकर्षण को वह इस प्रकार प्रकट करती है—"लोक जीवन की अन्तरंग गप-शप में गद्य की विशेष रुचि है और मेरी भी। इसलिए बार-बार गद्य की ओर मुड़ती हूँ।... गद्य मेरी कविता का खुला-खुला क्लारेज है और शायद सीढ़ी घर भी।"

रचनाएँ: (क) काव्य संग्रह: शीतल स्पर्श एक धूप को (1975); गलत पते की चिट्ठी (1979); समय के शहर में (1990); बीजाक्षर(1993); अनुष्टुप (1998); कविता में औरत (2004); खुरदुरी हथेलियाँ (2005); दूब धान (2007); मेन आर नॉट बियोंड रिपेयर (अनूदित) (2009)।

(ख) कहानी: प्रतिनायक

(ग) उपन्यास: दस द्वारों का पींजरा; तिनका तिनके पास

(घ) लघु उपन्यास: पर कौन सुनेगा; अवान्तर कथा

(ङ) अनुवाद: नागमंडल (गिरीश कर्नाड); अब भी वसन्त को तुम्हारी जरूरत है (रिल्के की कविताएँ); अफ्रो इंगलिश पोएम्स; अटलात के आर-पार (समकालीन अंग्रेजी कविता); कहती हैं औरतें (विश्व साहित्य की स्त्रीवादी कविताएँ)

(च) विमर्श: स्त्रीत्व का मानचित्र; मन माँझने की जरूरत; पानी जो पत्थर पीता है; स्त्री-विमर्श का लोकपक्ष

(छ) आलोचना: पोस्ट एलियट पोएट्री: ए वॉएज फ्रॉम कांफ्लिक्ट टू आइसोलेशन; डन क्रिटिसिज़्म डाउन दि एजेज़; ट्रीटमेंट ऑफ लव एंड डेथ इन पॉस्ट वार अमेरिका विमेन पोएट्स; वेयर किंगफिशर्स कैच फायर (फेमिनिस्ट पोएटिक्स)

हिन्दी साहित्य जगत् को अपनी रचनाओं से समृद्ध करने वाली अनामिका अनेक सम्मानों से अलंकृत हैं—राजभाषा पुरस्कार (1987), भारतभूषण अग्रवाल पुरस्कार (1995), साहित्यकार सम्मान (1997), ऋतुराज सम्मान, गिरिजाकुमार माथुर पुरस्कार (1998), परम्परा सम्मान (2001), मुनमुन सरकार पुरस्कार (2003), साहित्य सेतु सम्मान (2004), केदार सम्मान (2008), स्पंदन कृति पुरस्कार (2010)।

परिशिष्ट-2

साक्षात्कार

शोधार्थी की कवयित्री अनामिका से फोन पर हुई बातचीत के कुछ अंश यहाँ पर प्रस्तुत हैं--

प्रश्न : स्त्री-विमर्श का स्वरूप आज क्या है?

शुरुआती दौर में यह स्त्री-पुरुष सम्बन्धों, स्त्री की आर्थिक, सामाजिक, पारिवारिक समस्याओं तथा समाज के उपेक्षित वर्गों की समस्याओं तक ही सीमित था, मूलतः स्त्री केन्द्रित ही था; लेकिन अब इसकी दृष्टि व्यापक हो गयी है। अन्तर्राष्ट्रीय फलक पर जितनी भी घटनाएँ घट रही हैं, उन सबकी चिन्ता भी इसके केन्द्र में है। सम्बन्धों में संवेदना का ह्रास और उसके कारण विघटन की जो स्थिति बनी है, इसके पीछे मनोवैज्ञानिक कारण हैं और स्त्री-विमर्श उसी का निवारण मनोवैज्ञानिक तरीके से चाहता है। हिंसा का बदला हिंसा से नहीं लिया जा सकता। मनुष्य स्वभाव से इतना क्रूर और हिंसक जो हो गया है, बचपन में मन में पड़ी किसी कुंठा का ही परिणाम है। स्त्री-विमर्श मानव के मन में आशा का संचार करना चाहता है। फिर से मानवीय मूल्यों से संपृक्त करना चाहता है। आशावादिता इसका मूलमन्त्र है?

प्रश्न : स्त्री-भाषा से आपका क्या तात्पर्य है?

स्त्री-भाषा समझाने-बुझाने वाली भाषा है। यह एक मनोवैज्ञानिक भाषा है, जोकि मानव में भीतरी क्रान्ति घटित करने में विश्वास रखती है। स्त्री-भाषा अधिकतर प्रश्नवाचक चिह्न और सम्बोधनात्मक चिह्नों से भरी हुई है अर्थात् वह चेतना जगाकर परिवर्तन करने में विश्वास रखती है। होम्योपैथी इलाज की तरह धीरे-धीरे समस्याओं की तह तक जाकर उसे समूल परिवर्तित करने में विश्वास रखती है, न कि एलोपैथी इलाज की तरह ऊपरी तौर पर।

प्रश्न : स्त्री आज पुरुष के साथ हर क्षेत्र में बराबर भागीदारी कर रही है। यहाँ तक कि अपराधों के क्षेत्र में भी चोरी, डकैती, चाइल्ड ट्रैफिकिंग, देह व्यवसाय और हत्या जैसा जघन्य अपराध भी। इसके बारे में आपके क्या विचार हैं?

कहते हैं न कि 'नया मुल्ला प्याज अधिक खाता है'। स्त्री-विमर्श केवल पुरुषों को ही सम्बोधित आन्दोलन नहीं है, वह स्त्री को भी सम्बोधित करता है। आज स्त्री-विमर्श का दायित्व अधिक हो जाता है। स्त्री-विमर्श के सामने आज यह सबसे

बड़ी चुनौती है कि वह स्त्रियों को भी सँभाले और सम्बन्धों में सलवटें न आने दे। स्त्रियों को स्वयं ही यह तय करना है, कैसे इस भ्रमित अवस्था से स्वयं को बाहर निकाले।

प्रश्न: आपकी अधिकांश कविताएँ माँ-बेटे संवाद पर ही आधारित हैं यानी बेटे को ही सम्बोधित हैं। मैंने कहीं पढ़ा था कि शायद आप आज भी मनुसंस्कृति से प्रभावित दिखाई देती हैं कि लड़का ही माँ-बाप को सुरक्षा प्रदान कर सकता है। आपका इस बारे में क्या कहना है?

यह गलत है। जिन्होंने यह कहा है, उन्होंने मेरी सारी कविताएँ ठीक से नहीं पढ़ी होंगी--उसके पीछे एक स्त्री-दृष्टि से सम्बन्धों को देखने का दर्शन निहित है। बेटियाँ तो शुरू से ही सँभली होती हैं, समझाना तो बेटों को ही पड़ता है; ताकि वह बड़े होकर अतिपुरुष न बनकर सहयोगी पुरुष के रूप में अपना विकास कर सकें।

प्रश्न: स्त्री-विमर्श की उपलब्धियों पर आपके विचार क्या हैं?

स्त्री-विमर्श की सबसे बड़ी उपलब्धि ही यही है कि अपनी खुदी की चेतना जागी है। हर वर्ग, धर्म जाति के लोगों में एक नयी चेतना-जाग्रत हुई है। यहाँ तक कि सड़क पर रहने वाली स्त्री भी अपने अधिकारों के प्रति सजग हो उठी है।

परिशिष्ट-3

वर्तमान सन्दर्भों में स्त्री-विमर्श पर कुछ लेख

स्त्री-विमर्श के इस दौर में महिलाओं के हक़ में विश्वव्यापी आवाज़ उठी है। इसके बावजूद उम्र के हर पड़ाव पर वह असुरक्षा झेल रही है। बराबरी का अधिकार आज भी उसके लिए सपना है। अत्याचारों का सिलसिला थमा नहीं है।

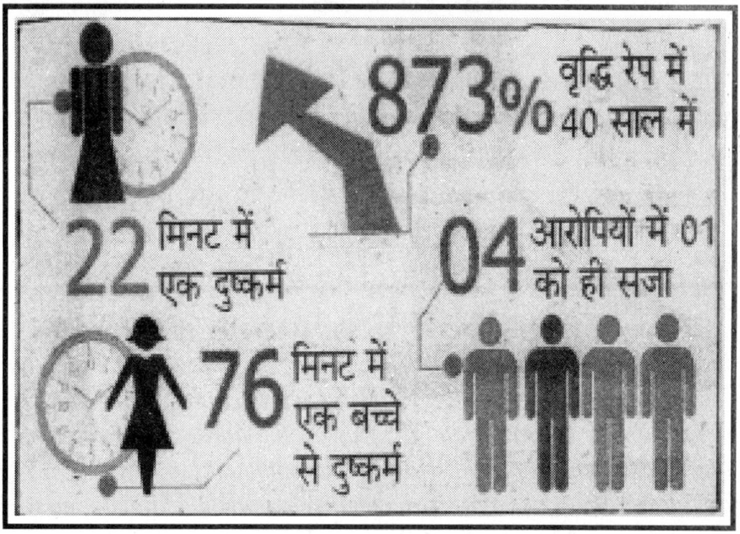

बेटे के सामने कहा कपड़े उतारो

नयी दिल्ली, एक महिला मुख्य आरक्षी समेत तीन पुलिसकर्मियों को उस समय निलंबित कर दिया गया और सतर्कता जाँच के आदेश दे दिये गये, जब एक महिला ने उन पर निर्वस्त्र होने के लिए बाध्य करने और अपने बेटे के साथ शारीरिक सम्बन्ध बनाने के लिए कहने के आरोप लगाये। महिला के लड़के को पुलिस ने एक कार से पैसा चोरी करने के आरोप में पकड़ा था। पश्चिम दिल्ली के मायापुरी इलाके में रहने वाली महिला ने इस बाबत दिल्ली पुलिस आयुक्त वाय.एस. डडवाल से शिकायत दर्ज करायी है।

11 जून, 2010

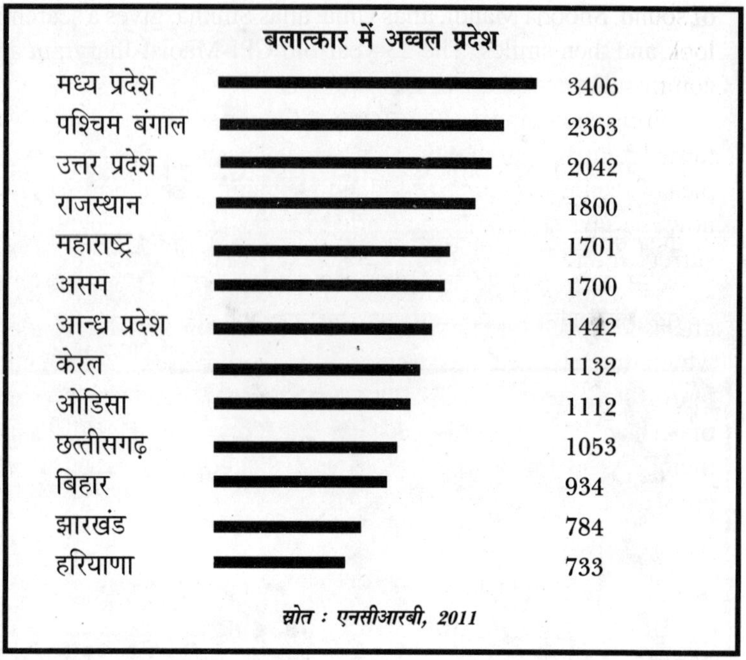

Raped by her superiors, Naxal leader to surrender

Little is known about the twilight world of Naxals, who claim to fight for the oppressed. Through a web of secret contacts. TOI's ***Rakhi Chakrabarty*** *travels to the jungles on the border of West Bengal and Jharkhand to meet a Naxal area commander, Uma, who has led scores of attacks against security personnel. Disillusioned with the wide gulf between what the Naxals preach and practice. Uma says she is prepared to risk her life and surrender in over to escape the unbearable sexual exploitation at the hands of her comrades and superiors.*

Rakhi Chakrabarty/TNN

Somewhere On The Bengal-Jharkhand Border : The eerie calm in the dense sal forest is defending. Walking along a snaking dirt track, a clear patch appears. Sitting on a rock, hidden by thick, emerald green foliage, is the diminutive figure of a woman, a gamchha (thin towel) covering her head. Her blue salwar-kameez meld with the surroundings. Her eyes dart around at the slightest hint of sound. Shobha Mandi, alias Uma, alias Shikha, gives a searching look and then smiles. The 23-year-old CPI-Maoist Jhargram area commander says she was expecting us.

From commanding 25-30 armed Maoist squad members, Uma turned fugitive four months ago. She fled her command post on the plea of seeing a doctor. She hid with her aunt for a short while, and now she says she wants the world to know her story. She wants to surrender and is likely to give up Naxalism on August 26.

Why did she decide to shed her battle fatigues seven years after she joined the Naxals? "They committed injustices against which they claimed they were fighting," said Uma. "As a recruit, I protested against the habits of some leaders in the presence of Kishansi. No body liked it. The leaders instructed the squad members not to speak to me. I was isolated and warned of dire consequences if I protested," she said.

Multiple set partners, p.11
24 August, 2010

Bengal man gambles away daughter in card game

Malda: In a shocking near-re-run of Mahabharat, a habitual gambler staked his 18-year-old daughter—as Yudhisthir had done with his wife Draupadi in the epic—after losing everything in a game of cards. If that wasn't enough, Ismail Sheik ended up losing his daughter to his opponent.

The incident occurred in Satgharia village, under Englishbazar police station, on Wednesday. Locals said Ismail, who is in his late 30s, lost all his money to Mustafa Sheik, who is from a neighbouring village, Desperate, Ismail continued playing and staked his daughter. As luck would have it, Mustafa beat him again and walked away with the girl, against her wish.

Some onlookers informed other villagers and the panchayat. The next day, a group of people went to Sultanpur and rescued the girl. Mustafa was not at home.

An angry Naimuddin Sheik, father of Ismai, drove his son away from home after hearing about the episode. Ismail's wife said she was concerned about her daughter's future. The girl was studying in Class XI.

Saidur Rahaman, member of the Narhatta gram panchayat, said; "Ismail is a known gambler. We had warned him earlier too. But this time he crossed all limits." He pointed out that hooch addiction and gambling had been a perennial problem in the neighbouring villages. "We informed police, too, but to no avail. We have to do something about it now," he said.

Malda SP Satyajit Bandyopadhyay said the police came to know about the incident from media personnel. Although no complaint has been lodged with police, a team was sent to the village. "A probe is on," said police sources.

Subhro Maitra/TNN

UK teen 'raped by dad everyday'

London : In a shocking case, a teenage girl in Britain was raped by her father everyday for nearly a month until she became pregnant to provide a child for him and his infertile partner, a media report said. The Cambridge Crown Court was informed that the girl was just 16 years old when her father sexually abused her for a month for getting a child for his new partner; who became infertile following a hysterectomy, the 'Daily Mail' reported.

The girl, who gave birth to a baby boy in December 2008 and passed him off as the son of her ex-boyfriend, though she had never slept with him, finally told the police in March this year when she discovered her father making advances to a 14-year-old girl in the family home, the report said. In a shocking police interview shown to the jury, the girl said: ''He started pestering me. I said I did not want to have sex with him, but he locked the bedroom door. "I knew it was illegal to have sex with your father. I said it's illegal and I do not want to get pregnant or get into trouble. That's how I got pregnant. He told me not to tell anyone."

The court heard that the teenager's father threatened to kill himself if she told anyone about the abuse. "He said he would take 1,000 tablets," she told the hearing.

The girl and her father, both hailing from a village in Cambridgeshire, have not been named "for legal reasons'. The father denies three counts of rape, one of sexual activity with a child and one of sexual assault of a child, as well as perverting the couse of justice.

Agencies

17-year-old tribal girl stripped, molested, beaten by hundreds

Suri (West Bengal) : A 17-year-old tribal girl was stripped, beaten and forced to walk nude for 8 km. across three villages with hundreds of men molesting her all the way and taking videos on their cellphones. It was a shocking reminder of the Guwahati incident in November, 2007 when a teenager was stripped and molested by a mob during an ethnic clash. An MMS clipping of the Birbhum girl's ordeal is now doing the rounds under the name 'Adibasi girl'. And it is this footage that is finally getting the victim some justice.

The incident happened four months ago but the girl was too traumatized to go to the authorities. It is only when the administration came to know of the smut MMS that police swung into action on their own and arrested five of the culprits on Sunday. Some frames in the video are too horrific to watch. The girl has a dazed, dead look on her face as she staggers along dusty dirt tracks. A jeering crowd of tribals follows her; beating drums and thrashing her with sticks whenever she stops. Little boys throw stones at her. She takes the blows, defenceless, as she uses her arms in a futile attempt to protect her honour. Men pounce on her, pull her arms apart and molest her amid laughter as the drums beat up a frenzy.

The torture went on for hours in broad daylight, in the scorching heat of April. The footage shows just 11 minutes of it. The MMS has since been circulated all over the district.

On Saturday, some journalists showed the clipping to superintendent of police Humayun Kabir and district magistrate Saumitra Mohan demanding why no action was taken. They were shocked to see the footage.

"We immediately ordered an investigation. Somehow the incident was not reported at the time. She was forced to parade naked by some villagers. It is yet to be investigated whether any salishi-sabha was held," said Birbhim district magistrate Saumitra Mohan.

No one knew who the girl was. The first step was to identify the villages. The footage shows the girl walking through fields that had just been reaped. This helped estimate the time. Then, some old-timers at Rampurhat and Mid Bazar police stations recognised a few locations. On Sunday, police raided a few villages in Rampurhat subdivision and arrested five of those who allegedly masterminded the nude parade. They were identified a Sakul Hembram. Anil Tudu, Eniel Murdy, Sunil Murdy and Anil Murdy, all from the same tribe as the girl.

Someswar Boral/TNN

दलित युवती से बलात्कार

बस्ती, उत्तर प्रदेश में लखीमपुर खीरी और बाराबंकी का मामला अभी थमा नहीं था कि बस्ती जिले में एक दलित युवती के साथ बलात्कार की घटना सामने आयी है। अपर पुलिस अधीक्षक सुरेन्द्र बहादुर ने बताया कि थाना नगर क्षेत्र की एक 20 वर्षीया दलित युवती के साथ कल पड़ोस के ही शक्ति सिंह नाम के युवक ने बलात्कार कर दिया। युवती की माँ ने शक्ति सिंह के खिलाफ नामजद रिपोर्ट दर्ज करायी है। शक्ति सिंह की गिरफ्तारी के प्रयास किये जा रहे हैं। इस बीच लखीमपुर खीरी और बाराबंकी की घटना की तरह यह मामला भी राजनीतिक रंग लेता जा रहा है। मुख्य विपक्षी दल समाजवादी पार्टी ने आरोप लगाया है कि दलित महिला मुख्यमन्त्री होने के बावजूद दलित महिलाओं के साथ अत्याचार बढ़ता जा रहा है। सपा विधायक राजकिशोर सिंह ने इसे सरकार की विफलता बताया और कहा कि गृह मन्त्रालय भी सीएम के पास है, इसलिए नैतिकता के आधार पर उन्हें इस्तीफा दे देना चाहिए।

20 जून, 2011

दो नाबालिग लड़कियों से दुष्कर्म

उत्तर प्रदेश के हाथरस और बाराबंकी जिलों में रविवार को नाबालिग लड़कियों से दुष्कर्म के दो मामले सामने आये हैं। हाथरस के सासनी गेट इलाके में रविवार को 14 साल की लड़की के साथ पड़ोस के किशोरी लाल नाम के युवक ने घर में घुसकर कथित रूप से बलात्कार किया। घटना के वक्त किशोरी घर पर अकेली थी। उसके माता-पिता किसी काम से बाहर गये थे। स्थानीय थाना प्रभारी आर.एन. सिंह ने बताया कि पीड़िता के परिजनों की शिकायत पर आरोपी के खिलाफ मामला दर्ज कर किशोरी को मेडिकल परीक्षण के लिए भेज दिया गया है। सिंह ने कहा कि फरार आरोपी की तलाश में छापेमारी की जा रही है। उधर बाराबंकी के इब्राहीमपुर गाँव में 10 साल की बच्ची के साथ गाँव के शिवकुमार नाम के एक युवक ने कथित रूप से बलात्कार किया। बच्ची को लखनऊ के ट्रोमा सेंटर में भर्ती कराया गया है। पुलिस ने आरोपी को गिरफ्तार कर लिया है।

27 जून, 2011

हत्या के शोर में दब गयी रूपम की चीख	छात्रावास में छात्राओं का शारीरिक शोषण

(किशोरी हत्याकांड) केन्द्र पर देश के विभिन्न आयोगों का अप्रत्यक्ष रूप से राजनीतिकरण करने का आरोप

बालगृह अधीक्षिका को जेल भेजा

बलात्कार से शर्मसार हुआ यू.पी.

पिछले दो दिन में कई घटनाएँ

एक महिला मुख्यमन्त्री के राज्य में लगातार बलात्कार की बढ़ती घटनाओं ने लोगों को शर्मसार कर दिया है। पिछले दो दिन में राज्य में सामूहिक बलात्कार की कई घटनाएँ हुई हैं। लखीमपुर में सोनम कांड, बाराबंकी में सविता कांड, कन्नौज में नाबालिग लड़की की आँख फोड़ने की दिल दहलाने वाली घटना सहित गांडा, बागपत, एटा, जौनपुर, अम्बेडकरनगर, बस्ती, लखीमपुर खीरी, फर्रुखाबाद, फिरोजाबाद, कानपुर, निधौलीकलां में भी बलात्कारों की रोंगटे खड़े करने वाली घटनाएँ हुई हैं।

फिरोजाबाद : घर से उठाकर ले गये दुष्कर्मी

सिरसागंज थाना क्षेत्र के मियाँ बाजार इलाके में दो युवक एक लड़की को उसके घर से उठाकर गेस्ट हाउस ले गये और उसके साथ बलात्कार किया। काफी देर बाद लड़की बदहवास हालत में घर पहुँची और पूरी बात परिजनों को बतायी। पीड़ित के परिजनों का आरोप है कि जब वह लड़की को लेकर थाने पहुँचे तो पुलिस ने मामला रफा-दफा करना चाहा।

कन्नौज : लड़की की आँख फोड़ी

कन्नौज के गुरुसहायगंज थाना क्षेत्र में शनिवार शाम दो युवकों ने 14 वर्षीया एक दलित बालिका के साथ बलात्कार करने की कोशिश की। इसमें नाकाम रहने पर

उन्होंने लड़की की एक आँख फोड़ दी।

एटा : बलात्कार के बाद जिन्दा जलाया

एटा के निधौलीकलां थाना क्षेत्र के सवापुर गाँव में दबंगों ने एक महिला के साथ सामूहिक बलात्कार के बाद उसे जिन्दा जला दिया।

गोंडा : हत्या, बलात्कार की आशंका

गोंडा के करनैलगंज क्षेत्र में दो दिन से लापता 16 वर्षीय एक लड़की की हत्या कर दी गयी।

लखीमपुर खीरी : थाने में रेप के बाद हत्या

पिछले दिनों लखीमपुर खीरी की निधासन तहसील में स्थित पुलिस चौकी में एक लड़की के साथ बलात्कार करने के बाद चौकी परिसर में स्थित पेड़ से उसकी लाश को कथित रूप से लटका दिया गया था। इस पर उत्तर प्रदेश सरकार ने जाँच के आदेश दिये हैं।

विपक्ष ने सरकार पर साधा निशाना

उत्तर प्रदेश में महिलाओं पर बढ़ते अत्याचार पर कांग्रेस महासचिव दिग्विजय सिंह ने कहा कि प्रदेश में कानून-व्यवस्था चरमरा गयी है। सपा के वरिष्ठ नेता शिवपाल सिंह यादव ने उत्तर प्रदेश की मुख्य मुन्त्री मायावती से इस्तीफे की माँग करते हुए कहा कि उन्हें राज्य में बलात्कार की बढ़ती घटनाओं की नैतिक आधार पर जिम्मेदारी लेनी चाहिए। भाजपा के प्रदेश प्रवक्ता हृदयनारायण दीक्षित ने कहा कि कानून-व्यवस्था पूरी तरह ध्वस्त हो चुकी है।

ब्यूरो@ लखनऊ, 21 जून, 2011

2 Women paraded naked in J'khand village, ostracised

Ranchi : Two women were thrashed, tonsured and paraded naked by the residents of Butgoda village in Jharkhand. And finally they were forced to drink their urine. Their crime? They allegedly killed a youth by witchcraft.

The irate villagers even thrashed one of the women's husbands, Jitua Bediya, when he tried to rescue them. Both the victims as well as Bediya were badly beaten up before being ostracised.

According to police, the two women had been involved in some strange prayers for the past three days. In the meantime, a college student in the village died of illness.

The villagers accused the duo of killing the youth by practicing witchcraft to attain 'sidhi'. Police said the women, had even said that they could bring the youth back to life if he had not been buried.

23 August, 2009/TNN

प्राचार्य के खिलाफ पहले भी हुई थी शिकायत

श्रीकल्याण राजकीय चिकित्सालय स्थित जनरल नर्सिंग मिडवायफरी, कोर्स (जीएनएम) ट्रेनिंग सेंटर के कार्यवाहक प्राचार्य के खिलाफ पहले भी कई बार शिकायत हो चुकी है। आरोपी प्राचार्य को मंगलवार को एसीबी की टीम ने जयपुर स्थित विशेष न्यायालय में पेश किया। वहाँ से उसे 15 दिन के लिए न्यायिक हिरासत में भेज दिया। कल्याण चिकित्सालय के जीएनएम ट्रेनिंग सेंटर के कार्यवाहक प्राचार्य त्रिलोचन त्रिपाठी ने परीक्षा में पास करवाने के लिए नर्सिंग छात्रा से उसकी अस्मत माँगी। बाद में छात्रा की साथी छात्राओं के अंक बढ़वाने के लिए रुपयों की माँग। छात्रा की शिकायत पर एसीबी की टीम ने त्रिपाठी को रिश्वत लेते गिरफ्तार किया। एसीबी के अपर पुलिस अधीक्षक डॉ. मूलसिंह राणा ने बताया कि रिश्वत व अस्मत माँगने के आरोपी कार्यवाहक प्राचार्य त्रिलोचन त्रिपाठी के खिलाफ पहले भी शिकायत हो चुकी हैं। त्रिलोचन विजय विहार कॉलोनी निवासी मनोरमा शर्मा के मकान में रहता है। मनोरमा शर्मा एक साल की स्टडी लीव पर कर्नाटक गयी हुई है। कर्नाटक से वह बीडर से एमएससी नर्सिंग कोर्स कर रही है। मनोरमा देहरादून की रहने वाली है तथा उसके पिता सीकर में नर्सिंग कर्मचारी थे। नर्सिंग कर्मचारी होने के कारण ही मनोरमा व त्रिलोचन एक-दूसरे के सम्पर्क में आये। मनोरमा के त्रिलोचन से सम्पर्क अधिक होने के कारण वह उसके मकान में ही रहता था। इस पर मनोरमा के पति ने राज्य सरकार व चिकित्सा विभाग को पत्र लिखकर त्रिलोचन के खिलाफ शिकायत की थी। चार वर्ष पहले मनोरमा का पति विदेश चला गया। त्रिलोचन का पैतृक मकान सीकर के शेखपुरा मोहल्ले में है। इस मकान में उसकी पत्नी व बेटा रहते हैं।

कार्यालय संवाददाता@ सीकर, 29 जून, 2011

दलित युवती से सामूहिक दुष्कर्म, दो गिरफ्तार

भेदभाव की शिकार आधी आबादी

माँ-बेटियों पर मँडराता खतरा

कौमार्य परीक्षण पर बवाल

(नया खुलासा) 1970-79 के बीच ब्रिटेन में भारत की 80 महिलाओं का हुआ था परीक्षण

ब्रिटेन में वीजा के लिए दक्षिण एशियाई महिलाओं के कौमार्य परीक्षण का जिन्न एक बार फिर बोतल से बाहर आ गया है। फरवरी 1979 में हंगामे के बाद ब्रिटिश सरकार ने कौमार्य जाँच पर रोक लगा दी थी और स्वीकार किया था कि ऐसे इक्का-दुक्के मामले हुए थे, लेकिन ऑस्ट्रेलियाई शोधकर्ताओं के हाथ ऐसी फाइलें लगी हैं, जिनसे पता चलता है कि कम से कम 80 भारतीय महिलाओं को इस जाँच से गुजरना पड़ा था। अब इस मामले में ब्रिटिश सरकार से माफी माँगने की माँग उठी है।

ये है मामला

दक्षिण एशियाई देशों से शादी करके ब्रिटेन में बसने के लिए आने वाली महिलाओं का कौमार्य परीक्षण होता था। एक तरह से यह सरकारी नीति का हिस्सा था। लन्दन के हीथ्रो एयरपोर्ट पर 1979 में एक भारतीय शिक्षिका का कौमार्य परीक्षण एक पुरुष डॉक्टर से करवाया गया था, जिसके बाद हंगामा खड़ा हो गया था।

30 साल बाद खुलासा

30 साल की फाइलों से गुजरने के बाद आस्ट्रेलिया की एडिलेड यूनिवर्सिटी के लॉ डिपार्टमेंट के शोधकर्ता एवन स्मिथ के अनुसार उस समय सरकार ने एक-दो ही ऐसी घटनाओं की बात स्वीकार की थी, लेकिन यह सच नहीं था। 1970 के दशक में दिल्ली और मुम्बई में ऐसे 80 मामले हुए थे। कई बार उनके ब्रिटेन आने पर हीथ्रो एयरपोर्ट पर भी यही जाँच हुई थी। पाकिस्तान और बांग्लादेश के आँकड़े नहीं हैं, लेकिन इतना जरूर है कि यह मामला जितना समझा जा रहा था, उससे काफी बड़ा है।

गलत थी प्रक्रिया

यूके बॉर्डर एजेंसी, जो अब आप्रवासियों से सम्बन्धित मामलों की निगरानी करती है, ने बयान जारी कर कहा है कि यह स्पष्ट रूप से एक गलत प्रक्रिया थी, जिसे अब बन्द कर दिया गया है।

एजेंसी@ लन्दन

पिता से खतरा, बेटी की गुहार

खाप पंचायतों व प्रेम-विरोधी हिंसा के दौर में व्यक्ति की स्वतन्त्रता को तभी सँभाला जा सकता है, जब जीवन के महत्त्व को समझा जाये।

---

10 लोगों को फाँसी की सजा

झूठी शान की खातिर तीन जनों की हत्या की

उत्तर प्रदेश के एटा जिले की विशेष अदालत ने झूठी शान की खातिर अंजाम दिये गये तिहरे हत्याकांड से जुड़े मामले में 10 लोगों को फाँसी की सजा सुनायी। अभियोजन पक्ष के सूत्रों के अनुसार अक्टूबर 2008 में जलेसर क्षेत्र के तिलखसरा गाँव का निवासी उदयपाल गाँव के ही रमेश पाल की बेटी विद्या को लेकर कहीं चला गया था। बाद में उसी साल 13 नवम्बर को रमेश ने बालूखेड़ा गाँव में उदयपाल, उसके भाई सत्यभान तथा विद्या को पकड़ लिया था। रमेश अपने साथियों की मदद से उदयपाल, सत्यभान और विद्या को मारते-पीटते हुए तिलखसरा गाँव लाया और उनकी गोली मारकर हत्या कर दी। हत्यारों ने तीनों शवों के चेहरे भी क्षतिग्रस्त कर दिये थे।

इस मामले में 12 लोगों के खिलाफ मुकदमा दर्ज कर आरोपपत्र दाखिल किया गया था। विशेष अपर सत्र न्यायाधीश (दस्यु रोधी) राजेन्द्र बाबू शर्मा ने दोनों पक्षों को सुनने के बाद मुख्य आरोपी रमेश पाल, सुरजन सिंह, अजय प्रताप सिंह, सुखपाल सिंह, तेजपाल, राकेश, रणधीर, संजय, कायम सिंह और जयपाल को दोषी पाते हुए फाँसी तथा 10-10 हजार रुपये के जुर्माने की सजा सुनायी। अदालत ने मामले से जुड़े राकेश नामक एक अन्य व्यक्ति को एक साल कैद की सजा सुनायी। वहीं एक अन्य आरोपी नरेन्द्र सिंह को सबूतों के अभाव में बरी कर दिया।

ब्यूरो@ एटा

उपलब्धियाँ

Bohra women get freedom from cooking duties

Rajkot : After inhaling kitchen smoke for over four decades, Shirin Kapasi, 62, can now breathe easy. Over the past four months, she has stopped cooking for her family. Instead, she makes imitation jewellery at home to add to the earnings of her husband, an auto-rickshaw driver.

Kapasi and hundreds of women like her from the Dawoodi Bohra community have been unshackled from the heart thanks to the 'community kitchen', a concept floated by their religious head Dr. Syedna Mohammed Burhanuddin about four years ago in Mumbai. The community high priest promoted this idea so that women could devote time for religious activities, focus on children's education and even start small businesses.

Bohras in Rajkot, the main business centre in the region, found the idea appetizing. There are about 2,200 Bohra Muslim families in the city and nearly half of them have started getting food delivered from community kitchens. The families contribute a fixed sum every month and the food delivered is enough for two meals.

"Women spent most of their time cooking. Our religious head wanted to free them from the kitchens so that they could focus on more constructive work," said Johar Bharmal, 42, a business man from Bedipara.

Vijaysingh Parmar/TNN

सुविधा की 'शादी'

परम्परावादी सऊदी लोग आजकल बन्धन रहित विवाह 'मिसयार' में खूब दिलचस्पी ले रहे हैं। यह एक सुविधाजनक रिवाज है, जो मुख्य रूप से यौन सम्बन्धों पर केन्द्रित है। मिसयार के तहत वर-वधू/पति-पत्नी अलग-अलग रह सकते हैं। इस विवाह में महिला उन सब अधिकारों से वंचित रहती है, जो उसे पारम्परिक और सामान्य विवाह से मिलते हैं। सामान्य विवाह में दहेज, डिनर, हनीमून, फ्लैट डेकोरेशन और दोस्तों की पार्टी में इतना खर्च हो जाता है कि दूल्हे की जेब खाली हो जाती है। ऐसे में पारम्परिक विवाह के बढ़ते खर्च के कारण मिसयार की लोकप्रियता दिनोंदिन बढ़ रही है। पुरुष और महिलाएँ अक्सर एक से अधिक मिसयार सम्बन्ध रखते हैं। ये अपने पति या पत्नी को मिसयार पति/पत्नी के बारे में नहीं बताते। इन सम्बन्धों में नुकसान आखिर में महिलाओं को ही होता है।

हक़ से मजबूत हुए हाथ

घरेलू हिंसा से बचाव

घरेलू हिंसा से महिलाओं का संरक्षण अधिनियम 2005

हर महिला को घरेलू हिंसा से सुरक्षा

यह कानून हिंसा के दायरे में महिलाओं के साथ मानसिक-आर्थिक शोषण, मारपीट-धमकी, शारीरिक-यौन हिंसा को शामिल करता है। पत्नी के साथ-साथ बहन, माँ और दूसरी महिला सम्बन्धियों को सुरक्षा देता है। बिना विवाह के पुरुष के साथ रहने वाली महिलाओं को भी सुरक्षा मिली है। कानून महिलाओं के लिहाज़ से बड़ा क्रान्तिकारी है। इस कानून के तहत ये अपराध गैर जमानती हैं। किसी पुरुष के उसकी पत्नी को नौकरी से रोकने या उसे नौकरी छोड़ने के लिए मजबूर करने जैसे मामले भी इस अधिनियम के दायरे में आते हैं। यह कानून पीड़ित महिला

को चिकित्सकीय और कानूनी सहायता देने की हिदायत भी देता है। महिला इस अधिनियम के अन्तर्गत मजिस्ट्रेट को अपने बच्चों की सुरक्षा के लिए, मकान में रहने के लिए, गुजारे के लिए आवेदन-पत्र दे सकती है।

गोद लेकर बनेंगी अभिभावक

बच्चों को गोद लेने के अधिकार सम्बन्धी व्यक्तिगत कानून (संशोधन) 2010। महिलाएँ बन सकती हैं अभिभावक। पति से अलग रह रही विवाहित महिला को भी बच्चा गोद लेने का अधिकार।

अब महिलाओं को बच्चा गोद लेने के विषय में पुरुषों के बराबर के अधिकार मिल गये हैं। माँ भी बन सकती है अभिभावक। पहले जहाँ अविवाहित, तलाकशुदा और विधवा महिलाओं को ही बच्चा गोद लेने का अधिकार था, अब पति से अलग रह रही और तलाक का लम्बा मुकदमा चलने की स्थिति में भी स्त्री बच्चा गोद ले सकती है। बच्चे के नाबालिग होने की स्थिति में माँ ही उसकी सम्पत्ति और ट्रस्ट की मालिक होगी। अब तक बच्चा गोद लेने के समय माँ के हस्ताक्षर जरूरी नहीं माने जाते थे। अब माँ का बच्चे पर गार्जियन के तौर पर पूरा हक होगा। यदि पति मानसिक रूप से विक्षिप्त है या उसने धर्म परिवर्तन कर लिया है, ऐसी स्थिति में महिलाओं को पूर्व अनुमति की जरूरत नहीं है। इससे महिलाओं की भूमिका प्रखर होगी और वे सामाजिक ढाँचे में अपनी उपस्थिति पहले से मजबूत कर पाएँगी। महिलाएँ जुवेनाइल जस्टिस एक्ट के तहत अब एक ही लिंग के दूसरे बच्चे को भी गोद ले सकती हैं।

लिव-इन में भी अधिकार

लिव-इन रिलेशन में रहने वाली कोई महिला सम्बन्ध विच्छेद की स्थिति में गुजारा भत्ते की हकदार होगी, इसके लिए जरूरी होगा कि पुरुष के साथ उसका रिश्ता विवाह जैसा हो।

लिव-इन-रिलेशनशिप में रहने वाली महिला के अधिकारों का दायरा बढ़ा।

आधुनिक दौर....स्त्री-पुरुष के बीच सम्बन्धों की पुनर्व्याख्या का समय।

उच्चतम न्यायालय के मुताबिक लिव-इन रिलेशन में रहने वाली कोई महिला सम्बन्ध विच्छेद की स्थिति में गुजारा भत्ते की हकदार होगी। इसके लिए जरूरी है कि पुरुष के साथ उसका रिश्ता विवाह जैसा हो। लिव-इन रिलेशन को निभा रही महिला कुछ मापदंडों को पूरा करने की स्थिति में ही गुजारा भत्ते की हक़दार होगी। जरूरी है कि कानून के मुताबिक दोनों की उम्र शादी करने योग्य हो। लिव इन सम्बन्धों का कानूनन शादी की तरह देखने और उसे वही अधिकार देने के लिहाज़ से यह एक अच्छा कदम है। लिव इन सम्बन्धों से पैदा सन्तान को भी पिता की सम्पत्ति में समान अधिकार देकर एक नया आयाम दिया गया है। यह व्यवस्था उन सभी

दम्पत्तियों पर लागू होती है, जिन्होंने शादी नहीं की, लेकिन वे पति-पत्नी की तरह लम्बे समय से साथ-साथ रह रहे हैं।

तलाक का नया आधार

विवाह कानून (संशोधन) विधेयक

दाम्पत्य जीवन की जटिलताओं को कम करने का प्रयास

विधेयक में तलाक के लिए नये आधार का प्रावधान किया गया है। विधेयक के पारित हो जाने के बाद यदि कोई विवाह इस हद तक बिखर चुका हो कि उसे सुधारा न जा सके, तो इसे पति-पत्नी के बीच तलाक का आधार बनाया जा सकता है। लगातार तनाव और झगड़ों से भरा वैवाहिक जीवन निरर्थक है। दो अनिच्छुक लोगों को कानून के जोर से पति-पत्नी के रूप में बनाये रखना अमानवीय और अव्यावहारिक है।

ऑफिस में सुरक्षा

कार्यस्थल पर यौन उत्पीड़न से संरक्षण विधेयक

कामकाजी महिलाओं को गरिमा और सुरक्षा प्रदान करना

विधेयक के कानून बनने के बाद सरकारी, संगठित, असंगठित क्षेत्र और कॉलेज जाने वाली लड़कियों को छेड़छाड़ और यौन उत्पीड़न से मुक्ति मिलेगी। इसमें वे महिलाएँ भी शामिल हैं, जो एक उपभोक्ता के रूप में सेवा लेने के लिए किसी कम्पनी या व्यापारिक संस्था में गयी हों, या फिर दैनिक मजदूरी करने वाली कोई कार्यशील महिला ही क्यों न हो। नियोक्ता को भी महिलाओं की शिकायत निपटाने के लिए कम्पलेंट कमेटी बनानी पड़ेगी।

Woman on Top

who : Hissa Hilal

What : Journalist and mother of four, Hilal is a contestant on a reality TV show called. 'The Million Poets', broadcast from Abu Dhabi, whose Wednesday finale is keenly awaited.

Why she counts : Hilal is making waves for her blistering poetry—recited while dressed in the traditional head-to-toe abaya—about the country's hardline Muslim clerics. Among other things, she calls them "vicious in voice, barbaric, angry and blind". In her poems, she speaks of some of the clerics "wearing death as a role cinched with a belt", a reference to suicide bombers' explosives belt. Her poems also explore the conservative shift in Saudi society, where women cannot travel without a male guardian and are forbidden from driving.

Life as it was: A published poet, Hilal reportedly did not attend university. But she previously held the position of poetry editor for the Arab daily al-Hayat. A fan of Charles Dickens and Ernest Hemingway, she says her fundamental message is one of peace and understanding. Her poems have triggered death threats on Arabic language websites but Arab women appear to be are rooting for her.

पाकिस्तान में दबी-कुचली महिलाओं की आवाज बन उभरी हैं शरमीन उबेट चिनाय तेज़ाब का क़हर झेलने वाली औरतों की ज़िन्दगी पर उन्होंने 'सेविंग फेस' फिल्म बनायी और ऑस्कर जीतने वाली पहली पाकिस्तानी फिल्मकार बनीं।

परिवर्तन किससे और किसके लिए?

पत्नी को पीटने को सही मानते हैं किशोर

यूनिसेफ की किशोरों पर ग्लोबल रिपार्ट कार्ड-2012

नयी दिल्ली: न केवल भारतीय पुरुष बल्कि किशोरों की निगाहों में पत्नी को पीटना जायज है। यूनिसेफ की किशोरों पर ग्लोबल रिपोर्ट-2012 कहती है कि 14 से 19 उम्र समूह के 57 फीसदी किशोरों का मानना है कि पति द्वारा पत्नी को पीटना सही है। सबसे आश्चर्यजनक बात यह है कि इस उम्र समूह की लड़कियाँ इसे सही मानती हैं। रिपोर्ट के मुताबिक 53 प्रतिशत लड़कियों ने पत्नी को पीटना सही ठहराया। इतना ही नहीं, बांग्लादेश की 41 प्रतिशत और श्रीलंका की 54 प्रतिशत महिलाओं ने इसका समर्थन किया। नेपाल में 88 फीसदी पुरुषों और 80 फीसदी महिलाओं ने घरेलू हिंसा को जायज कहा।

एनआरएचएम की मिशन डायरेक्टर अनुराधा गुप्ता ने बताया कि पत्नी को पीटे जाने की समस्या विकसित और विकासशील दोनों तरह के देशों में है। उनके अनुसार जब एक लड़की अपनी परिवार में महिलाओं की निम्न स्थिति देखती है तो अपने ससुराल में जाकर वह इसे सामान्य व्यवहार की तरह लेती हुई उनका शोषण सहती रहती है।

एजेंसी

'प्रश्न आज उठने लगे हैं'

Sunday Times of India **View from Venus**
Chennai, March 28, 2010

Can a Woman rape a Man?

No, say experts and this is why it may be wrong to make rape a gender-neutral criminal offence

The government recently decided to amend the Indian Penal Code (IPC) and replace the word "rape" with "sexual assault". The proposal would make the offence of rape gender neutral. But can a government change the meaning of the word "rape"?

Can a man rape a man? Can a woman rape a woman? And finally, unimaginably, can a woman rape a man?

Divya A/TNN

पत्नियों को पगार : क्या घरेलू पत्नी को अपने पति की पगार में हिस्सा मिलना चाहिए?

घरेलू श्रम का मान –महिलाएँ सकारात्मक मुद्रा में

पुरुष नकारात्मक मुद्रा में––.....यानी टूटेगा परिवार

परिशिष्ट-4

ग्रन्थ-सूची

आधार ग्रन्थ

1. अनामिका, अनामिका (कवि ने कहा), 2008, किताबघर प्रकाशन, दिल्ली।
2. अनामिका, खुरदुरी हथेलियाँ, 2005, राधाकृष्ण प्रकाशन प्राइवेट लिमिटेड, दिल्ली।
3. अनामिका, कविता में औरत, औरतों का एलसीएम, 2007, साहित्य उपक्रम, दिल्ली।
4. अनामिका, बीजाक्षर, 1993, भूमिका प्रकाशन, दिल्ली।
5. अनामिका, अनुष्टुप, 1998, किताबघर प्रकाशन, दिल्ली।
6. अनामिका, दूब-धान, 2007, भारतीय ज्ञानपीठ, दिल्ली।
7. अनामिका, स्त्री-विमर्श का लोकपक्ष, 2012, वाणी प्रकाशन, दिल्ली।
8. अनामिका, शीतल स्पर्श एक धूप को, 1975, अमिताभ प्रकाशन, बिहार।
9. अनामिका, गलत पते की चिट्ठी, 1979, बिहार ग्रन्थ कुटीर, पटना।
10. अनामिका, समय के शहर में, 1990, पराग प्रकाशन, दिल्ली।

सहायक ग्रन्थ

1. सं. राजेन्द्र यादव, अर्चना वर्मा, औरत : उत्तरकथा, 2002, राजकमल प्रकाशन प्राइवेट लिमिटेड, दिल्ली।
2. डॉ. प्रवीण शुक्ल, महिला सशक्तीकरण : बाधाएँ एवं संकल्प।
3. अनामिका, स्त्री मुक्ति : साझा चूल्हा, 2010, नेशनल बुक ट्रस्ट इंडिया, दिल्ली।
4. डॉ. हरवंश कौर, महिला लेखिकाओं के उपन्यास में नारी, 2010, विद्या प्रकाशन, कानपुर।
5. डॉ. कृष्णा जून, शिवानी के उपन्यासों में नारी विमर्श, 2011, संजय प्रकाशन, दिल्ली।
6. सं. प्रो. कमला प्रसाद, राजेन्द्र शर्मा, स्त्री मुक्ति का सपना, 2009, वाणी प्रकाशन, दिल्ली।
7. अर्चना वर्मा, अस्मिता विमर्श का स्त्री स्वर, 2008, मेधा बुक्स, दिल्ली।
8. सं. राजेन्द्र यादव, अर्चना वर्मा, अतीत होती सदी और स्त्री का भविष्य, 2001,

राजकमल प्रकाशन, दिल्ली।
9. गीताश्री, सपनों की मंडी, 2012, वाणी प्रकाशन, दिल्ली।
10. मनीषा, ...और औरत अंग, 2006, शिल्पायन, दिल्ली।
11. ममता कालिया, खाँटी घरेलू औरत, 2004, वाणी प्रकाशन, दिल्ली
12. अनामिका, एक ठो शहर : एक गो लड़की, 2005, इतिहास बोध प्रकाशन, इलाहाबाद।
13. राजबाला सिंह, मधुबाला सिंह, भारत में महिलाएँ, 2006, आविष्कार पब्लिशर्स, जयपुर।
14. अनामिका, स्त्रीत्व का मानचित्र, 2001, सारांश प्रकाशन, दिल्ली।
15. अनामिका, तिनका तिनके पास, 2008, वाणी प्रकाशन, दिल्ली।
16. अनामिका, मन माँझने की जरूरत, 2006, सामयिक प्रकाशन, दिल्ली।
17. अनामिका, पानी जो पत्थर पीता है, 2002, प्रकाशन संस्थान, दिल्ली।
18. अरुण कमल, कविता और समय, 1999, वाणी प्रकाशन, दिल्ली।
19. प्रभा खेतान (अनुवादक), स्त्री : उपेक्षिता, सीमोन द बाउवार, 2002, हिन्द पॉकेट बुक्स, दिल्ली।
20. डॉ. प्रमिला के. पी., स्त्री मुक्ति और कविता, 2006, मिलिन्द प्रकाशन, हैदराबाद।
21. जगदीश नारायण श्रीवास्तव, समकालीन कविता पर एक बहस, 1978, चित्रलेखा प्रकाशन, इलाहाबाद।
22. आचार्य रामचन्द्र शुक्ल, हिन्दी साहित्य का इतिहास, 1929, काशी नागरिणी प्रचारिणी सभा।
23. डॉ. नगेन्द्र, हिन्दी साहित्य का इतिहास, 2004, मयूर पेपर बैक्स, नोएडा।
24. अरविन्द जैन, स्त्री अस्मिता और अस्तित्व, राजकमल प्रकाशन, दिल्ली।
25. अरविन्द जैन, औरत होने की सजा, 1994, राजकमल प्रकाशन, दिल्ली।
26. गगन गिल, अँधेरे में बुद्ध, 1996, राजकमल प्रकाशन, दिल्ली।
27. क्षमा शर्मा, स्त्री का समय, 1998, मेधा बुक्स, दिल्ली।
28. नासिरा शर्मा, औरत के लिए, 2003, सामयिक प्रकाशन, दिल्ली।
29. प्रभा खेतान, उपनिवेश में स्त्री, 2003, राजकमल प्रकाशन, दिल्ली।
30. राजेन्द्र यादव, आदमी की निगाह में औरत, 2001, राजकमल प्रकाशन, दिल्ली।
31. राकेश कुमार, नारीवादी विमर्श, 2001, आधार प्रकाशन, हरियाणा।
32. सुमन राणे, हिन्दी साहित्य का आधा इतिहास, 2003, भारतीय ज्ञानपीठ, दिल्ली।
33. सरला माहेश्वरी, नारी प्रश्न, 1998, राधाकृष्ण प्रकाशन, दिल्ली।

34. चन्द्रकान्त देवताले, उजाड़ में संग्रहालय (कविता संग्रह)।
35. एंगेल्स, परिवार, व्यक्तिगत सम्पत्ति और राजसत्ता की उत्पत्ति।
36. डॉ. अर्जुन चव्हाण, विमर्श के विविध आयाम, 2008।
37. रेखा कस्तावर, स्त्रीचिन्तन की चुनौतियाँ।
38. सुधा सिंह, ज्ञान का स्त्रीवाद पाठ।
39. सं. निर्मला जैन, महादेवी समग्र साहित्य।
40. पी.वी. काणे, धर्मशास्त्र का इतिहास।
41. बि.का. रजवाड़े, भारतीय विवाह संस्था का इतिहास।
42. क्षमा शर्मा, स्त्रीत्ववादी विमर्श : समाज और साहित्य, 2002, राजकमल प्रकाशन, दिल्ली।
43. दयानन्द सरस्वती, सत्यार्थ प्रकाश।
44. जयशंकर प्रसाद, कामायनी।
45. डॉ. अमरनाथ, नारी मुक्ति का संघर्ष, 2007, रेमाधव पब्लिकेशन्स प्राइवेट लिमिटेड।
46. के. सच्चिदानन्द, समकालीन भारतीय कविता और स्त्री।

पत्र-पत्रिकाएँ

सुधीश पचौरी(सं.) प्रबन्ध सम्पादक अरुण माहेश्वरी—वाक् (नये विमर्शों का त्रैमासिक) 2009, अंक-3

सुधीश पचौरी(सं.), प्रबन्ध सम्पादक अरुण माहेश्वरी—वाक् (नये विमर्शों का त्रैमासिक) 2009, अंक-6

संग्रथन, मार्च 2010

अन्यथा, राधाकृष्ण प्रकाशन

आजकल, मई 2001

राष्ट्रीय सहारा, 2001

राजस्थान पत्रिका समाचार पत्र

वागर्थ, मार्च 1998

प्रकाशन समाचार, नवम्बर 2008

वाक्, जुलाई-दिसम्बर 2007

हंस, अक्टूबर 1996, नवम्बर-दिसम्बर 1994

शोधश्री, 2009

त्रिशंकु

सम्भाषण

समीक्षा, अप्रैल-जून 2006

मानुषी, अंक 3, 4
समकालीन भारतीय साहित्य, मार्च-अप्रैल 2001, मई-जून 1997
इंडिया टुडे, अप्रैल 2008
पहल-89
सम्बोधन, अक्टूबर 2005
अनभै साँचा, मार्च-जून 2006
संवेद, अक्टूबर 2001/2009
आलोचना, अक्टूबर-दिसम्बर 2009
समकालीन कविता के बारे में